马克思诞辰200周年纪念文库
The 200ᵗʰ Anniversary Books for Karl Marx

马克思对现代平等观的批判及其当代意义

李逢铃 | 著

中央编译出版社
Central Compilation & Translation Press

图书在版编目（CIP）数据

马克思对现代平等观的批判及其当代意义 / 李逢铃著.
—北京：中央编译出版社，2019.1
ISBN 978-7-5117-3658-1

Ⅰ. ①马⋯
Ⅱ. ①李⋯
Ⅲ. ①马克思主义—平等观—研究
Ⅳ. ① A811.64

中国版本图书馆 CIP 数据核字（2018）第 284778 号

马克思对现代平等观的批判及其当代意义

出 版 人：葛海彦
责任编辑：杜永明
责任印制：刘 慧
出版发行：中央编译出版社
地　　址：北京西城区车公庄大街乙 5 号鸿儒大厦 B 座（100044）
电　　话：（010）52612345（总编室）　　（010）52612339（编辑室）
　　　　　（010）52612316（发行部）　　（010）52612346（馆配部）
传　　真：（010）66515838
经　　销：全国新华书店
印　　刷：三河市华东印刷有限公司
开　　本：710 毫米 × 1000 毫米　1/16
字　　数：220 千字
印　　张：15.5
版　　次：2019 年 1 月第 1 版
印　　次：2019 年 1 月第 1 次印刷
定　　价：78.00 元

网　　址：www.cctphome.com　　邮　箱：cctp@cctphome.com
新浪微博：@中央编译出版社　　　微　信：中央编译出版社（ID: cctphome）
淘宝店铺：中央编译出版社直销店（http://shop108367160.taobao.com）（010）55626985

本社常年法律顾问：北京市吴栾赵阎律师事务所律师　闫军　梁勤
凡有印装质量问题，本社负责调换，电话：（010）55626985

序　言

"平等"不仅是一个复杂的社会问题，其本身也是一个复杂的价值观念，特别是在物质财富高度发展的今天，人们对"平等"价值的需求似乎也越来越强烈，但对平等的理解似乎并没有达成多少共识。诸如"为何平等，何以平等？""谁之平等，以何平等？"等等问题一直以来都困扰着人们的思想，也是历来学者不断争论的话题。由于专业使然，我特别好奇将实现人类自由和个性解放作为自身思想最终目的的马克思，究竟是如何解释和看待平等问题的。这也是本人写作本书的最初动机。同时，有感于近几十年国内外学者对政治哲学的持续关注，特别是对正义、平等、自由等话题的讨论，促使我开始认真思考这些问题。由此，本书以平等为内容，从平等观念史的角度切入理解马克思对现代平等的看法，以及说明这种看法对我们今天平等话题的讨论和现实社会问题的解决，所带来的一些有益的思考。

为了便于读者理解，需要大致概述一下本书写作的缘由、基本逻辑和观点。

平等是现代社会的基本价值观之一。当代西方社会对平等问题持久的关注和争论，实际上是对现代平等观在当代社会发展中出现困境的一种反映。但他们的这种反映并没有在真正意义上重新审视和超越现代平等观的内在价值与局限性，而马克思早在他们之前就对这种平等观进行了深刻批判。这种批判对于正处在社会主义现代性"谋划"而存在诸多平等问题的中国而言，具有重要的启发意义。它启发我们不仅需要结合中国自身的语境审慎地对待当代西方学者的相关理论，更应当回归这种批判以重新审视和构建现代平等观。

然而，以往的学者对这种批判的分析却存在不足或缺陷：其一，在以直接的形式论述马克思或马克思主义平等观时，忽视了马克思对现代平等观批判本身的实质和意义，而这种批判本身构成了马克思现代性批判的重要组成部分。其二，在分析这种批判时，往往侧重于马克思在唯物史观下的总体性批判，而忽视了其对现代平等观的具体认识与批判，而这种具体认识和批判是我们正确理解其平等观的重要前提。其三，通过这种批判，往往不自觉地将资本主义平等观与社会主义平等观对立起来，容易导向将社会主义所强调的结果平等绝对化，亦容易拒斥市场经济，而忽视了平等无论处于何种制度下，由于受当前主客观条件的限制所具有的不充分性。

对此，本书首先论述了现代平等观的产生、特征及其对青年马克思所带来的影响和困惑。这是理解马克思对现代平等观批判的前提。由此，依据马克思文本考察了其对现代平等观不断认识与批判的过程。在唯物史观的总体性批判下，马克思认为平等作为一种价值观是由相应的社会存在或经济基础决定的，因此在资本主义生产方式下的现代平等观体现的是一种不彻底的、充满利己性、虚假性和形式性的平等观，其实质反映的是资本家要求对劳动力的平等剥削，体现的是商品、货币和资本面前人人平等。而在这种总体性批判下至少蕴含了马克思对现代平等观批判的三个具体维度，即从"现实的人"、实践的角度批判了现代平等观抽象的主体假设；从阶级、革命的角度批判了实现现代平等观的法律形式的虚假性；从共同体、分工的角度批判了现代自由平等的狭隘性。

通过分析马克思在唯物史观下对现代平等观总体性和具体性的批判，一方面我们可以看到其批判的理论实质，即平等的主体只能是处于实践而富有差异的"现实的人"，消灭阶级是实现无产阶级的平等要求，自由平等的实现依赖于真正社会共同体的建立；另一方面我们可以看出唯物史观的批判不仅强调科学性，同时也强调价值性，即马克思对现代平等观的批判不是单纯地揭示或呈现现代社会不平等的经验事实，实际上还包含对何种制度或生存形态能实现真正平等的价值追问。这种追问体现了马克思对现代平等观的超越，即强调从共产主义初级阶段的"按劳分配"到高级阶段的"按需分配"

所体现的平等形式都是"差异性平等",而非平均主义或绝对平等;强调"权利的不平等"是共产主义初级阶段应有的平等原则,而实现"每个人的自由发展"是共产主义高级阶段的平等体现。

基于马克思对于现代平等观批判的认识,本书一方面对当代西方社会的平等议题,包括当代自由主义内部关于自由与平等的争论、以柯亨为代表的分析马克思主义对社会主义的平等辩护以及社会民主主义现代化"第三条道路"的平等诉求,进行了反思和批判,认为他们要么是通过价值优先排序以缓和或辩解不平等事实,要么是停留于语言与道德上的反驳和辩护,要么是满足于政党选举口号的需要,而没有从根本上克服现代平等观的困境。另一方面通过分析平等在当前中国的语境和问题意识,对作为社会主义核心价值观的平等、社会主义法治建设的平等原则以及社会主义市场经济下的自由平等问题进行了梳理和思考。认为对正处于建构社会主义现代性的中国而言,平等的问题意识首先是要明晰"为什么要平等?"其次是要明白"什么的平等?"即理解为何将平等纳入社会主义核心价值观建设,以及这种平等观与西方社会平等观有何不同。在此基础上,理清了平等与法治的辩证关系,认为平等是法治建设的基本原则和价值追求,在全面推行社会主义法治建设中应坚持"法律面前人人平等"原则。与此同时,在面对中国社会转型中所出现的诸多不平等问题,强调从人的自由平等发展的角度分析和把握社会主义市场经济的发展方向。

本人随着自身阅读和研究的深入,愈发觉得关注、研究平等话题的必要性和重要性,特别是在我们进入新时代后,社会主要矛盾已转变为人民日益增长的对美好生活的需要同不平衡不充分发展之间的矛盾时。而这样的矛盾,无论是"美好生活的需要",还是"不平衡不充分发展",两个方面都突出了平等的问题。但由于自身能力所限,深知这一切还只是初步的工作,所以真诚地希望大家批评指正。

作者

2018 年 6 月 10 日

目录

导论 ··· 1
　一、现代价值危机与平等观 ··· 2
　二、立足于马克思对现代平等观的批判 ······························· 7
　三、写作的基本思路和主要内容概述 ·································· 12

第一章　作为一种现代价值观的平等 ································ 18
第一节　古今"平等"之差异 ·· 18
　一、古代相对性平等 ·· 19
　二、现代普遍性平等 ·· 24
　三、差异的反思 ·· 29
第二节　现代平等观形成的价值基础及特征 ······················· 34
　一、个人主义：确立平等的主体性 ··································· 35
　二、理性主义：构建平等的法律形式 ································ 38
　三、自由主义：强调自由权利的平等 ································ 41
第三节　现代平等观的意义及其对青年马克思的影响 ·········· 44
　一、现代平等观的三重意义 ·· 44
　二、现代平等的追寻与困惑：《莱茵报》期间的马克思 ········· 48

第二章　马克思对现代平等观批判的思想图景 …… 54
第一节　对现代平等观的初步反思与批判 …… 55
一、由政治等级向社会等级转变的思考 …… 56
二、对现代平等观不彻底性和利己性基础的批判 …… 59
三、异化劳动:工人平等身份和尊严的丧失 …… 61

第二节　对诸种现代平等观的批判 …… 64
一、批判空想社会主义者平等的幻想性 …… 65
二、批判蒲鲁东平等观的超历史性 …… 69
三、批判工人运动中其他平等观的错误性 …… 73

第三节　对现代平等观的深刻认识与批判 …… 78
一、商品交换:现代平等的起源 …… 78
二、生产资料私有制:现代平等的物质基础 …… 82
三、批判现代平等观的形式性 …… 85

第三章　马克思对现代平等观批判的理论意蕴 …… 90
第一节　对现代平等观批判的三重维度 …… 90
一、批判现代普遍平等的抽象性主体假设 …… 91
二、解构现代法权平等的理性主义基础 …… 94
三、超越现代自由平等的狭隘性 …… 98

第二节　对现代平等观批判的理论实质 …… 101
一、"现实的人":一切平等的真实主体 …… 102
二、"消灭阶级"取代"天赋人权" …… 105
三、社会共同体:实现自由平等的前提条件 …… 109

第三节　对现代平等观批判的理论旨趣 …… 113
一、"差异性平等":从按劳分配至按需分配 …… 114
二、"权利的不平等":共产主义低级阶段应有的平等原则 …… 118
三、"每个人的自由发展":共产主义高级阶段的平等体现 …… 121

第四章 反思当代西方社会的"平等"议题
——基于马克思对现代平等观的批判 · 127
第一节 协调自由与平等:当代西方自由主义平等之争 · 128
一、优先原则下的社会制度安排 · 130
二、优先原则下的个人行为选择 · 134
三、对优先原则及两种方式的反思与批判 · 138

第二节 平等的视角:柯亨对社会主义的道德辩护 · 142
一、从自我所有权批判到拯救平等 · 143
二、平等:社会主义优于资本主义之处 · 148
三、对柯亨为社会主义辩护的思考 · 152

第三节 超越左与右:"第三条道路"的平等诉求 · 156
一、社会民主主义的转型与平等诉求 · 157
二、包容性平等:源自吉登斯的诠释 · 160
三、一种反思与批判 · 165

第五章 对当代中国"平等"建构的启发 · 170
第一节 社会主义核心价值观之平等观念 · 170
一、平等的当代中国语境和问题意识 · 171
二、平等何以成为社会主义核心价值观 · 174
三、平等作为社会主义核心价值观的内涵 · 182

第二节 平等:社会主义法治建设的价值追求 · 187
一、平等与法治的关系 · 188
二、社会主义法治建设中的平等运用 · 191
三、"法律面前人人平等"辨析 · 194

第三节 社会主义市场经济下的自由平等 · 197
一、改革开放中自由与平等的演进 · 198

二、社会主义市场经济发展中的不平等问题 …………… 201
三、人的自由发展与社会可持续发展 …………… 204

结　语 …………… 207

附录一："理念—制度—目的"：一种解释社会价值观的尝试 …………… 209

附录二：重释现代平等的三种路径 …………… 214
一、罗尔斯关于人的理念与差别原则 …………… 215
二、阿玛蒂亚·森的视角：追问"什么的平等" …………… 219
三、复合平等是否可取 …………… 222
四、小结 …………… 225

参考文献 …………… 228

后　记 …………… 234

导　论

当我们面对多样的现实和差异的客观事实时，往往会对平等表现出一种怀疑和退却的心态：平等社会可能吗？它值得我们追求吗？但是，当我们追溯人类以往的历史——无论是生产史还是思想史时，会发现人们对平等的追求从未停止过。特别是在现代①，平等被确定成了一种社会的核心价值观念。然而，在整个现代社会发展过程中，平等却处于一种"尴尬"的境地，一方面，在以崇尚人的理性为特征的现代社会，自由的价值被发挥得淋漓尽致，甚至以牺牲平等为代价，导致了现实中诸多的不平等；另一方面，平等常常又被误解为一种因抑制个性的平均主义或绝对相等的观念而遭受批评，甚至

---

① 本书所使用的"现代"概念不是严格意义上的时间概念，它是与传统相对的概念，一方面强调价值文化或经济秩序等内容上与过去相区别；另一方面强调的是不断生成的动态过程，而不是指某个固定或明确的时间点。例如，哈贝马斯在分析黑格尔关于"现代"（modern Zeit）概念时所指出的，这个概念就是"新的时代"（neue Zeit），其"新"就蕴含着黑格尔所谓的"时代精神"，所指的大约是1800年之前的三个世纪，即"1500年前后发生的三件大事，即新的大陆的发现、文艺复兴和宗教改革，则构成了现代与中世纪之间的时代分水岭。"（《现代性的哲学话语》，曹卫东译，译林出版社2011年版，第6页）当然，从哈贝马斯的视角看，"现代性作为一项未完成的事业"，那么现代应指中世纪之后，即新大陆发现之后到今天，是一个不断生成的过程，当代也包含在其中。所以，本书所使用的"现代平等观"这个概念亦是指在西方中世纪后期诞生，经过文艺复兴、宗教改革和启蒙运动不断生成，在法国大革命胜利后基本被确立，尔后一直发展至今的平等观。对"现代平等观"生成的论述可见本书第一章第一节和附录。

被视为导向极权主义的重要根源之一。①那么，我们究竟应当如何看待现代平等呢？

这就需要我们重新审视现代平等观，回到其得以产生的现代基础。这是因为平等真正作为一种社会核心价值观念②是始于现代，而现代性的各种阴暗面又无不与平等或不平等的问题密切相关。在某种意义上，现代价值危机集中体现为平等的价值危机，当代西方学者对平等及其问题的持久关注和争论就是例证。但无论是他们在理论上所提出的"优先原则"，还是在实践中所推行的福利制度都没有从根本上解决这种危机。在此之前，马克思早就对此进行了彻底的反思和批判。然而，在思想的争论中，马克思的这种反思和批判要么被边缘化，要么被误解甚至被直接否定。这使得我们有必要重新理解马克思对现代平等观的反思与批判，这也是我们理解马克思平等观的重要前提，而且对于正在展开社会主义现代性"谋划"的中国而言，无论是现代价值观念的构建，还是在实现生产现代化方面，都具有重要的启发意义。

一、现代价值危机与平等观

"现代"作为一种"新的时间意识"一般认为始于文艺复兴时期，其"在内涵上就有意识地强调古今之间的断裂"③。但在现实历史上，特别是在

---

① 彼得·德鲁克在其成名作《经济人的末日：极权主义的起源》中提出，导致20世纪初欧洲极权主义蔓延的主要原因在于当时社会价值秩序发生了根本变化。这种变化体现为：自由、平等观念是构成现代欧洲的基本精神，但随着自由经济的发展并没有使社会实现平等，反而令其陷入极大的不平等之中；这使得大众对当时的资本主义制度产生了失望。而与此同时，马克思主义承诺通过无产阶级革命实现平等，则再次点燃了欧洲民众的希望，但随着苏联社会主义官僚专制的助长，民众再次陷入极度的绝望。作者认为正因为马克思主义在西方某种意义上的低潮开始了法西斯的极权主义，其背后缘于欧洲民众对两种制度无法实现社会平等而产生的绝望情绪。这本书堪称是第一本论述极权起源的著作，其观点和阿伦特的《极权主义的起源》有所不同，后者追溯了"极权"在整个现代性上的问题，而不是单纯地将极权主义归结为马克思主义的低潮。（参阅［德］德鲁克：《经济人的末日：极权主义的起源》，洪世民、赵志国译，上海译文出版社2015年版）

② 详见附录一：《"理念—制度—目的"：一种解释社会价值观的尝试》。

③ ［德］哈贝马斯：《后民族结构》，曹卫东译，上海人民出版社2002年版，第178页。

价值文化上的这种"断裂"却是动态生成的过程。然而，现代社会一旦开始就意味着新的社会价值观逐渐地被塑造。随着自然经济的瓦解和商品经济的发展，政治国家与市民社会开始分离，使整个社会格局由"不对称相互关系"（asymmetrical reciprocity）向"对称相互关系"① 转变。相应地，新的社会价值观通过文艺复兴、宗教改革到启蒙运动，也逐渐从萌芽至最终以制度形式成为社会的普遍规范。平等在这种社会格局的转变过程中脱颖而出，遂成为现代社会的核心价值观念。正如美国学者卡里尼克斯所言："平等是拉开现代社会序幕的一系列重大革命的产儿。"②

而这整个过程的主要推动者和"谋划"者是资产阶级，现代价值某种意义上就是由他们所塑造。他们不但使欧洲最早由农业文明进入工业文明，并且通过建立现代民主国家的形式，使自由、平等成为现代欧洲文化的基本精神。同时，通过殖民、贸易等方式使这种现代文明游走于世界的各个角落。恰如马克思在《共产党宣言》中所深刻描述的那样："正像它使农村从属于城市一样，它使未开化和半开化的国家从属于文明的国家，使农民的民族从属于资产阶级的民族，使东方从属于西方。"③ 因此，现代价值观无论从最初产生，还是使自身变成普遍规范，都与资产阶级密切相关。进一步说，现代价值观实际上是现代社会中取得统治地位的资产阶级的利益表达，目的是为了适应和满足现代资本主义的生产方式。

虽然这种生产方式在过去几个世纪内为社会创造了极大的财富，但也使现代价值陷入了困境和危机，我们仅仅从 20 世纪上半叶两次世界大战的爆发就能看到现代社会所谓自由、平等、博爱等价值的无力和失败。更不用说现代世界普遍存在的贫富差距、恐怖主义威胁以及生态危机等。正如韦伯所揭示的，现代社会是一个理性化的社会，是一个"祛魅"、世俗化的过程。

---

① ［匈］阿格尼丝·赫勒：《现代性理论》，李瑞华译，商务印书馆2005年版，第86页。
② ［美］亚历克斯·卡里尼克斯：《平等》，徐朝友译，江苏人民出版社2003年版，第25页。
③ 《马克思恩格斯文集》第2卷，人民出版社2009年版，第36页。

这个过程是工具理性"独舞"而价值理性隐退的过程。然而，它导致的是一个无意义、"自由丧失"的时代。一方面，世界的祛魅使"那些终极的最高贵价值，已从公共生活中销声匿迹"①，呈现的是多元价值的冲突，即所谓的"诸神之争"；另一方面，由于现代社会的理性化使得行政的科层或官僚制恰如一个铁的"牢笼"控制着一群"无灵魂的专家"和"无心的享乐者"。②而在尼采看来，现代社会在理性主义统摄之下意味着"上帝死了"，呈现的是一种虚无主义。又如，马尔库塞认为以技术理性为基础的现代发达的工业社会，人变成了"单向度的人"，即只有物质生活，而没有精神生活，失去了反思和批判的能力。

这不免促使人们去思考和践行现代价值的重构。麦金太尔认为这是整个现代道德合理性论证的启蒙筹划的失败，它导致了两个后果：作为摆脱目的论和等级制的个体成为自身道德行为的权威，以及要对那些被传承但已改变的道德规则确定新的位置。③对此，他认为无论是功利主义还是回到康德的自律性道德都是行不通的，而只有回归古希腊的关于"善"的传统美德。而在贝尔看来，作为现代性的主导者，即资本主义文化已陷入矛盾，"如今现代主义已耗尽其所有，没有张力了"④。对此，他认为，"现代性的真正问题是信仰问题"⑤。并提出了一个冒险的答案，即回归某种宗教观念，通过恢复人的信仰而拯救现代的精神危机。

但在我们看来，现代性价值危机在某种意义上集中体现为平等价值的危机。这也是为什么社会主义一开始就以"平等"作为自身手段和目标——以

---

① ［德］马克斯·韦伯：《学术与政治》，冯克利译，生活·读书·新知三联书店2013年版，第48页。
② ［德］马克斯·韦伯：《新教伦理与资本主义精神》，康乐、简惠美译，广西师范大学出版社2010年版，第183页。
③ ［美］阿拉斯戴尔·麦金太尔：《追寻美德》，宋继杰译，译林出版社2011年第2版，第79页。
④ ［美］丹尼尔·贝尔：《资本主义文化矛盾》，严蓓雯译，江苏人民出版社2012年第2版，第19页。
⑤ ［美］丹尼尔·贝尔：《资本主义文化矛盾》，严蓓雯译，江苏人民出版社2012年第2版，第28页。

此反抗由资产阶级主导和塑造的现代性及其价值秩序——的主要原因。实际上，从以往思想史的角度看，人们对自由价值的论证要远远丰富于对平等的认识，对现代危机的思考也往往着眼于对自由的分析。例如，平等在被写入《人权宣言》之后，以自由主义为代表的资产阶级基本上对平等没有做出突破性的分析，直到20世纪70年代罗尔斯提出了"作为公平的正义"；而对自由价值分析的著作却汗牛充栋。当然，这并不构成推导出现代平等价值危机的充分条件。它只说明一个问题，即现代平等实际上是止于政治权利的平等，甚至有学者（例如哈耶克）只承认在法律面前的平等。然而，在社会现实发展过程中，人们在收入和财富上的不平等却是现代性危机的主要表现和根源，因为它在一定意义上决定了其他方面的不平等。这种不平等不仅意味着现代的多元、复杂性，还意味着现代性的不平衡、不确定。我们从当代西方经济学家，例如皮凯蒂的《21世纪资本论》以及迪顿的《胜利大逃亡：健康、财富和不平等的起源》中都可窥见一斑。那么，从平等观的角度，应当如何理解现代的价值危机呢？

我们往往从"需要"的角度理解价值或价值观的形成，实际上需要只是作为人存在的某个方面或属性。也就是说，为了更好地理解价值或价值观，我们首先应当认识人的存在这个一般前提。在马克思看来，人既是社会的存在又是自然的存在，既是能动的存在又是被动的存在，可以说，人的存在主要体现在人与自然、人与人以及人与自身这三者关系之中。由此，我们亦可以从平等观的角度去看现代价值危机在三者关系中的反映。

其一，在人与自然关系上，现代危机体现为生态危机，在价值观上体现为自然或生态观危机。从平等观的角度看，这种危机一方面反映的是人与自然这两个主体之间的关系，即人类中心主义与自然中心主义的对峙。在以理性为特征的现代社会，人肆意地征服和控制自然，最终导致自然与人之间关系的失调，威胁着人类自身的生存。如果试图克服这种生态危机，似乎首先在观念上应当确立自然与人两个主体的平等。另一方面，随着人对自然的开发，自然资源也在不断地减少；这就提出了另一个更为深刻的问题，即并不是所有人的需要或欲望都能得到同等的满足。那么，同样作为人，谁更有资格得到优先满足呢？

其二，在人与人关系上，现代危机体现为各种社会关系的危机，在价值观上体现为现代多元价值冲突和伦理道德危机。从平等观的角度看，一方面体现的是人与人之间关系的分离。在马克思看来，现代价值观是建立在人的利己性基础之上，无论是自由还是平等都是以实现和保护私有财产为根本目的。而其所形成的在收入和财富上的不平等，即贫富差距问题已成为威胁现代社会稳定的重要因素。另一方面体现的是人与人之间关系的冷漠。在以实现利己性为目的的现代市民社会中，人仅仅将自己和他人当作手段而非目的本身。由此，现代人陷入物化、异化的危险，即人与人之间的平等实则是体现为在物（例如货币、商品、资本）面前的平等。

其三，在人与自身关系上，现代危机体现为人的精神危机，在价值观上体现为自我认同的危机。从平等的角度看，一方面现代人形成了一种比较、妒忌的心理。在贝尔看来，现代社会满足的不是需要而是欲求。欲求有别于需要，在于它是无限的，伴随的是炫耀习惯的浪费，"如果消费代表着人们对地位的心理竞争，那么，可以说，资产阶级社会就是嫉妒的制度化"[①]。另一方面体现了人对自身命运的迷茫。从传统社会向现代社会转型，首先使人摆脱了带有等级和目的论的偶然性命运，但同时也意味着政治等级向社会等级的转变。在这转变之后，个体面临着双重身份的矛盾，即市民和公民。前者体现为对私人利益的关注，而后者又要求作为政治成员应有的责任。同时，在等级社会中，个体又陷入其他偶然性命运的束缚，如自然禀赋和家庭环境。

综上所述，平等作为一种现代价值观念，使其得以诞生、确立和发展的主导者是现代资产阶级。在以资本主义生产方式为特征的现代社会发展过程中，现代价值陷入了各种危机，这些危机与现代平等观密切相关，集中反映

---

① [美] 丹尼尔·贝尔：《资本主义文化矛盾》，严蓓雯译，江苏人民出版社2012年第2版，第22页。

的是现代平等价值的危机。为此,我们有必要重新反思和批判现代平等观,从平等开始重构现代价值。

二、立足于马克思对现代平等观的批判

实际上,在现代平等观开始形成的过程中,无论是作为"谋划者"的资产阶级还是与之对立的社会主义者,都对此进行了反思。例如,卢梭一反当时主流社会的观点,在对社会价值可选择的方案上,更倾向于强调回归"自然"。他从人类本质历史发展的角度探寻现实不平等的起源,认为人的理性及其产生的私有制是社会不平等的缘由。在结论上,虽然和其他自由主义者一样,即坚持在私有制基础上的平等,但卢梭又强调应尽量减少社会财富的不平等。而社会主义者从一开始就反对以资产阶级为主导的现代价值观塑造,他们着眼于现实的种种不平等和剥削状况,批判资产阶级平等的虚假性。从莫尔到18世纪的空想社会主义者,他们都试图在改变私有制的基础上实现社会平等。但是,他们的这些反思和批判要么局限于抽象理论的前提假设,要么在现实中缺乏实践的客观条件。

而现代平等观在18世纪末19世纪初已基本确立,它的内在矛盾或困境却随着现代资本主义社会的发展愈发明显地暴露出来。一方面资产阶级所建构的这种平等观在现实中流于形式,实际上反映的是工人与资本家之间严重的不平等;另一方面也由此在19世纪出现了各种批判这种"冠冕堂皇"现代平等观的工人运动或共产主义形式。但在马克思看来这些批判都没有在根本上反思现代平等观得以确立的现实基础,它们要么只是充当一种旧的口号,要么是一种超历史观念的替代。

只有马克思通过唯物史观,在把握人类历史发展规律中,在对整个现代资本主义社会得以确立和运行的根基进行分析的基础上,对这种现代平等观进行了深刻的反思和批判。在马克思批判的视野中,现代社会的不平等现象,即贫困工人与富有资本家的对立,无疑成了其最为直观的现实背景。在

《1844年经济学哲学手稿》中,马克思将此表述为"当前国民经济的事实"。当然,马克思批判的高明之处在于,一方面通过剩余价值揭示了现代平等观的本质与虚假性。在马克思看来,现代平等观是建立在商品交换的基础之上的,其本质是资本家要求对劳动力平等剥削。另一方面在把握人类历史发展规律的基础上,通过共产主义运动的形式去重建现代平等观。在马克思看来,工人阶级的平等实现就是要消灭阶级,通过共产主义实现每个人自由全面的发展。

虽然马克思对现代平等观的这种批判为当时的工人运动指明了正确方向,也因此建立了随后的苏联社会主义制度,但在社会主义具体建设中却将这种批判的结果抽象化、绝对化。例如,苏联在斯大林时期,为了实现社会主义绝对平等,大力推行中央计划经济体制,结果导致高度中央集权和个人崇拜;又如,在中国社会主义建设初期,由于错误地将社会主义平等理解为结果的绝对平等或平均主义,出现了诸如"大跃进"的失误。也就是说,这其中潜在地存在这样的问题:我们往往只看到唯物史观对现代价值观批判的物质基础,而忽视了马克思对现代价值观的具体认识和批判;我们往往只看重对现代价值观批判所得出的结论,而忽视了马克思对现代价值观批判本身。这也是本书论题立意所在:

其一,探寻马克思对现代平等观的具体认识和批判。这是因为以往我们常常只看到唯物史观批判的总体原则,即经济基础或社会存在的决定性作用,而忽视了马克思对现代平等观的具体认识和批判。在唯物史观总体原则批判下,我们只认识到现代平等观是一种上层建筑或社会意识,反映的是现代资本主义社会中占统治地位的资产阶级的利益,而忽视了现代平等观本身是怎样的。这明显不符合常理,即我们批判一个东西的前提首先应当是对这个东西本身有所认识。也就是说,唯物史观的批判不仅仅是总体原则上的批判,实际上也包含着对批判对象具体过程的认识和批判。我们之所以常常忽视唯物史观批判的具体过程,主要是因为脱离了马克思思想的具体文本。在文本中,我们可以看到马克思对现代平等观的批判,首先是对现代平等观本身的认识，例如在《莱茵报》期间对现代法律平等的认识；又如在《论犹太人问题》中对现代平等权利的认识和批判；再如在《资本论》中对现代平等观本质的认识和批判。

其二，如果只是简单地从唯物史观总体原则上认识马克思对现代平等观的批判，那么往往会导致一种误解，即认为资本主义平等观与社会主义平等观是根本对立的。这种误解常常会使人们导向将社会主义所强调的结果平等绝对化，也往往将市场经济排斥在社会主义制度之外。但实际上，马克思批判由资产阶级主导的现代平等观的生产资料私有制这一基础，主要目的只是为了揭示或说明这种平等观的虚假性、形式性。通过马克思对人类社会发展三个阶段的分析，我们知道，现代人类是处于"以物依赖关系为基础的人的独立性"阶段，在这种依赖于物或物质匮乏的条件下，无论是资本主义的平等还是社会主义的平等实际上都是不充分的。这意味着作为一种社会价值观念的平等无论是处于何种制度下，至少在人类社会发展的当前阶段，具有很多的共性，例如强调身份的平等，强调法律意义上的平等，强调经济活动中的自由平等等。

其三，重视马克思对现代平等观批判本身的实质和意义。从国内已有研究状况看，大多数学者往往是直接论述马克思的平等观，但实际上从文本的角度看，马克思本人并没有对自身持有何种平等观或平等进行专门和系统的论述，更多的是体现为对现代平等观的批判。这意味着更为合理的方式，首先应当是要分析马克思对现代平等观是如何批判的。这是因为，这种批判本身就构成了马克思平等观的重要部分，同时也只有在认识这种批判的基础上才有可能得出马克思是否持有某种不同于现代平等观的平等观。与此同时，在以往对马克思平等观的解读中，人们常常首先是解读马克思平等观的思想来源或者说是前人对马克思平等观形成的影响，这种解读方式实际上不自觉地掩盖了马克思对现代平等观批判本身的实质和意义，即忽视了马克思以何种方法、立足于何种观点对现代平等观展开批判。例如，除了唯物史观总体原则的批判外，马克思从"实践""现实的人"以及共同体等唯物史观下的具体视角对现代平等观展开了更为详细的批判。同时，这种解读方式也不尽客观、合理。因为在马克思的文本中，实际上很难找到前人，例如柏拉图、卢梭以及黑格尔等对马克思平等观形成的具体影响，而毋宁说马克思平等观的形成是建立在其对他之前或同时期平等观的整体认识与批判的基础之上。

其四，通过理解马克思对现代平等观的批判，认识马克思对现代性批判的价值维度。马克思对现代性的批判是彻底的，这种彻底体现为抓住了现代性的根本，即资本。特别是随着近年国内学术界对马克思经济学哲学解读的盛行，人们往往从资本逻辑的视角解读马克思对现代性的批判。这主要是针对西方学者，诸如尼采、韦伯、霍克海默以及罗蒂等从理性、文化或价值维度批判现代性的不彻底性而言的。但是，在资本或资本逻辑批判的视角下，人们往往也不自觉地忽视了马克思对现代性批判的价值维度。固然资本是现代价值观得以形成、发展的物质基础，但是这些价值观，诸如平等、自由等为资本的生产和运行提供了合理辩词，也是现代性的重要组成部分。马克思正是通过对现代资本主义生产方式的批判过程，通过揭开这些虚假的价值观念才使资本主义剥削本质得以显示的。这意味着，马克思对现代性的批判实际上不仅是彻底的，还是完整的。通过马克思对现代平等观批判的分析，恰好有助于我们认识这种唯物史观批判的完整性。

同时，我们需要澄清一个问题，即论述马克思对现代平等观的批判并不意味着否定马克思持有某种平等观。恰恰相反，我们通过对马克思关于现代平等观批判的分析，可以看到马克思实际上在这种批判过程中隐含着自身所赞同的某种平等观。这是因为唯物史观不是单纯地停留于呈现某种"物"，即客观事实或规律，例如人类历史发展规律。但同时，不要忘记在人类历史发展规律下，人是现实历史的创造主体，"并不是'历史'把人当做手段来达到自己——仿佛历史是一个独具魅力的人——的目的。历史不过是追求着自己目的的人的活动而已"①。也就是说，唯物史观强调事实与价值的统一，

---

① 《马克思恩格斯文集》第 1 卷，人民出版社 2009 年版，第 295 页。

强调合规律性与合目的性的统一。这意味着马克思批判现代平等观，并不仅仅是为了说明现实不平等的这种经验或客观事实，实际还包含着对何种制度或生存形态是平等的价值追问。例如，马克思在批判建立在政治解放不彻底的现代平等权时，其实也站在人类解放的高度强调一种真正的自由平等，即每个人自由全面的发展。此外，我们还需要区别另一个问题，即当前学术界关于"马克思与正义"的争论，这种争论实际上反映的是马克思是否从诸如正义或平等的道德视角批判资本主义社会。但这个问题其实和马克思是否持有某种平等观没有必然的联系。例如，伍德虽然认为马克思拒斥从正义或平等的视角批判资本主义社会，但并没有否定马克思持有平等观，包括对资本主义制度不平等的批判，将资本主义的平等理解为政治平等或程序平等①，等等。如果从时代的价值来看，与其争论马克思是否从平等或正义的角度批判资本主义社会，还不如从马克思批判的视角认识现代平等或正义，以建构有利于现实实践的平等或正义。

今天我们之所以需要彰显马克思对现代平等观批判的意义在于：一方面，我们需要审慎地对待和正确地分析当代西方社会对平等的持久关注和争论。因为他们的这种关注和争论或多或少都对马克思或马克思主义理论有所影响。例如，在行动上，绝大多数西方民主国家在"二战"后开始推行福利制度，向福利国家转变。这种制度背后的主要推动力量来自与马克思或马克思主义有着密切联系的西方社会民主主义及其政党。在理论上，以罗尔斯为代表的自由主义"左"翼与诺齐克为代表的自由主义右翼之间展开了关于自由与平等的争论，他们要么是为了缓解西方社会的不平等，要么是为西方社会的不平等辩护。关于这一方面，实际上分析马克思主义的代表——柯亨，给我们提供了一个很好的示范，虽然他的思想在根本意义上逐渐远离了马克思，但他意识到了诸如诺齐克的当代西方自由主义者对现代平等观的论述实际上在理论上是对马克思或马克思主义更大的打击。与此同时，我们需要注

---

① Allen Wood. "Marx and equality", in John Roemer (eds), *Analytical Marxism: Studies in Marxism and Social Theory*, Cambridge: Cambridge University Press, 1986, pp. 283—303.

意到，当代西方社会所关注和争论的这些"平等"理论只不过是现代平等观在当代社会发展中出现的困境所导致的。这意味着，我们在面对当代西方学者的相关平等理论时，不能陷入其争论的旋涡之中，而是要从马克思对现代平等观的批判中认识和判断这些争论的实质。

另一方面，我们需要在重新理解现代性和全球化的语境下推行中国社会主义现代化建设。这是因为：其一，当前中国所构建的是一种具有社会主义性质的现代性，而对这种现代性的理解很大程度上要依赖于马克思对现代西方资本主义所主导的现代性批判。这两种不同性质的现代性在价值观念上最为显著的区别即是对平等观的理解。因此，如何理解和构建社会主义平等观需要我们回归马克思对现代平等观的批判。这对于我们理解当前中国将平等纳入社会主义核心价值观建设具有重要的启发意义。其二，改革开放之后，中国社会进入前所未有的发展状态，但同时也潜伏或已出现了许多不平等问题。而这些不平等问题与改革开放后我们实行市场经济有着密切的内在联系，因为现代自由平等是产生于市场经济基础之上的。然而，这些突出的不平等又与社会主义的本质相违背。也就是说，我们应当正确理解和解决社会主义市场经济下的平等问题。特别是随着全球化的发展，中国正构建的社会主义现代性实际上也已成为世界现代性图景的一部分，但我们同样要区分中国语境与西方语境。因此，在面对当代西方学者在争论中所提出的各种平等理论时，我们不能盲目地效仿或直接用以解释中国当下的平等或不平等问题，而应当看到马克思对现代平等观的批判对于我们反思和分析这些问题的意义。

三、写作的基本思路和主要内容概述

鉴于以上分析，本书主要围绕"马克思对现代平等观批判"的视角展开。首先从对现代平等观及其对青年马克思影响的分析入手，接着通过解读马克思主要文本展开对其关于现代平等观认识与批判的论述，尔后透过这种

论述引申出马克思对现代平等观的具体批判、批判实质以及超越性理解，最后以此展开对当代社会平等问题的反思与分析，包括对当代西方社会对平等的争论与当前中国平等的建构问题。本书主体部分由五章构成。

第一章主要论述了作为一种现代价值观的平等是如何产生、是怎样的以及对青年时期的马克思有何影响。这是理解马克思对现代平等观批判的前提，因为这种现代平等观实际上构成了马克思平等观形成的主要理论背景。由此，我们首先考察了平等观在西方传统社会与现代社会的差异以及转变。在西方传统社会，平等体现的是一种相对平等，我们从柏拉图的"各司其职"、亚里士多德的"比例平等"、斯多亚学派的自然主义平等观以及中世纪上帝面前人人平等观念中都可以看出。其中，要特别指出后两者之所以仍然是一种相对平等，是因为一方面在观念上人之所以平等是相对于人之外的第三者，即自然或上帝；一方面这两种平等观在等级森严的传统社会最多也只能体现为同等级之间的平等。而在现代社会中，随着商品经济的发展，在逐渐废除等级制度的基础上，平等观念经过文艺复兴、宗教改革以及欧洲启蒙运动，最终在法国大革命胜利后以《人权宣言》的形式基本被确立。从传统的相对平等到普遍平等，这其中实际上体现了人们对"人"和"法"的不同理解。这种转变的理解也符合恩格斯或萨托利对平等从传统到现代转变的理解。其次，在此基础上我们认识到平等观从传统社会到现代社会其实是从一种个体价值观到社会价值观的转变。这种转变的价值基础主要包括现代的个体主义、理性主义和自由主义。在这些现代基本价值的基础上，平等主体从同等级之间的个体到社会普遍的人；平等价值观通过实际法的形式得到确认和具体实现；平等在内容上主要强调自由权利的平等。最后，我们分析了现代平等观对现代社会发展的意义，以及对青年时期马克思的影响。这种影响主要体现为马克思在《莱茵报》期间对普鲁士封建等级专制的批判，然而在面对现实物质利益关系问题时，却对这种现代平等观感到困惑。

第二章主要论述了马克思对现代平等观不断深入认识与批判的过程。在这个过程中我们主要依据马克思前后思想的变化，以及根据对马克思重要文本的解读展开。首先，论述了马克思在唯物史观确立之前对现代平等观的初步认识与批判。在《黑格尔法哲学批判》及其导言中，马克思通过对黑格尔法哲学的批判，分析了现代政治国家与市民社会的分离，思考了由政治等级向社会等级的转变。这种转变就如法国大革命的胜利建立了民主制度，这种制度保障了政治的平等，但在尘世或市民社会中又陷入不平等。在《论犹太人问题》中，马克思通过对鲍威尔的批判，也批判了建立在这种政治解放之上的现代民主平等的不彻底性和利己性。在《1844 年经济学哲学手稿》中，马克思批判了建立在异化劳动基础上的不平等，这种不平等并不能通过像蒲鲁东认为的那样通过普遍提高工人工资的方式就能改变。其次，在确立唯物史观的基础上，马克思展开了对同时期各种平等观的批判，这种批判实际上从侧面加深了马克思对现代平等观的认识与批判。这种批判主要包括对空想社会主义平等观、蒲鲁东的超历史平等范畴以及工人运动中出现的诸如魏特林、巴枯宁和拉萨尔等为代表的错误平等观的批判。涉及的文本主要有《共产党宣言》《神圣家族》《哲学的贫困》《道德化的批评和批评化的道德》以及《哥达纲领批判》等。最后，通过分析《资本论》及其相关经济学手稿，论述了马克思对现代平等观本质的深刻认识与批判。这种批判主要体现在马克思对政治经济学系统的分析与批判之中，认为现代平等起源于商品交换，在以生产资料私有制为基础的资本主义社会其实质是要求劳动的平等剥削，其通过法律制度体现的平等也只是虚假和形式的平等。

第三章主要论述了马克思对现代平等观批判的具体维度、理论实质以及理论旨趣。这是本书的核心部分，是对前一章内容的深入把握。首先，本书认为马克思对现代平等观的批判具体可以体现在三个维度上，其一是立足于"现实的人"的视角批判了现代平等观抽象的主体假设；其二是立足于唯物史观解构了现代法权平等的理性主义基础，揭示了这种法权平等的虚假性；其三是立足于人类解放的视角批判了以物为依赖关系基础下的人的自由平等的狭隘性。其次，通过对三个维度批判的分析，我们可以看到马克思对现代平等观批判的理论实质是：其一，"现实的人"是一切真正平等的主体；其二，消灭阶级是无产阶级的平等诉求；其三，只有建立真正的社会共同体才有可能实现自由平等。最后，通过考察马克思关于现代平等观总体和具体批判的过程，我们可以看到马克思的这种批判实际上蕴含着其对社会平等的不同理解，强调从共产主义初级阶段的"按劳分配"到高级阶段的"按需分配"所体现的平等形式都是"差异性平等"，而非平均主义或绝对平等；强调"权利的不平等"是共产主义初级阶段应有的平等原则，而实现"每个人的自由发展"是共产主义高级阶段的平等体现。

第四章主要基于马克思对现代平等观批判的视角反思了当代西方社会关于平等的关注和争论。这种关注和争论实际上是对现代平等观在当代西方社会发展过程中出现困境的一种反映。在这一章，首先对当代西方自由主义内部关于自由与平等矛盾关系解决的争论展开分析。以罗尔斯、德沃金为代表的自由主义"左"翼强调在优先原则下通过正义或平等社会制度缓解现代社会的不平等，以协调自由与平等的矛盾；而以诺齐克、哈耶克为代表的自由主义右翼则坚持自由至上性，相信或认为现代社会的不平等是自由放任市场经济的合理结果，因此从根本上反对模式化的平等分配。从马克思对现代平等观批判的视角可以看出两者的争论实际上没有突破现代平等观的现实基础，而优先原则也只是一种脱离具体历史语境的方法，反映的是个体与社会对立的思维方式。其次，对柯亨从平等的视角对社会主义道德进行了辩护的思考。柯亨是分析马克思主义的代表人物，他分析与批判了包括诺齐克、罗尔斯等当代西方自由主义者的争论，并结合自身对传统马克思主义关于平等的反思，认为社会主义优越于资本主义在于平等，提出了"社会主义机会平等"。虽然柯亨的努力值得我们借鉴，但从马克思对现代平等观批判的视角看，其为社会主义平等主义的辩护实际上没有在根本上追溯现代平等观本身，而更多地陷于从分析哲学的方法展开对当代西方学者平等问题争论的分析，其建立在生产资料"共有制"基础上的"社会主义机会平等"可行性也值得怀疑。最后，反思了当代西方社会民主主义在 20 世纪末提出的"第三条道路"的平等诉求。这种诉求实际上反映的是对建立在自由放任市场基础上现代平等观的批判，试图通过强调包容性平等，在积极福利与自由市场之间实现平衡。虽然其强调责任与平等的兼顾是值得借鉴的，但从马克思批判的视角看，其提出的包容性平等不仅在主体上是模糊的，而且从根本上也没有突破生产资料私有制的生产方式。

第五章主要是论述了马克思对现代平等观的批判对于当前中国构建平等有何启发意义。我们之所以更应当从马克思批判现代平等观的视角，而非简单地从马克思平等观具体是什么的视角反思中国的问题，主要是考虑到当前中国社会主义现代化建设的性质、实现的程度以及环境等因素。当然，从理论上看，前者本身比后者更有可取之处，因为前者实际包含了对后者的论述，同时也凸显了批判本身的意义。对此，首先，我们应当明晰当前中国所建构的社会主义核心价值观之平等如何？通过马克思对现代平等观的批判，我们意识到平等在当代中国语境中其问题意识首先应当是"为什么要平等"，即为什么当前中国要将平等纳入社会主义核心价值观建设之中。在我们看来，主要是因为：其一，平等本身在价值观体系中占有核心地位；其二，平等是社会主义的价值本质和内在要求；其三，平等是实现社会主义与中国传统文化融合的关键的介点之一。在此基础上，我们也意识到无论在平等的主体还是客体上，当前中国所建构的平等核心价值观应当与由现代资产阶级所主导的现代平等观有重要区别。其次，通过马克思对现代法权平等的批判，我们看到法律中的平等不能仅停留于形式上，更应当体现在内容上。它提醒我们当前中国在全面推进社会主义法治建设中应当要重视"立法平等"（立法内容的平等）。而这个问题之所以在国内存在很大的争论，在很大程度上是因为我们对西方法律术语，即"法律面前人人平等"的理解存在差异。对此，基于马克思对平等观的理解，我们在书中对法律概念进行了相关的辨析。最后，基于马克思对现代自由平等的批判，分析了中国当前社会主义市场经济发展中的自由平等问题。我们看到在改革开放之后，由于实行社会主义市场经济，中国人的自由和平等在实质性意义上比之前有所进步。但同时也存在很多问题，诸如户籍制度下身份的不平等和随之而来的机会不平等以及贫富差距等问题。那么，我们应当如何看待和解决这些问题？基于马克思对现代平等观批判的理论实质与旨趣，本书认为应当从人的发展和社会可持续发展的角度去看待与把握社会主义市场经济的发展方向。

第一章　作为一种现代价值观的平等

从传统社会向现代社会转变过程中,平等逐渐地被确定为现代社会的核心价值观。这种转变意味着平等作为一种价值观念已被现代社会大多数人所接受和认同,也反映了现代社会存在的变化,即等级制向民主制的转变。在传统社会里,平等只是一种相对的平等,即不是作为一种社会普遍的价值观;而在经过文艺复兴、宗教改革以及启蒙运动之后,平等在理念、制度上逐渐被确证和转化为具有普遍性的社会价值观。它为现代国家提供了合法性论证,为现代社会提供了规范性原则,也使现代人逐渐从"对人的依赖关系"中摆脱出来。马克思早期就深受这种现代平等价值观的影响,并以此对当时封建专制的普鲁士展开了深刻的批判。

第一节　古今"平等"之差异

西方古代与现代社会,无论是在社会需要还是在社会存在方面都有着明显差异,这决定了平等观念在西方古代与现代是不同的。在古代,人们一方面更多的是依赖于土地,主要以农业生产的方式实现社会的自给自足;另一方面,人们对自然力量处于一种尚待探索和敬畏的心态,这使得社会需要一种有秩序的、能依赖于他人和整体的价值观。这种价值观在西方中世纪之前体现为以善为最高目的的价值观,在中世纪以上帝信仰为最高目的的价值观。而在现代社会，由于商品经济的发展，逐渐打破了等级制，人们逐渐地形成了普遍的交往，社会对价值观的需要也要求一种能实现和符合这种普遍性的价值观。由此，能满足这种需要的平等观就逐渐转变成了社会价值观。当然，无论是古代还是现代社会，都对平等观作出了符合自己时代和存在方式的说明。

实际上，恩格斯在批判杜林先验唯心主义平等观时就指出了古代与现代社会对平等观要求的不同说明。他认为基于某些共同点的平等是一种非常古老的观念，"但是现代的平等要求与此完全不同；这种平等要求更应当是从人的这种共同性中，从人就他们是人而言的这种平等引申出这样的要求：一切人，或至少是一个国家的一切公民，或一个社会的一切成员，都应该有平等的政治地位和社会地位。要从这种相对平等的原始观念中得出国家和社会中的平等权利的结论，要使这个结论甚至能够成为某种自然而然的、不言而喻的东西，必然要经过而且确实已经经过了几千年"①。也就是说，一方面现代的平等观已不再是相对平等，它超出了人由于某些共同性而被设定的平等范围，趋向于普遍性平等；但另一方面，现代的这种政治、社会地位的平等论证仍然离不开人的某些共同点，只不过现代人对这些共同点的认识已经不同于前人的理解，这是由于社会历史的发展引发了人们思想观念或思维方式的改变。②

一、古代相对性平等

古希腊文明和基督教文明是西方现代文明的两大源泉。这两种文明其实

---

① 《马克思恩格斯文集》第9卷，人民出版社2009年版，第109页。
② 萨托利对古代与现代平等的认识与恩格斯的解释有相同之处，他在《民主新论》中认为"平等是个两面玲珑、而且是唯一能够同时与相同性和公正联系在一起的概念"，前者体现为单数性平等，是一种前民主平等；后者则体现为复数性平等，但并不排斥相同性，并且是在17世纪自然法观念复苏中获得力量。（［美］萨托利：《民主新论》，冯克利、阎克文译，上海人民出版社2009年版，第12节。）

不是截然无内在关联的。至少在平等观上，经历了从古希腊柏拉图、亚里士多德的等级平等观，到斯多葛派的自然主义平等观，最后过渡到中世纪上帝面前人人平等的观念。虽然根据不同的理论依据得出了不同形式的平等观，但三者总体上都受制于社会等级之下的相对性平等原则，都是基于将人性认定为某种自然属性，并且这种自然属性是由非世俗化的灵魂或神性所承担。

在伯罗奔尼撒战争结束后，特别是在苏格拉底死后，希腊雅典城邦民主不断堕落。因此，当时哲学家的核心话题无疑是围绕着如何建设一个美好而又正义的城邦而展开。然而，柏拉图的《理想国》最终无论是从政治、经济还是社会角度上看都不是要实现人人平等，而是要求每个人根据自己的天性做好自己本分的事。换言之，其实柏拉图的《理想国》所阐述的正义是与平等没有关系的。因此，波普尔①认为柏拉图在《理想国》试图是建立一种极权主义道德理论而逃避讨论平等问题，这种观点某种程度上是对的。但从柏拉图所谓"各司其职"正义国家设计的侧面来看似乎反映的是一种社会分工的平等观，即根据人们相同的天性分配相同的社会任务。因此，就有金银铜铁的天性对应统治者、辅助者、农民以及其他技工。这种观点后来直接反映在亚里士多德所阐述的"比例平等"之中。在亚里士多德看来，公正是德性之首，它的含义就是守法与平等。而所谓的平等，在其看来有两种，即比例平等和数量平等。前者是在公共领域的分配平等，是"两个人相互是怎样的比例，两份事物间就要有怎样的比例"②。意味着两个不同等级身份的人其相应得到的事物也是不同，用亚里士多德自己的话说就是"基于某种配得"。而后者是在私人交易领域的矫正平等，其中间者类似于法官。其实这种矫正通过得与失的平衡，目的也是为了维护原先不同身份的配得。同时，亚里士多德还将这种平等推广到"友爱"这一德性之中。他将友爱分为平等和不平

---

① 波普尔在《开放社会及其敌人》中指出了柏拉图在《理想国》中的极权主义思想，认为柏拉图是有意避开与当时平等主义的论战。（[奥地利]波普尔：《开放社会及其敌人》第1卷，陆衡等译，中国社会科学出版社1999年版，第226页。

② [古希腊]亚里士多德：《尼各马可伦理学》，廖申白译，商务印书馆2012年版，第134页。

等两类。前者体现的是地位平等，后者是由于地位不平等但通过比例平等而获得友爱。相对而言，亚里士多德更加提倡由地位平等而产生的友爱。可见，在柏拉图和亚里士多德那里，平等也只是意味着根据人的不同本性所预先设定的。

在希腊化时期，随着城邦逐渐瓦解，斯多亚学派根据自然法试图超越世俗等级平等观，而提出了自然主义平等观。其早期代表人物芝诺在其《国家篇》中提出了"世界城邦"的概念。在这个城邦中，公民根据自然法（宇宙的理性），无论是男女之间，还是奴隶主与奴隶之间都是平等的。中期代表人物西塞罗认为人与神都共享同样的理性，而法又来源于理性，那么人人在法律面前自然也是平等的。但是他还是有所保留的，"如果我们不能同意平分人们的财富，并且人们固有能力的平等又不可能的话，那么至少同一国家的公民的法律权利应当平等"[1]。他所说的法律是自然法，并且这种法律面前公民权利平等其实是建立在财产、能力不平等的基础之上。后期代表人物奥勒留在《沉思录》中也表达了同样的思想，他从他的兄弟西维勒斯那里"接受了一种以同样的法对待所有人、实施权利平等和言论自由平等的政体的思想，和一种最大范围地尊重被治者的所有自由的王者之治的观念"[2]。应该说，斯多亚学派的自然主义平等观是以自然法为前提的，但是这种自然法与近代的自然法有本质的区别，它是建立在"逻各斯"（理性）的基础之上，这种理性存在于所有事物之中。换句话说，这种自然法对所有事物（包括动物、植物）都是普遍有效的，人与人之间的关系也不例外。因此，在自然法的层面他们冲破了罗马公民的身份，每个人都应当是世界公民。但这只是停留在伦理或道德构造的层面，它们并没有切实地反映在罗马政治或社会的公共领域之中。例如在自然法之外，真正属于罗马人的是市民法，这种法律首

---

[1] [古罗马]西塞罗：《国家篇 法律篇》，沈叔平、苏力译，商务印书馆2002年版（2013年10月重印），第40页。
[2] [古罗马]马可·奥勒留：《沉思录》，何怀宏译，生活·读书·新知三联书店2013年版，第4页。

先是拒斥异邦人的。

而在中世纪基督教统治时代，上帝面前人人平等的观念某种程度上就是斯多亚学派自然主义平等观的复制。中世纪信仰上帝盛行，不仅仅是因为它满足了在黑暗时代民众试图摆脱自身命运的需求，同时也由于教会与世俗权力的联姻加强了这种信仰的权威。在基督教教义中，首要的平等体现为"原罪的平等"。它很好地解释了人在现世遭受苦难的根源，也由此区分了现实生活中人作为同等状态的种类是与上帝相对的；同时，这也预设了所有人如果想从这种原罪中解放出来，唯有通过上帝的救赎，意味在在上帝面前，人无论是因原罪还是因救赎都是同样平等的存在。其次，人同样都有自由意志，这种自由意志是从上帝那里分有的，每个人不多也不少。同时，每个人都有同样的权利决定自己自由意志的行使，然而不同的选择却决定了自己来世的命运。但这并不影响上帝对每个人仍然是平等的。这是因为由上帝所设定的自然法或道德法对世俗的人普遍有效，"每当上帝想用俗世的痛苦惩罚堕落的人时，他就有理由让好人和坏人一同受罚"①。上帝通过《圣经》向世人揭示了这种自然法的存在，同时也向世人说明教会之所以建立的根据。但实际上，教会对非基督教徒和基督教徒还是有所不同的，只有成为基督徒，即入教会才意味着平等，才受神法（当时世俗法律制定的根据）的保护。可以说，在中世纪"上帝面前人人平等"之下隐藏着这样的不平等：其一，人人平等只有面对上帝时才有效，对于世俗中人与人之间的关系仍然是无效的，并不能改变中世纪封建等级制度的现实；其二，上帝面前人人平等的真正效力，在中世纪其实是只有通过加入教会才能起作用，承认的是基督教教徒的身份平等。

虽然三种形式的平等观在具体内容上存在某种差异，但总体都是一种相对性平等。柏拉图、亚里士多德的等级平等观是最为明显的，平等只是对于具有同种内在灵魂或德性的人而言的，而这些灵魂或德性已经限定了个体在

---

① [古罗马]奥古斯丁：《上帝之城》，庄陶、陈维振译，复旦大学出版社2011年版，第10页。

社会的地位。同时，城邦本身就是建立在奴隶劳作基础之上的，无论是柏拉图还是亚里士多德都拒斥奴隶，而只有那些具有公民身份的人才配有政治权利。按勒鲁的说法，他们两者都是没有平等思想的。虽然斯多亚学派的自然主义平等观和中世纪神学平等观具有较为普遍的平等意味，但从根本上看它们仍然是一种相对性平等，因为他们所谓的人人平等其实是相对于自然神或上帝而言的，并不是人直接对于人的平等关系。换言之，他们的平等观念其实是对私人的道德要求，是仅仅由于人之间某种相同性而产生的平等，也就是萨托利所说的"单数性平等"或"前民主平等"。

我们可以发现从古希腊柏拉图、亚里士多德的等级平等观到希腊化时期斯多亚学派的自然主义平等观，再到中世纪神学平等观，平等对象的范围在理论或理念论证上呈现不断扩大的趋势。这和整个社会经济与政治发展的要求是相一致的，具体体现为以下两点：（1）随着奴隶制的瓦解，各种散落的城邦逐渐消失，随后出现了各种封建帝国的更替。城邦某种程度上是自治的，它的良好运行依赖于城邦公民个体的道德。因此柏拉图、亚里士多德希望每个个体都能按自身的道德本性"各司其职"，形成整体上良好的和谐秩序。但随着城邦的瓦解，其管理的对象在不断地扩大，在管理上不可能实行直接民主。这需要突破原先对个体德性不同差异的设置，而践行一种较为普遍有效的方式，这就出现了西方所谓的"自然法"雏形，将人的自然特性设定为某种具有神学色彩的理性。（2）导致这种趋势最为根本的原因是社会存在，例如生产方式的改变。在柏拉图、亚里士多德时代，商品交往活动的范围是非常有限的。这也是为什么马克思认为亚里士多德不能看到两种商品之所以能进行等价交换的原因。从希腊化时代开始，人们不断冲破城邦的界限，异邦人之间商品贸易不断扩大。这就是为什么罗马法从最初的市民法逐渐被万民法取代的原因。由于异邦人文化的差异而造成的冲突，某种程度上蕴含了具有普遍性救赎或平等效力的基督教的产生。当然，这其中的具体原因是非常复杂的，但作为一种现代价值的平等观，自然就是在这种社会需求和存在的变化趋势中，合乎逻辑地产生和发展出来的。

二、现代普遍性平等

随着航海技术的发展，新大陆的发现，接踵而至的是欧洲三大运动，即文艺复兴、宗教改革和启蒙运动。这三大运动背后的根本动力是新的生产方式，即资本主义的发展。它不仅要求大量自由的劳动力，同时也要求突破封建特权的障碍。在这种新的社会需要和社会存在①变化的前提下，通过回归人的主体性，张扬人的理性，平等设定的共同点已从古代神秘的自然理性转化为具有利己性特征的人的理性。这种转变使得现代平等观不再是一种等级的相对平等，而是具有普遍性意义的平等。就如勒鲁所揭示的，现代人的平等是建立在首先承认人类的普遍平等之上的。②

从文艺复兴开始，人逐渐从神的桎梏中解放出来，回归到了人本身。在人文主义的大旗下，强调以人为中心而非以神为中心，追求现实生活的意义，发挥自身的个性，肯定人的价值。特别是在宗教改革之后，人逐渐从世俗教会中摆脱出来，意味着信仰或救赎变成了个体的事情。在此基础上，平等的意谓也相应地从神统摄下的人人平等到以人类为观照下的人人平等。这些思想在16、17世纪的英国产生了重要影响，其中，以霍布斯和洛克的平等学说为典型。前者在《利维坦》第一部分就对人类本身进行了论述，否定了宗教的客观性，声称"由于除开人类以外便没有任何宗教的迹象或其成果，

---

① 唯物史观认为社会存在是指"社会物质生活条件的总和"，具体包括地理环境、人口和生产方式。西方社会在这一时期，随着航海技术的发展，在欧洲之外发现了新的大陆，为之后的殖民活动奠定了基础。在生产方式上，这一时期商品经济逐渐发展起来，资产阶级也出现了萌芽，在英国出现了所谓的"圈地运动"。

② 在勒鲁看来，古代之所以没有平等，是因为古代人不懂得"作为人的人类平等"，因此处于一种自然状态，即战争之中，人们是没有真正的权利可言的。而作为现代公民的平等，是建立在现代人信仰人类这一普遍平等之上的。他认为"城邦赋予的权利，今天看来只是理性对于我们首先承认的人类最普遍的权利所采取的某种限制"。虽然勒鲁的观点多少带有唯心空想主义的成分，但有其合理性方面，因为从文艺复兴开始，人的确逐渐回归了人自身，作为一个类不再束缚于上帝，而是人自身的理性展现了这种普遍性。｛[法] 皮埃尔·勒鲁：《论平等》，王允道译，商务印书馆1988年版（2012年重印）｝

所以我们就没有理由怀疑宗教的种子也只存在于人类身上"①。也就是说，神或上帝的存在是由于人类特有的本性或能力（如推测）中导引出来的。他相信人在自然状态中都是平等的，这种平等体现为人在自然能力方面的平等，即能在同等的时间通过同样的活动获得相等的分量。但由于自然资源的有限，而彼此之间所欲求的东西或目的又一致，这必然导致人与人之间的争斗。这就使他导向了所谓的社会契约，构造了利维坦。② 这也开启了古典自然法向现代自然法的过渡。这一点在洛克那里更为明确。他在《政府论》第一篇，直接批判罗伯特菲尔默所谓的君权神授和基于父权的政权世袭制。在第二篇中，他和霍布斯一样，认为人在自然状态中是普遍平等的，不能侵犯他人的生命、健康、自由和财产。不同的是，他强调每个人对自身能力有同等的所有权，即劳动权。③ 由此，也决定了其设定社会契约的最主要目的就是为了保护个人的私有财产。在这个意义上，洛克突破了对平等的形式讨论，而具体到了平等的具体内容。但无论是霍布斯，还是洛克，他们首先承认的是人在自然状态中的普遍平等，更具体的是指自然权利的平等。而这种自然权利其实就是后来我们所言说的"人权"。

他们的思想开启了欧洲早期的启蒙运动，对之后的法国启蒙思想家产生了重要影响。相比，后者在思想上比前者更为激进，因为前者其实在某种程度上还和上帝保持着暧昧的关系，而后者是彻底回到了人自身，即理性。伏尔泰和孟德斯鸠在一定程度上受洛克思想的影响，因此他们更加强调的是自由权利的平等，其目的就是为了保护个人的私有财产。但总体上两者都是首

---

① ［英］霍布斯：《利维坦》，黎思复、黎廷弼译，商务印书馆1985年版，第79页。
② 霍布斯确立利维坦，某种程度上类似于确立了中世纪的上帝，只不过这个利维坦本身就是富有人性的君主。虽然君主制构造了君主和人民两个极端，但他们是通过自愿授权的方式形成的，意味着由他们所订立的契约对君主和人民都是同等有效的，是一律平等的。这并不排斥现实中君主自身可能会出现堕落或暴政。也就是说，尽管是君主制，霍布斯的平等观念无论是在自然状态中，还是在由契约所形成的法律中都是普遍平等的观念，因为人彼此之间是平等的。
③ 洛克的这种劳动权平等，直接设定了机会平等，也导向了保护私有财产而引发的不平等。这也是自由主义或现代平等观的最初形式。它直接影响了亚当·斯密关于劳动价值理论的形成，也为后来马克思批判现代平等观埋下了伏笔。

先承认人的自然权利的平等。正如伏尔泰所言,"凡是具有天然能力的人显然都是平等的;他们在完成动物功能和进行理解的时候是平等的"①。而孟德斯鸠提出三权分立,实际上是为了使权力相互制约,以限制自由权利的极端化,避免政治权利产生极端的不平等。和他们相比,卢梭的思想更为激进。卢梭首先承认人作为人的自然权利的平等,同时他也指出在自然状态下人与人之间本身就存在自然禀赋差异,但这种自然的差异并不是导致现今社会不平等的原因。在他看来,"自从一个人需要另一个人帮助的时候起;自从人们觉察到一个人据有两个人的粮食的好处的时候起;平等就消失了、私有制就出现了……不久便看到奴役和贫困伴随着农作物在田野中萌芽和滋长"②。也就是说,社会的不平等是由于人类理性的发挥和私有制的产生而导致的。在此基础上,卢梭希望通过契约建立体现公意的政府,以此既保证人的自由权利的平等,又能缩小人与人之间在财富上的不平等。卢梭的这种思想直接体现在法国大革命胜利之后的《人权宣言》之中,其中第一条就明确说"人生来就是而且始终是自由的,在权利方面一律平等。社会差别只能建立在公益基础之上。"

相比较而言,当时在经济和政治上落后的德国,一方面在思想上对现代这种普遍性平等给予了形而上的论证,另一方面却更加明确地说明现实种种的不平等。在文艺复兴,特别是路德宗教改革之后,德国人逐渐从教会中脱离出来,坚信个体在信仰中的重要作用,某种程度上催生了18世纪末到19世纪的德国古典哲学。康德首先通过对理论理性的批判,试图实现"人对自然立法",凸显了人作为理性主体的重要地位。当然,他的目的是为给信仰或上帝留下地盘,自然而然就过渡到了实践理性。关于实践理性,以往学者可能更加关注的是他对于基于人的自由理性基础上建构起来的绝对命令。笔者认为,其实这种建构过程,某种程度上也映射了他关于普遍性平等的思

---

① [法] 伏尔泰:《哲学辞典》,王燕生译,商务印书馆1991年版,第465页。
② [法] 卢梭:《论人类不平等的起源和基础》,李常山译,商务印书馆1982年版,第121页。

想。康德要找寻的是对所有人都具有普遍效力的"无待令式",而这取决于作为一个理性者立志于能成为普遍规律的标准,即"意志自律"原则。进一步而言,"每个人应该将自己和别人总不只当作工具,始终认为也是目的——这是一切有理性者都服从的规律"①。在康德看来,建立在自由概念上的"绝对命令"其普遍性也是建立在对所有具有理性的人平等有效的基础之上的。这也是现代平等观的一个重要形式,即自然权利的普遍性。然而,另一方面康德又是保守的,他指出在公民状态,平等只是作为所有臣民之间的平等,对君主是无效的。② 此外,康德还承认人在经济上的不平等,"在一个国家里作为国家的臣民,人民的这种普遍平等却与他们的财富的数量和等级上的极大不平等和睦相处……"③ 在这一点上,黑格尔和康德的认识是一致的,在他看来,"人们当然是平等的,但他们仅仅作为人,即在他们的占有来源上,是平等的。从这个意义上说,每个人必须拥有财产。所以我们如果要谈平等,所谈的应该就是这种平等。但是特殊性的规定,即我占有多少的问题,即不属于这个范围"④。然而,费希特的平等观却和他们大不相同,他不仅肯定自然权利平等,同时还强调政治、经济上的平等。他认为在非物质世界中,每个个体都是作为纯粹理性的"自我"存在,不存在主客从属关系,而是平等协作关系。同时,他提出人类的最终目标是"完善",即完全自相

---

① [德]康德:《道德形上学探本》,唐钺译,商务印书馆2012年版,第51页。
② 康德在《论俗语》中系统阐释了公民状态的三个先在原则,即"1. 社会中作为人的每个成员的自由;2. 社会中作为臣民的每个成员与每个他人的平等;3. 一个共同体中作为公民的每个成员的独立。"其中,作为平等的原则,他强调是一种"强制性法权",元首是开创者和维持者,这对其无效。某种程度上体现了康德对当时普鲁士封建君主特权的妥协。(李秋零:《康德全集:1781年之后的论文》第8卷,中国人民大学出版社2010年版。)
③ 李秋零:《康德全集:1781年之后的论文》第8卷,中国人民大学出版社2010年版,第295页。
④ [德]黑格尔:《法哲学原理》,范扬、张企泰译,商务印书馆1961年版(2013年1月重印),第58页。

等同。①

正是通过文艺复兴、宗教改革以及启蒙运动，才使平等观在理念、制度上逐渐确立起来。一方面，这种现代价值的平等体现为普遍性的平等，体现为法权人格的平等。因为从文艺复兴开始，平等的理论根据逐渐从外在设定转向人自身的内在规定。这种转变意味着平等只是人与人之间的事，而不再是人与自然或人与神的关系。同时，意味着平等开始作为人的一种内在需求，像自由一样被确定为天赋人权，即人生而有之。这和古代那种依附于森严等级的相对性平等有本质的差异。这种平等是以上思想家都普遍承认和极力维护的。但另一方面，他们之间对平等的进一步具体规定却存在诸多的差异，这就是平等观在转变为社会价值观的制度阶段所具有的特点。这恰恰又构成现代价值平等的另外一面，即现实中的多种平等诉求的冲突。例如，对于洛克而言，法律应规定人人享有平等的政治权利，但却保护人的私有财产。而在卢梭看来，法律不仅仅要保证人的政治权利平等，同时也应尽量保持财产上的平等。对于康德、黑格尔而言，法律只承认人作为人，即人格的平等，但不应该在公民社会确立人与人之间财产的平等。而在费希特看来，人与人之间平等不仅在政治，而且在财产上都是平等的。这种对不同平等诉求的争论一直延续到今天。

同时，我们也要意识到从文艺复兴到启蒙运动所萌发的现代普遍性平等，其背后的根本推动力是社会存在的新变化，即资本主义生产的发展。特别是在工业革命的推动下，这种普遍性平等已经从局部地区扩展到世界各地。资本的生产与再生产，不仅需要自由的劳动力，同时也需要能保证平等交换的商品市场。换言之，现代的平等根本上而言是为了突破封建的特权，使商品能够通过自由流通而实现其价值。但另一方面，也由于资本主义生产

---

① 在费希特看来"所有属于人类的个体都是相互有别的，只有在一点上他们完全相同，这就是他们的最终目标——完善。完善只取决于一种方式，即它完全自相等同。"换言之，在费希特看来人类由于理性的原因，最终会实现"平等王国"，成为唯一的主体。因此，他提出人类平等发展的三个阶段，从绝对不平等到法治，再到绝对平等。而目前我们还处于第二个阶段。（《费希特著作选集》第4卷，商务印书馆2000年版，第12—20页。）

的狭隘性导致了现代平等的诸多争议，构成了现代价值危机的主要方面。

三、差异的反思

根据上面的论述，我们可以发现作为一种平等观念，它并不是现代所独有的，只是在历史的发展过程中，呈现了古今的差异。从社会价值观形成的角度看，引起这种差异的前提条件在于社会存在，及其所引起的社会需要的变化。在这种转变过程中，从平等自身观念发展的逻辑来看，我们认为至少有四点是值得注意的，即西方人在传统与现代社会中对人的本性、地位及自然、权利的理解是不同的。这些不同实际上是对恩格斯、萨托利关于古今平等差异理解的展开。正如前面已阐述的，恩格斯认为古代的平等是基于人的某些共同点，现代的平等是在这些共同点上引申出来的要求；萨托利认为平等是唯一一个能包含相同和公正概念的价值，现代的平等或民主的平等更多体现为公正的内涵。而这种平等所根据的"共同点"或"相同"首先涉及的是对人的本性和地位的理解，在此基础上所引申或更加强调公正的现代平等观其实涉及对自然和权利的理解。

其一，从对人的本性规定上看。从泰勒斯开始，古希腊哲学就将人从神话世界中解脱出来，继而关注人类生活的世界，即人本身及其外在的世界。总体上，西方古代思想家对人的本性的理解是依赖于对整个外在世界的理解。在他们看来整个宇宙世界是一个由逻各斯统摄的世界，是一个有秩序，具有必然性和目的的世界。人只是自然的一部分，是被自然规定的、具有理性的动物。但是这种理性是内在于人的灵魂，强调人的精神性，和肉体有本质区别。因此，理性在古代西方哲学中的显著特征是具有强烈的伦理色彩①，犹如苏格拉底的"善即知识"、亚里士多德认为人的目的就是在于追求幸福或善的生活。斯多亚学派认为人分享了自然的理性，理应过自然的生活。中世纪基督教认为人的肉体是罪恶的原因，理性的目的在于通过信仰上帝而得到救赎。也就是说，古代西方哲学家将人的共同点规定为具有伦理色彩的理性，同时这种理性是分享或被整个宇宙自然所决定的，正如柯林武德在总结古希腊自然观时指出的："一个植物或动物，如同它们在物料上分有世界'躯体'的物理组织那样，也依它们自身的等级，在灵性上分有世界'灵魂'的生命历程，在理智上分有世界'心灵'的活动。"② 这意味着人的平等只能是一种基于道德性上的相对平等。

文艺复兴其实是对古希腊和古罗马时期人文主义的复苏，它使人的视野再次回归到了人本身。但这次回归和古希腊早期将人从神话中解脱出来有所差异，特别是随着自然科学的发展，这种视野不再首先依赖于对整个自然秩序的理解。相反，而是首先确立人的中心位置，然后去认识自己的周遭世界。在人的理解上，近代哲学家也强调理性是人之为人的根本。但是同古代的思想家所强调的理性有两点不同，即近代理性不再附属于某种灵魂或宇宙秩序，理性逐渐倾向于工具理性。就如启蒙运动所推动的理性主义，这种理性具有普遍性，一切人的价值观念都建立在此基础上。也就是说，从文艺复兴开始，思想家将人的共同点确定为具有普遍性意义的理性，这种理性人生而有之，意味着不管人与人之间的自然差异多大，在人格上都是一律平等的。

其二，从对人的地位规定上看。对人的本性理解直接决定了对人的地位

---

① 无论是在西方古代还是近代，理性都被视为人区别于动物的主要标志。但是在对理性理解上却存在着差异。古代哲学家更加强调理性的价值内涵，他们总是将理性同善联系起来，人的目的在于追求幸福或善的生活。同时，理性总是被寓于灵魂之中，它和身体没有直接的联系。这和古代的目的性宇宙观密切相关。而在近代，理性更多体现为人的主体性，即对自然的认识，强调的是理性的工具性内涵。它和人的身体或自然生理有直接的联系。这两者的区分集中反映在后来韦伯所划分的价值理性和工具理性之上。

② [英]柯林武德：《自然的观念》，吴国盛译，北京大学出版社2006年版，第5页。

的规定。在古代目的论的宇宙秩序中,人由于具有理性,人的地位被放置于兽与神之间,但永远是处于自然理性或神性的统治之下。某种程度上,人与人之间地位的差异取决于人的德性。在柏拉图看来,人的灵魂有三种元素,即情绪、意志和理性。何种元素居于主导地位就决定了他的社会身份或职务。亚里士多德认为人和其他自然物一样有灵魂和身体的组合,两者的支配关系决定人的地位。"有些人在诞生时就注定将是被统治者,另外一些人则注定将是统治者。""世上有些人天赋有自由的本性,另一些人则自然地成为奴隶。"[①] 斯多亚学派某种程度上将人在自然宇宙中的地位降低了,因为在由理性所渗透的自然之中,人与其他物体是一样的。这类似于中世纪的基督教教义,人是按照上帝形象被塑造的,表面上人人之间平等,但其实质只是承认在信仰问题上人之间是平等的。在信仰中,人之间的差异是由在世俗中的虔诚和善良所决定的。可见,由于自然理性差异而导致人之间的各种等级,最终只能引出相对性平等。

在近代,这种理性已经不再被视为一种外在理性,而仅仅被认为人的内在自然属性。在马基雅维利那里,我们就已经可以看到这种理性本身的目的不再是服从外在自然或上帝,而是为了人自身的利益服务。虽然由于受到整个西方宗教传统的影响,近现代许多思想家仍保留着对上帝的信仰,但人的地位,特别是人的尊严和价值显然被大大提高了。一方面,人作为一个类被凸显出来。例如近代所有自然状态理论,它是建立在对所有人都普遍有效的基础之上的,也就是说不存在亚里士多德所谓天生就是奴隶的人。特别是在(工具)理性被发挥得淋漓尽致时,人类其实被置于了中心的位置。另一方面,个体的地位也被提高到了前所未有的高度。在近代理性主义自然法中,个体享有各种的自然权利,彼此之间是不得侵犯的。并且在进入公民社会时,每个个体对契约的自愿选择都受到尊重。也只有在这种基于理性基础之上的人性,才有可能得出普遍性平等的现代价值观念。

---

① [古希腊] 亚里士多德:《政治学》,吴寿彭译,商务印书馆1965年版(2013年重印),第13、16页。

其三，对自然理解的差异。在西方，古今法律的变化与人们对自然的理解密切相关。这是因为对自然的理解关涉到法的基础或原则的形成，也关系到法的合理性和有效性问题。自然和习俗在早期人类是统一的，当时实际上没有法的概念，人们的行为是靠遵守习俗或习惯得以规范的。在列奥·施特劳斯看来，"自然的发现，或者自然与习俗之间的根本分别，是自然权利观念得以出现的必要条件"①。意味着在此时才萌生法的意识。这种意识认为人被设定在整个自然秩序之中，因此人的行为理应要遵守自然的法则。由此，无论在柏拉图、亚里士多德，还是之后的宗教自然法，自然或上帝其实是整个宇宙的最高权威。因为，在古代，自然被视为一种有秩序、有目的、有生命的东西。"不仅是一个自身有'灵魂'或生命的巨大动物，而且是一个自身有'心灵'的理性动物。"② 而人只是其中的一部分，并且出自人手的东西远远不及自然的东西。在这种以追求自然为最终目的的世界秩序中，自然法是一切事物运动的根据，人定法或习惯法是根据它而被制定。同时，这种法不是以文字的形式被呈现，人只通过所谓的自然理性而知晓它的存在。这样导致两个直接的后果，一方面善的追求成了人行为的目的，另一方面人的智性在社会中起着重要的作用。这就为现实的各种不平等和天赋的各种不平等提供了理论依据。

而从文艺复兴开始，特别是随着自然科学的发展，古代的那种具有"心灵"的理性自然观念已经被超越。"自然界不再是一个有机体，而是一架机器：一架按字面意义和严格意义上的机器，一个被在它之外的理智心灵，为着一个明确的目的设计出来、并组装在一起的躯体各部分的排列。"③ 人不再是被自然决定的，而是彼此独立的。自然的状态变成了人的假定状态，其设定的各种权利是根据人自身的生理需求，人的平等权利来源于每个人都是人

---

① ［美］列奥·施特劳斯：《自然权利与历史》，彭刚译，生活·读书·新知三联书店2003年版，第94页。
② ［英］柯林武德：《自然的观念》，吴国盛译，北京大学出版社2006年版，第4页。
③ ［英］柯林武德：《自然的观念》，吴国盛译，北京大学出版社2006年版，第6页。

这种事实。例如在洛克看来，作为人具有生命、自由和财产的权利。自然法不是决定实在法，而是为其服务的，同时通过后者部分得以文字的形式确认。对人的行为具有真正规范作用的不是自然法，而是实在法。

其四，对权利理解的差异。事实上，在古代社会是不存在真正意义上的"权利"概念的①，正如麦金太尔所言："在中世纪临近结束之前的任何古代或中世纪语言中，都没有可以准确地用我们的'权利（a right）'一词来翻译的表达式。"② 从平等角度看，现代与传统平等观念的差异之一是前者体现为一种权利的平等，而后者更多体现为义务的平等。在古代，拉丁文"jus"既可以表示权利，也可以表述为诸如正义、法等概念。但可以确定的是，西方传统社会对权利的理解和正义密切相关，而正义又是古代法律的核心。③ 正义在西方古代体现为"各守本分，各司其职"，这是由具有目的和秩序的自然所决定的自然法体现出来的。这种自然正义所决定的权利，一方面是不可能产生具有普遍意义的平等观念；另一方面即使存在某种平等，那么它至多也只是一种义务本位为基础的权利平等，人处于被动的地位，不可能达到萨托利所谓的"民主的平等"。

和古代不同，随着自然与人性的结合，权利不再是从人之外的自然正义所规定的义务中推导出来，它体现的就是人本身内在利益和意志的能动选择。一方面，人变成了权利主体，也由于这种自然人性使平等具有普遍性，这时自然权利就转变为人们平常所言说的人权。另一方面，当自然法与社会契约结合，就意味着人的权利平等就以实在法的形式被普遍认可，但由于这种权利是基于个体的利己性，这就使得权利的具体内容在法律上不可能实现全面的平等。因为，个体的人始终是社会的人，是处于社会关系之中的人。

---

① 这并没有否定古代有使用"权利"这一术语，只是由于缺乏个人主义观念，仍然不是现代法律意义上的权利概念。（方新军：《权利概念的历史》，载《法学研究》，2007年第4期）

② [美] 麦金太尔：《追寻美德：道德理论研究》，宋继杰译，译林出版社2011年版，第88页。

③ 正如亚里士多德所言，"法律的实际意义却应该是促进全邦人民都能进行正义和善德的制度。"（[亚里士多德]《政治学》，吴寿彭译，商务印书馆1965年版（2013年重印），第142页）

这也是构成现代平等危机的重要原因,也是马克思所批判和试图超越的。

第二节 现代平等观形成的价值基础及特征

在平等转变为现代社会核心价值观的过程中,即在理念与制度阶段,往往需要借助由社会需要和社会存在变化所引起的其他基础价值观念进行论证和说明。实际上,这些基础价值观念本身就构成了现代平等观产生的价值基础。那么,现代平等观产生的价值基础是什么?对这个问题的解答关系到对现代平等观的本质特征的理解。现代平等观是在摆脱了封建专制统治的基础上产生的,它和商品经济的发展有着密切关系。一方面,摆脱了人依附于人的社会关系,而形成了依赖于物质发展基础上的人的独立性;另一方面,商品经济发展对广泛市场建立的需求,使人与人的关系打破了狭隘民族、地域的局限,形成了普遍交往的社会关系。这两者导致了现代与古代在价值观念基础上发生了根本转变。这种转变集中体现为个人主义、理性主义和自由主义的产生。

前面我们在反思影响古代相对平等与现代普遍平等差异的四个重要因素中,亦可看出这些基础价值观念对现代平等观产生的影响。就现代普遍平等而言,其形成依赖于人的解放①,即人从自然理性或神性的束缚中摆脱出来。这种解放体现在以下三个方面:其一,破除了自然理性或神性所赋予的天赋特权,斩断了人身的依附关系,使人成为主体。这意味着人的尊严或价值在彼此之间得到了认可和尊重;意味着在人作为人,即人格上是平等的。其二,当人从自然理性或神性中摆脱出来时,人自身的理性成了安身立命之本。一方面在理性的基础上人的普遍平等成为可能,但另一方面随着理性的发挥也导致了人在各方面的不平等。其三,当人通过自身理性确立主体地位

---

① 在马克思看来,这种人的解放是不彻底的,它仅仅体现为人的政治解放,而非人的真正本质的解放。

时，自由也就自然成为现代人的基本生活方式。在自由原则的指引下，现代人对自由权利的诉求显然也成了平等的核心内容。这三个方面集中体现了现代社会得以确立的价值基础，即个体主义、理性主义和自由主义。当然，这三者之间并不是彼此分裂而是相互渗透的，也不是绝对存在而是动态发展的。

一、个人主义：确立平等的主体性

"个人主义"是一个非常复杂、颇具争议的概念，但从文化的视角看，它只有在商品经济普遍发展，特别是市场经济出现的时候，才有可能成为一个社会的基础价值观念。从西方文化发展的历程看，个人主义真正形成于16世纪，特别是在路德宗教改革之后，为适应资本主义生产方式的需求，人逐渐形成了由自身内在确立的"自我"观念。① 之后，由启蒙运动所高扬的理性为其提供了持久发展的基础和动力，以致成为整个现代西方文化最为基础的价值观念。因此，作为现代价值的平等观同样是建立在个人主义的基础之上。但是，个人主义所表现的多元价值原则并不都能够促进现代平等观的形成，例如，个人主义所体现的个人独立自主性，强调现代市民社会是由原子式的个人构成。然而，平等关系不可能发生在独立个体之上，它体现的至少是两个人之间的关系。那么，个人主义是在何种意义上为现代平等观的形成奠定了基础呢？

首先，个人主义的形成使人从外在的自然理性或神性中摆脱出来，成为主体的人。也只有成为主体的人，普遍平等才成为可能，因为如果始终没有摆脱外在权威束缚，人的平等只能表现为同等级或面对上帝时的平等。人作

---

① 捷克学者丹尼尔·沙拉汉认为，"个人主义预先假定了一个有意识并且能够就真理的性质做出判断的自我，一个'内在的'自我。"根据这种解释，其实在古希伯来人的偶像崇拜中就已隐藏了自我的观念。但是在中世纪结束之前，这种自我观念仅仅是由"外在授权的自我"。只有当人回归人本身时，由自身内在确立自我的时候，个人主义才真正的形成。（[捷]丹尼尔·沙拉汉：《个人主义的谱系》，储智勇译，吉林出版集团有限责任公司2009年版）

为主体，首先意味着在自我意识中对人自身的肯定，进而是对人这个类的肯定，这在康德的实用人类学中得到了高度的体现，"人能够具有'自我'的观念，这使人无限地提升到地球上一切其他有生命存在物之上，因此，他是一个人"①。由此，使得现代平等建立在人作为主体之上，即平等只能是人与人之间的关系，没有外在的第三者。同时，人作为主体，表明人的权利不再源于外在自然理性的规定，也不再是由万能的上帝所赋予，而是来源人自身，来源于人的需要和自由意志的选择。例如，无论在霍布斯、洛克，还是卢梭那里，他们都首先肯定人在自然状态中所拥有的自然权利，这些自然权利都是来自人的自然本性，是人与生俱来的，是人区别于动物的重要标志。为此，众多个体通过契约的方式，保证自身这些权利不受侵害。意味着人的关系从传统的身份制转向契约制。而契约形成本身就昭示了人之间的平等，其内容更是为保障这种自然状态中的平等。总而言之，既然与人异在的外在权威消失了，那么权利对于所有都是主体的人普遍如此，即只要是人，都同别人拥有一样的权利。

其次，个人主义体现对人的尊严或价值的尊重。人的尊严或价值的尊重，在于人作为人的某种或全部的共同特征而彼此尊重，即人基于人的类特性而彼此尊重。这种尊重是针对所有人而言的，显然构成了平等观念的基础。那么，人的尊严或价值意味着什么？它意味着人不再作为工具而是作为目的而存在。"只有那种构成事物作为自在目的而存在的条件的东西，不但具有相对价值，而且具有尊严。"② 因为，只要人还是工具，就意味着会存在某些人奴役或压制其他人的状况。在传统社会中，无论是古希腊的城邦，还是中世纪基督教，人是被设定在整体之中。在诸神或上帝面前，个体的肉体或生命本身是微不足道的。直到文艺复兴开始，个体作为目的本身才逐渐被认可，这时人不是由于外在的某种属性或社会标签或社会角色被尊重，而仅

---

① ［德］康德：《实用人类学》，邓晓芒译，上海人民出版社2005年版，第3页。
② ［德］康德：《道德形而上学原理》，苗力田译，上海人民出版社2012年版，第41—42页。

仅是因为人存在本身就是目的。对此康德论述道:"他们的本性表明自身自在地就是目的,是种不可被当作手段使用的东西,从而限制了一切任性,并且是一个受尊重的对象。"① 英国思想家卢克斯在分析个人主义时也表达了同样的思想。他认为个人主义有着诸多要素,包括人的尊严、自主、隐私、自我发展、抽象个人等,而"人的尊严或人的尊重这一观念是平等思想的核心","人们由于作为个人的固有尊严而受到尊重,这一原则作为'目的本身'而构成了人类平等理想的基础"②。

最后,个人主义体现了人对人的能力的肯定。平等尊重的基础在于个人是目的,具体表现为对人自身能力的肯定。在卢克斯看来是人的能力,包括自主行动能力、参与需要一种私人空间应受尊重的活动和关系的能力、自我发展的能力。每个人至少应拥有这三种能力而作为人被同等地对待。但在笔者看来,从传统与现代的比较来看,其实整个现代社会最为显著的特征是对人的劳动(包括体力和脑力)能力的肯定。在古希腊和古罗马时期,无论是城邦还是帝国,都是建立在对劳动奴役的基础之上,即对从事体力劳动者的轻视,他们天生就被视为下等人。在中世纪神学统治时期,更不用说人的体力劳动,人的脑力劳动也仅仅是为通往信仰上帝之路服务的。但是,在近现代,人的劳动能力得到了普遍的重视。这在韦伯论述现代西方社会结构变化时已清楚地表明,它和新教伦理的天职观密切联系。可以说,当这种由天赋或继承而非由人的能力所规定的身份制,被现代以人的能力为根据的契约制取代时,平等自然成了社会的需求。西方近代由自然法所设定的社会契约,其前提和目的就是为了肯定人的能力,即自我保存和自我发展的能力。我们可以在洛克论述财产思想时窥见一斑。他认为人之外的一切都属于人共有,但唯有"每个人对他自己的人身享有一种所有权","他的身体所从事的劳动和他的双手所进行的工作,我们可以说,是正当地属于他的"③。这样,他自

---

① [德] 康德:《道德形而上学原理》,苗力田译,上海人民出版社2012年版,第36页。
② [英] 史蒂文·卢克斯:《个人主义》,阎克文译,江苏人民出版社2001年版,第115页。
③ [英] 洛克:《政府论》(下),叶启芳、瞿菊农译,商务印书馆1964年版,第18页。

然就得出，在契约或法律中，人的私有财产是不可以侵犯的。这是所有人具有的平等权利。

二、理性主义：构建平等的法律形式

西方文化本质上是一种理性主义文化。无论是在古希腊文明，还是在基督教文明中，理性在其中都具有重要的作用。① 但是作为一种"理性主义"价值观念，则是在文艺复兴、宗教改革以及启蒙运动之后才逐渐被确立的。可以说，它构成了近现代西方文化的基本精神。作为现代平等价值观亦是在这种理性主义基础上生长起来的。但是，既然在古希腊和基督教文明中都不缺少理性，为何不能生长出同样的平等价值观？在上节论述古今对自然差异理解中，对此问题已略有说明。这主要是因为西方古代和近现代在对人的理性理解上有所差异。这些差异通过在对人的本质和理性本身的不同理解中被体现出来。也在理性主义的基础上，形成了现代平等观的法律形式。

其一，人的本质是理性，每个人都拥有理性，并有相同的权利使用理性，这构成了现代理性自然法区别于古代自然法的前提。在西方古代，虽然理性也被视为人和动物的重要区别，但这种理性的根源不在人自身，而只是对外在于人的整个自然或宇宙理性的分有。这种自然或宇宙的理性在形式上类似于柏拉图的"理念"和基督教的"上帝"，它规定了整个自然或宇宙的秩序。作为人的灵魂的一部分，它首先决定了人在整个宇宙中的位置要高于动物，因为在动物的灵魂中并没有理性。同时，这种理性在灵魂中的状况又将决定人与人的不同，例如，在柏拉图看来人的灵魂是由理性、意志和情绪

---

① 在古希腊文明中，理性是与逻各斯、努斯密切相关的，它体现着整个宇宙的秩序。而在基督教文明中，上帝本身就是自然理性的替代物。无论创世说，还是原罪说，都明显带有强烈的自然理性痕迹。这里所指的理性主义是广义意义上的，不是和经验主义相对的理性主义。在休谟、康德之前，理性主义主要是形式逻辑的演绎法和归纳法出现，前者是以笛卡尔为代表的唯理论，后者以培根为代表的经验论。大体上，我们可以将理性主义分为自然理性主义、神本理性主义和人本理性主义。

三个部分构成。这三者的主导地位相应地决定了人适合于当国王、武士和农民。简而言之，在古代，理性是自然的理性，自然法就是理性法，而人之所以需要和可能遵循这种自然法，是由于人及其理性本身就是自然理性的分有。

而在现代，理性被视为人本身具有的一种自然能力，它也首先将人和动物区别开来，但它只有在现实运用的状况才决定了人与人的区别，即人的后天因素决定了人与人的不同。但是，这并不排斥每个人都有同等的权利运用自己的理性去认识和改造外在的自然世界。一方面，因为人的本质是理性，意味着人之间应该彼此平等对待。正如康德所言"人类便处于所有有理性的生物一律平等，而不问他们的品级如何"①；另一方面，基于人发展的目的，人人需要平等地运用这种理性的能力，即别人无权限制你使用理性。整个西方近代社会契约论的基础与目的实际上就是承认和维护这种理性的同等有效性和同等的使用权利；只是不同学者在具体规定上略有差异，例如霍布斯、洛克和卢梭都首先承认自然状态中人的理性运用，前两者订立契约的目的是为了保护理性运用的结果，而后者是矫正理性运用导致的不平等。也就是说，现代自然法设定的目的是为了保护人的理性的运用，而不是说理性本身就是自然法；人之所以可能认识或遵循自然法不是因为人的理性是自然理性的分有，而是作为自然法运行的自然状态是人的理性的一种假设。

其二，当外在自然理性转变为人的内在理性时，自然法也相应地被世俗化，使平等体现在以契约为基础的实在法中。无论是在古代，还是现代，西方人都认为自然权利是由自然法所赋予的，但两者之间存在差异。在古代，自然法与实在法之间存在巨大的鸿沟，这种鸿沟很大程度上是由对自然理性或神性的信仰所支撑的，是出现在人的知识水平不充分的状态下。因此，在古代，现实的法律并不能真正地体现自然法。例如，每个城邦的法律都不承认异邦人的基本权利，这也说明了古代的平等只能是一种相对平等。而在现

---

① [德]康德：《历史理性批判文集》，何兆武译，商务印书馆1991年版，第66页。

代,自然法与实在法之间的联系,是由人的理性所设定的自然状态连接。虽然这种自然状态是一种逻辑假定,但它反映的是人的基本或自然的生存状态,而非远远高于人,且靠信念或信仰支撑的自然理性或神性。在这种理性主义所诠释的自然法中,一方面人的理性是为人的欲望、激情等情感性因素服务的。在霍布斯和洛克的自然状态设定中,人的欲望或激情等非理性因素既导出了人的基本自然权利,也产生对这些权利被侵犯或破坏的担心。由此,人的理性所协定的契约就孕育而生。而另一方面,契约或实定法的产生是由人的理性共同自愿选择和协定的结果。这种契约方式,既体现了平等,也规定了平等。因此,实在法其实表达的是人的理性意志的自由。简言之,这种由人的理性所建构的法权平等是"从人们实际生活的情况、从实际支配了所有人或多数时候多数人的最强大的力量中推演出来"①。

其三,由理性权威所设定的社会规范的普遍有效性,暗示了人的普遍平等。在文艺复兴时期,虽然人的主体性地位得到重视,但总体上人们还是没有完全摆脱上帝的阴影。例如笛卡尔通过理性的普遍怀疑,一方面确立了以"我思"为特性的主体自我确认,另一方面同时也为上帝的存在提供了论证。又如,洛克虽然消解了政治权力源于亚当或父权制,但在社会契约中他仍保留了上帝对君主权力的规约。也就是说,在这种由理性和信仰所混合设定的社会规范中,其实是保留了对统治者或君主的某些特殊权力。直到启蒙运动,理性才逐渐取代上帝成为最高的权威。在人的理性基础上确立的自由、平等和博爱,成了当时社会普遍接受的道德或法的规范。康德试图通过论证先验综合判断的有效性,以确立人的理性对自然的立法。不但如此,他进一步将自由设定为一切有理性东西的意志所固有的性质,通过人这种固有理性的自由表明绝对命令的普遍性,也同时说明"理性对自然思辨应用导致世界某种最高原因的绝对必然性"②。可见,虽然康德认为平等只适合于君主之外

---

① [美]列奥·施特劳斯:《自然权利与历史》,彭刚译,生活·读书·新知三联书店2003年版,第183页。
② [德]康德:《道德形而上学原理》,苗力田译,上海人民出版社2012年版,第69页。

的所有臣民，但在由理性权威所设定的道德普遍性规范中，他却隐性地以所有人的平等性作为自己理论的前提。之后，黑格尔将理性主义推向了高潮，通过辩证理性呈现了整个人类历史的演进。无论是道德，还是法，无不是这种辩证理性演绎的结果。

在这种普遍理性的规范下，法律成为人人平等的主要依据。在中世纪，上帝是人人平等的依据，这种依据是依赖于教会的教义，依靠的是人的内心信仰。但这种平等时刻受到世俗或现实不平等生活世界的挑战，是极不可靠和稳定的。与此不同，由于人的理性在现代社会已取代上帝成为世俗的权威，而法律又是这种人类普遍理性的集中表达。也就是说，遵循法律就是服从人类自身的理性。这种法律比起上帝成为人人平等的依据更为可靠，这是因为它本身是非彼岸世界，而是可感知的世俗世界的人的意志表达；同时法律本身是以国家强制力而非个体内心信仰作为其实现的重要保障。具体而言，这种"法律面前人人平等"一方面是指法律适用的平等，即成为惩罚和奖赏的主要依据；一方面是指法律规定了人人平等享有的权利与义务。概括地说，"法律面前人人平等"试图在形式与内容上实现和保障现代社会人与人之间的平等。当然，由人的理性所建构的这种法律形式和内容，其"理性"是否真实体现了人类的普遍意志，这本身是值得质疑的，因为特别是在阶级社会这种理性往往集中体现为统治阶级的意志表达，这也是马克思对现代平等的法律形式批判的主要方面。

三、自由主义：强调自由权利的平等

从广义上看，西方自由主义是指反对封建专制主义否定人的价值的新文化运动，它包括我们后来所指的政治或经济自由主义。它以文艺复兴为开端，是在个人主义和理性主义发展中逐渐发展起来的，虽然在今天人们更多地将自由主义与意识形态相联系，但无论如何它本身就包含或意味着一系列的价值观念，例如自由、平等、民主、法治等。尽管从洛克开始到现今，自

由主义的具体内容和形式发生了某种变化，但它始终是现代西方文化的主流。可以说，西方现代平等观的产生与发展始终与自由主义密切相关。在自由主义的基础上，现代平等观首先意味着自由权利的平等。同时，当这种自由权利以法律为保障时，它体现为在法律面前人人平等。但随着自由主义的发展，自由与平等之间发生了某种断裂和矛盾，主要通过牺牲平等以发展自由，最终导致了社会的诸种不平等。

自由是现代平等产生的前提，现代平等在开始时就意味着自由的平等。现代平等观的产生首先得益于人从封建专制中摆脱出来，使个体成为自由的人。这本身就意味着人对人的压制、特权的消除，意味着每个人都具有同等的自由。在霍布斯、洛克、卢梭等思想家那里，自由就是人的一种自然权利，是人在自然状态的基本生活方式。而所谓社会契约或国家的产生其目的就是维持人的这种自由。因此，当这种平等自由的根据——自然法——被世俗化时，它被以法律的形式得到保障，即自由权利的平等。正如法国1789年颁布的《人权宣言》第一条所明确规定的："人生来就是而且始终是自由的，在权利方面一律平等。"当然，这种自由在最初既是指人的行为不受他者干预，也指有参与国家政治的自由权利，还指人的意志自由。所以，在法律中一般将自由权利的平等规定为人们具有言论、出版、集会等自由。可以说，自由权利构成了现代平等的基本内容。

这种自由权利平等在现代社会的突出，实际上既是为了满足现代商品经济的普遍发展，也是为了体现人作为人的根本属性与价值所在。在哈耶克看来，"争取自由的斗争的伟大目标，始终是法律面前人人平等"[1]。正如上文所指出的，当消除封建专制时，法律便取代自然法和上帝成了自由权利平等的根据和保障。因此，无论是何者都没有超越于法律之上的权利，这样就消除了人与人之间存在特权的不平等隐患。正如上一节在论述法律面前人人平等时所揭示的，它不仅是指在形式上平等的适用，同时也在内容上规定了平

---

[1] ［英］哈耶克：《自由秩序原理》（上），邓正来译，生活·读书·新知三联书店1997年版，第102页。

等的权利与义务。特别是后者对于以商品经济普遍发展为特征的现代社会具有重要的意义。在其中，自由作为一种权利成为现代法律平等的核心内容，它首先体现为人人具有不受他人干预、强制的权利，正如《人权宣言》所规定的，"自由是做任何不损害他人权利的事情的权利"。这种消极的自由规定，一方面满足了人自身才能的充分发挥，因为只有在不受干预和强制的前提下，个体才能在市场竞争中发挥自身最大的优势，取得最大的胜利；另一方面只有在保障自由权利平等的条件下，市场才能向每个个体开放，使个体在不考虑能力差异的基础上获得平等的机会。这也是古典自由主义者一直强调或坚持放任自由市场的理由所在。当然，自由主义强调自由权利的平等，还在于他们认为自由是人作为人最为根本的属性。这种自由不仅体现在以往人们所认为的"自由意志"，更为重要的是这种自由意志不是为了遵循外在自然理性的目的，或服从上帝的需要，而是为了实现自身作为人的目的，因此这种自由还体现在人的行为上，即做不损害他人利益的事。

可以说，自由主义强调平等的目的在于维护财产的所有权。由上可知，在自由主义基础上产生的现代平等观，一方面强调个体对自由权利的平等，另一方面强调在法律面前人人平等。但由于自由主义本身还包含着其他的权利诉求，例如对私有财产权的保护，这是自由主义形成的基础，即保证个体在商品经济交换活动中的权益，也是自由主义本身得以持续发展的重要动力。换言之，自由主义强调前面两种平等，其实质或最终目的就是为了保护个体对财产的所有权。在保证个体自由和财产权基础上，也使得个体彼此之间在经济、教育、资源等方面出现了差距。这是因为，自由主义所强调的两种平等，其实只保证了人在商品或市场交换中的竞争机会的平等，但并不考虑结果的状态。这就是平常人们所言说的形式平等而非实质平等。正如哈耶克所强调的，"一般性法律规则和一般性行为规则的平等，乃是有助于自由的唯一一种平等，也是我们能够在不摧毁自由的同时所确保的唯一一种平等"①。简而言之，自由主义认为自由优先于平等，平等的目的就是为实现自由而服务的。这是因为在他们看来只有保证个体的自由，才能实现个体自我的发展。某种程度上也是由于这种价值的基础和信念，导致了现代性的危机，也是产生现代平等困境的主要原因。

综上所述，平等转变为现代社会核心价值观的过程，是在这三种基本社会价值观的基础之上展开的。从社会价值观形成的三个阶段，即理念、制度和目的来看，在这三种基本价值观基础上所形成的现代平等观，大致在理念阶段实现了对"人人生而平等"的论证；在制度阶段形成了"在法律平等面前人人平等"以及各种"天赋人权"的规定；在目的阶段也逐渐达到了自由主义的目的，即个体自由权利的平等，满足了资本主义生产方式的要求。

第三节　现代平等观的意义及其对青年马克思的影响

当平等观从传统社会的相对平等转变为现代社会的普遍平等之后，就逐渐成为现代西方文化的核心价值理念和精神标识，成为现代化发展的重要动力。它促进了商品经济的发展，特别是满足了由市场经济所形成的普遍交往的需要；也为现代社会占统治地位的资产阶级的统治提供了合法性论证。马克思在大学前后，就深受这种现代平等观的影响，特别是在《莱茵报》期间，以此批判封建等级制的普鲁士所颁布的书报检查令、新闻出版自由以及代表议会辩论等。

一、现代平等观的三重意义

从根本意义上看，现代平等观消除了封建专制特权，满足了现代商品经

---

① ［英］哈耶克：《自由秩序原理》（上），邓正来译，生活·读书·新知三联书店1997年版，第102页。

济特别是市场经济发展的需求。市场经济不仅要求有自由的商品占有者,同时商品交换的完成也有赖于诸多平等原则的支持,这是后来马克思在批判资本主义制度过程中所揭示的。此外,从政治层面看,现代平等观消解了传统权威的力量,为现代国家的产生提供了合法性论证。从社会层面看,现代平等观强调人彼此之间的尊重,为现代社会的发展提供了规范性理论。从个体层面看,现代平等观肯定人的能力和价值,为个人的自我完善提供了可能。勒鲁认为,"现在的社会,无论从哪一方面看,除了平等的信条外,再没有别的基础"①。虽然他有些夸大现代平等的意义,但不可否认,平等观念在现代社会和人的现实生活中具有重要意义。德沃金就是看到了现代平等的意义,才坚持平等的优先性的。

其一,现代平等观构成了现代国家合法性论证的重要原则。国家合法性是指一个国家得以确立的根据,其正当性取决于民众对其认可和接受的程度。国家权力的合法性是其中的根本问题。前现代国家或权力的合法性来源于具有神秘色彩的外在权威,例如自然理性或上帝。这和传统社会中人们的世界观、价值观密切相关,正如前文已反复提到的:在古代人看来,整个世界是一个有秩序、有目的的世界,人在其中的位置是被预定的。在这种世界观的逻辑中,人在世界中的地位或身份是先天被设定的,是不平等的。由此,前现代国家权力的合法性其实是建立在不同等级之间的奴役和压制。正如洛克在否定政权源于亚当或父权制之后所指出的,"无论是谁,只要他举不出正当理由来设想,世界上的一切政府都只是强力和暴力的产物,人们生活在一起乃是服从弱肉强食的野兽的法则……"② 随着个人主体性意识的觉醒,出现了个人主义、理性主义和自由主义的兴起,由此也建立了现代国家合法性论证的新基础,即自然法的世俗化,具体体现为建立在个体理性自愿同意达成的社会契约。

---

① [法]皮埃尔·勒鲁:《论平等》,王允道译,商务印书馆1998年版(2012年重印),第5页。

② [英]洛克:《政府论》(下),叶启芳、瞿菊农译,商务印书馆1964年版,第2页。

现代平等观的确立，使人在国家形成和建构中处于具有主动性的主体地位。因为它打破了封建的特权，实现了身份的平等。在社会契约中，首先承认人格的普遍平等、自由权利的平等。在这些平等原则的支持下，现代国家存在更为持久和稳定。因为，前现代国家合法性论证的有效和实效性都依赖于现实中个人的"自然义务"，而现代国家的合法性依赖于尊重个体能力自由发挥的平等权利。比起前者，后者更容易被大众所认可和接受，因为这意味着国家在现代社会只是为人而服务的工具，是人的自由意志的实现。这本身符合现代平等观所据以成立的基础和目标，即人是目的而非手段。因此，无论是法国的《人权宣言》，还是美国的《独立宣言》中，首先承认的就是"人人生而平等"的原则。与此同时，平等原则也是社会主义者试图推翻资本主义国家，建立新的社会共同体的强有力武器之一。当然，这中间的变化隐藏着我们后面所要论述的现代平等观发展所出现的困境。简而言之，现代平等观是现代国家合法性存在，并区别于传统国家的主要原则和因素。

其二，作为一种现代价值的平等，为现代社会提供了强有力的规范性功能。社会规范是指一个社会的成员所共同遵循的行为准则或价值标准。根据施特劳斯的分析，自然观念的产生在前现代社会中具有重要的作用。因为，它使人们摆脱将传统或祖先当作判断事物好坏的标准，自然观念使人们看到自然发生的事物比人为创造的事物更好。由此，这种外在的、具有秩序性的和理性的"自然"成为传统社会判断人们行为的标准。而在经过"祛魅"之后的现代社会，人自身的内在因素成了社会规范的标准。现代平等观的产生就是基于这种人的内在因素，例如人的尊严、人的价值、人的理性、人的目的等。在这个意义上，我们认为它同自由、博爱等价值观构成了现代社会规范的重要内容。和传统社会规范相比，现代社会规范更重视法律规范的作用。而平等恰恰又是现代法律的重要原则和内容。因此，现代平等观作为现代社会的规范不仅仅体现出人内在的道德自律，同时也体现出某种外在的强制性。

在涂尔干看来，社会规范有两类，即"适于所有相似的人"的普遍规范和适于特定群体的规范。前者"无论对我们自己,还是对我们的同胞来说,所有规范都必须依据尊重人、推动进步的原则,对所有的人而言,这些规范都无一例外地同样有效"①。根据这一判断,现代平等观无疑构成现代社会的普遍规范。这种普遍规范和自由相比,更趋向于调节人与人之间的关系。某种程度上,它在现代社会的规范性功能要远远大于自由,因为随着现代科学技术的发展,公共领域的生活显得越来越突出,这就更需要平等的规范。例如,哈贝马斯在交往理性基础上所强调的商谈民主理论,其主要前提就是保障主体彼此之间的平等对话。同时,平等在调节人与人之间的关系时,其本身就包含了对人们之间自由关系的调节。据此,我们可以很容易地理解,为什么托克维尔在论述美国民主时,特别强调平等在美国民主中的重要意义。例如,在分析民主对美国民情的影响时,他开篇就提出在像美国这种类型的民主国家,民众"对待平等比对待自由的热爱更热烈更持久"。

其三,现代平等观使人重新认识人自身,相信个人自我完善的观念。在传统社会中,由于人自身被禁锢在森严的等级制度中,人的身份、社会地位甚至职务都是被先天预定的。而现代平等观的确立,使人认识到人的身份是彼此一样的,即人的尊严是同等重要的。由此,萨托利认为,"通过要求自由并紧接着——以更强大的力度——要求平等,人是在要求一种不再服从必然的和天命般的组织形式的社会。""平等体现并刺激着人对宿命和命运、对偶然的差异、具体的特权和不公正的权力的反抗。"②可知,现代平等观首先唤醒了人的主体性意识。特别是随着理性主义的兴起,使人更加自信能主宰自身的命运。所以,在现代人看来,历史从来都是人自身有意识的、被创造的历史。同时,现代平等观使社会向所有人开放,调动了人们参与公共生活的积极性。由于现代平等观承诺了人在社会经济活动中具有同等参与和竞争的权利,使人意识到自身内在因素在自我发展中的重要性。

---

① [法]爱弥尔·涂尔干:《职业伦理与公民道德》,渠东、付德根译,上海人民出版社2006年版,第4页。
② [美]萨托利:《民主新论》,冯克利、阎克文译,上海人民出版社2009年版,第370页。

托克维尔在论述美国的民主制度时，认为平等唤醒了美国人无限完善的观念，这是因为在传统的社会中，人的能力不是决定个体在社会中地位的重要因素，而是出身——一种来自人之外的先天属性。在这样的社会中"每个人都不得不沿着全凭偶然而步入的道路前进时，从而认为人力的最高限界就在自己身上，谁也不想去对抗不可抗拒的命运"①。而在现代社会，一方面，在打破身份制度基础上，人们之间建立了平等的交往关系，在扩大交往的社会范围内，个人从他人身上认识自身和别人。正如阿伦特在区分了劳动、工作和行动三个概念的基础上，得出人其实是一种在场的动物，一种需要他人在场而被确认的动物。在这种确认中，人不断地相信自身具有能力无限完善自己。另一方面，由于相信自己和别人是基于某些共同点而平等，当看到他者在社会中的成功时，自然相信自身通过努力也同样能成功。韦伯在论述资本主义在现代社会所具有的那种新教伦理的天职观时，已经向我们说明了这点，即人们相信自己能通过自身努力的劳动而成功，并且这种成功是被社会成员所广泛认可的。

二、现代平等的追寻与困惑：《莱茵报》期间的马克思

马克思在大学毕业后，从事新闻出版工作，在《莱茵报》工作的经历，使他清楚地认识到整个普鲁士封建专制对人们思想或精神的桎梏。在对普鲁士颁布的书报检查令和第六届莱茵省议会辩论的审视与批判中，马克思揭示了普鲁士政府在相关法律制定和执行上的非人道、虚假性。在马克思看来，这背后的根本原因在于普鲁士的封建等级制度。由于当时马克思深受以黑格尔为代表的理性自由主义影响，认为无论是个人还是国家，都应以理性或实现理性为本质和目标，因此在对普鲁士封建等级制度的批判中，马克思以实

---

① ［法］托克维尔：《托克维尔文集》第2卷，董果良译，商务印书馆2013年版，第40页。

现现代"民主平等"为目标。通过文本阅读①，我们认为马克思在这些批判性的文章中，直接或间接地反映了其对现代平等在主体、法律形式以及自由权利等方面的认识和诉求。

其一，在批判普鲁士颁布的书报检查令对报刊编辑任命的规定中，马克思表现出对现代以人为主体的人格或身份平等的认同。在《评普鲁士最近的书报检查令》一文中，当马克思批判检查令试图"追求倾向"的规定时指出："你们却肆意践踏人格原则，你们竟不根据行为来判断人，而是根据对人的行为动机的看法来判断人。"② 意味着在马克思看来法律是建立在对人格承认的基础之上，即建立在人格平等原则之上。接着，在批判书报检查令规定检查官需由有"学术才能""地位"和"品格"的人担任时，马克思对"地位"这一规定进行了指责。他认为"学术才能"和"品格"都是不确定的一般要求，所以需要"地位"这种确定的特殊要求来支撑。"地位"使得"所有的客观标准都已消失了，人身关系成了关键，能称之为保证的只有书报检查官的得体的处事方式"③。也就是说，普鲁士政府对报刊编辑的任命是根据编辑的社会地位、身份，而不是根据人的能力。马克思这一批判体现了他对封建等级制的不满，侧面反映了他对人的能力的肯定，对身份平等的诉求。简言之，在对书报检查令的批判中，马克思认为书报检查成了检查官私人的事，将检查官神圣化。因为，如果书报检查仅仅是私人的事，那么只要有相应能力的人都可以胜任这种职务，而非得寻求特定地位的人。

与此同时，马克思在《关于新闻出版自由和公布省等级会议辩论情况的辩论》中的相关批判，也反映了马克思对现代人格或身份平等的赞同。首先，马克思在对骑士等级辩论人（马·洛埃）的批判中指出，"骑士等级的

---

① 笔者认为文本的解读，要处理好文本之间的独立性和联系性的关系。对某个文本的解读，有时并不能完整或正确地揭示作者这时期的思想，因此，有赖于对作者特定时期所形成的"文本群"进行整体把握。马克思在这时期的文章基本上围绕同一主题展开，即对普鲁士封建专制制度的批判。因此，笔者在此试图打破对单一本文的解读，而是以思想为轴对这时期马克思的文本进行解读。
② 《马克思恩格斯全集》第1卷，人民出版社1995年版，第123页。
③ 《马克思恩格斯全集》第1卷，人民出版社1995年版，第133页。

辩论人把个人特权、与人民和政府对立的个人自由妄称为普遍权利,这无疑十分中肯地表现了本等级的特殊精神,相反,对省的精神他却横加曲解,把省的普遍要求变成个人的欲望"①。也就是说,他拒斥人的类本性②,因为在他看来整个人类是处在不断完善的过程。这样的新闻出版自由就成了个别人物的特权,而不是人类精神的特权。马克思批判这种个别特权,反映了其对建立在人类特性基础上普遍人格平等的认同。此外,马克思对新闻出版自由辩护人提出的"够资格和不够资格的作者"问题的批判中,指出"既然你们认为自己除了你们特殊的等级以外,作为公民也有权写文章谈论最普遍的事物即国家,那么你们想排除在外的其他普通人作为人难道就无权对极其特殊的问题,即对你们的资格和你们的著作作出判断吗?"③ 在此,马克思以"人作为人"的根据导出其对现代人格或身份平等的认同。最后,马克思在反对这种书报检查制度时指出,"我们大家都服从书报检查制度,就像专制政体下面人人一律平等一样,虽然不是在价值上平等,但是在无价值上是平等的"④。某种程度上,马克思在此直接点明了现代平等的特征之一,即价值上的平等,亦人格平等。

其二,在批判普鲁士颁布的书报检查令对人的倾向的规定上,马克思表现出了对法律面前人人平等的认识和认同。在批判普鲁士颁布的书报检查令试图追究书报作者的"倾向"时,马克思认为法律认定惩罚的对象只能是人的行为,而"追求倾向的法律取消了公民在法律面前的平等","这不是法律,而是特权"⑤。法律面前的平等是现代法权形式平等的主要表现之一,它表示没有任何人能超越于法律之上,其相应地惩罚对象只能根据人的具体行为,而不是人其他东西,包括身份、社会地位等。在马克思看来,人的行为

---

① 《马克思恩格斯全集》第1卷,人民出版社1995年版,第158—159页。
② 又如,马克思指出"这些人怀疑整个人类,却把个别人物尊为圣者。他们描绘出人类本性的可怕形象,同时却要求我们拜倒在个别特权人物的神圣形象面前。"(《马克思恩格斯全集》第1卷,人民出版社1995年版,第184页)
③ 《马克思恩格斯全集》第1卷,人民出版社1995年版,第195页。
④ 《马克思恩格斯全集》第1卷,人民出版社1995年版,第195页。
⑤ 《马克思恩格斯全集》第1卷,人民出版社1995年版,第121页。

就是人为之要求生存权利、现实权利的唯一东西。① 也是这种行为，人才受到法的支配。换言之，追求思想或倾向的法律既惩罚人做的，也惩罚人想做但没做的。这意味着法律的惩罚是任意的，它随时威胁人的生存，是对公民名誉的一种侮辱。

马克思不仅阐释了对法律面前平等的认识，同时在此期间也反驳了当时历史法学派对现代理性自然法的批判。在《莱茵报》工作期间，马克思发表了《历史法哲学派的哲学宣言》，对以胡果为代表的历史法学派进行了批判。这在一定程度上反映马克思当时的确是认同建立在理性主义基础之上的法律及其权利平等的。在此文本中，马克思认为以胡果为代表的历史法学派曲解了对康德的理解，反对必然性，"否认理性存在的怀疑主义"。因此，胡果的法哲学基础是建立在人的动物本性之上。这种法律在马克思看来就是"法国旧制度的德国理论""专制暴力的法"②。也就是说，以胡果为代表的历史法学派是为普鲁士封建专制服务的，维护的是等级秩序的法律。

在《关于林木盗窃法的辩论》中，马克思通过批判会议等级代表的习惯法，试图为贫苦阶级在法律上权利平等辩护。在马克思看来所谓特权者的习惯是产生于古代的自然史，当时"决定他们之间的联系的不是平等，而是不平等，法律所确定的不平等"③。封建制度下的法律亦是如此，它体现的不是类的平等，而是类似于动物唯一的特定种的平等。和这些贵族的习惯法相比，贫民习惯法虽然与实在法的习惯相抵触，但"贫民的习惯法的内容并不反对法律形式，它反对的倒是自己本身的不定形态"④。那些会议等级代表或贵族的所维护的习惯法其实是以"任意非分要求的形式"出现的，只要他们认为合理就被立法采纳，而这些等级之外的贫苦阶级的法只能以"偶然让步的形式"出现。如果从立法的基础来看，其实贫苦阶级那些习惯法的内容

---

① 《马克思恩格斯全集》第1卷，人民出版社1995年版，第121页。
② 《马克思恩格斯全集》第1卷，人民出版社1995年版，第233、238页。
③ 《马克思恩格斯全集》第1卷，人民出版社1995年版，第248页。
④ 《马克思恩格斯全集》第1卷，人民出版社1995年版，第250页。

"存在着合乎本能的法的意识",其"形式在这里更是合乎自然的"①。换言之,在将习惯纳入法律时,贫苦阶级更应该得到法律上权利的平等。

其三,在理性自由主义的影响下,马克思这期间所写的批判性文章,透露着其对现代自由平等的诉求。在对骑士等级代表反对新闻出版自由辩护的论述中,马克思认为这些代表之所反对用省等级议会的权利取代省的权利,即用个体性取代人类本性的原则,是"因为这些先生们不愿把自由看作是理性的普遍阳光所赐予的自然礼物,而想把自由看作是明星的特别吉祥的组合所带来的超自然的礼物,因为他们认为自由仅仅是某些人物和某些等级的个人特性","为了拯救特权的特殊自由,他们就斥责人类本性的普遍自由"②。这直接地反映了马克思对现代自由平等的诉求。因为,在他看来自由是全部精神存在的类本质。③ 新闻出版自由体现了人的普遍自由的实现,它不是一种"行业自由"。因此,在马克思看来书报检查令的存在就是等级代表辩护人所说的"恶"和"坏"。

除此之外,当新闻出版自由的辩护人强调新闻出版自由仅仅是"行业自由"时,马克思认为虽然这种观点要比德国自由派那种充满感情和幻想的自由要高明得多,但这对于新闻出版自由而言,无异于是"正像我想强迫一个巨人住在侏儒的屋子里"④。因为,如果仅仅当新闻出版视为一种行业,那么这只是出版商和书商的自由问题,而马克思强调这里讨论的是"新闻出版自由"⑤。"新闻出版是个人表达其精神存在的最普遍的方式。它不知道尊重个人,它只知道尊重理性。"⑥ 辩护者强调"行业自由",意味着新闻出版行业

---

① 《马克思恩格斯全集》第1卷,人民出版社1995年版,第253页。
② 《马克思恩格斯全集》第1卷,人民出版社1995年版,第163页。
③ 《马克思恩格斯全集》第1卷,人民出版社1995年版,第171页。
④ 《马克思恩格斯全集》第1卷,人民出版社1995年版,第190页。
⑤ 在马克思看来,"新闻出版就是人类自由的实现。"(《马克思恩格斯全集》第1卷,人民出版社1995年版,第166页)在笔者看来,马克思之所以强调新闻出版自由是人类的自由而不是行业的自由,是针对普鲁士颁布的书报检查令而言。因为书报检查令是作为一种法令或法律的形式限制新闻出版自由,亦即将新闻出版自由上升为一般法律的自由。而在此时的马克思看来,法律即人类自身的自由意志的表现形式。
⑥ 《马克思恩格斯全集》第1卷,人民出版社1995年版,第196页。

需要被那种"够资格"的作者参加。言下之意，新闻出版自由就成了某个特殊等级的自由。对此，马克思认为仅以那种复数形式的"自由"是危险的，这种狭隘的自由将威胁到"自由"的存在。马克思甚至援引伏尔泰的观点，即"关于复数的自由即特权的说法是以服从为前提的。复数的自由是普遍奴隶制的例外"作为论证。可见，马克思当时所追求的恰恰是现代自由权利的平等。

在以黑格尔为代表的现代理性主义国家和法思想的影响下，马克思虽然借用现代自由、平等观对普鲁士的封建等级制进行了游刃有余的批判，但他始终带着后来自己所回忆的"苦恼的疑问"。这种疑问的产生不仅仅是因为他当时缺乏对经济学的研究，还在于他当时所接受的现代自由、平等观与现实的反差之中。因为，这种现代自由或平等观强调国家或法律所体现的应当是普遍平等的自由、人尊严的肯定，但在现实普鲁士政府中所践行的却是相反的东西。也就是说，让马克思感到困惑的是对现实的"物质利益发表意见的难事"，不知如何处理好理论与现实之间的关系。这些"物质利益"的问题包括我们前面已提到的，诸如穷人对枯枝的拾捡被判定为盗窃，普鲁士政府对摩尔泽地区沿岸发生贫困的责任推诿等。在这个意义上，我们认为马克思此时对现代平等观的困惑是普遍平等的观念与现实不平等之间的反差。这迫使马克思"退回书房"，通过阅读包括马基雅维利、卢梭等人的政治学著作以及有关欧美国家的历史著作，开始反思以黑格尔为代表的现代理性主义国家和法的学说。也是在这个意义上，马克思开始对其中所包含的现代平等价值观进行了初步的反思与批判。

第二章　马克思对现代平等观批判的思想图景

马克思对现代平等观的认识和批判实际上是内嵌于其思想发展过程中的。对此，我们有必要回归马克思文本，通过理清其思想发展脉络，来理解其对现代平等观的认识和批判。在第一章我们已经看到，青年马克思的思想深受启蒙思想影响，在《莱茵报》工作期间大体接受现代平等观，并以此批判了普鲁士封建专制的等级制度，但也始终带着困惑。而在《德法年鉴》工作至《德意志意识形态》写作期间，马克思意识到了这种基于政治解放基础之上的现代平等观的不彻底，对此展开了初步批判。但是，这种批判的理论基础依赖于其深受费尔巴哈人本唯物主义的影响以及初步对政治经济学研究的结果。在确立唯物史观之后，马克思结合自身对欧洲工人运动的认识与实践体验，展开了对包括空想社会主义者蒲鲁东、巴枯宁以及拉萨尔等为代表的平等观批判。这些平等观本身是对现代平等观所展开的一种批判，马克思对它们进行批判实际上是建立在其对现代平等观的认识与批判的基础之上。所以，从某种意义上可以说，马克思对这些同时代平等观的批判也构成了马克思对现代平等观认识与批判的一部分。与此同时，随着对政治经济学的深入研究，马克思在其经济学著作，特别是《资本论》中深刻揭示了现代平等观的本质，并对其进行了深刻的批判。

第一节　对现代平等观的初步反思与批判

19世纪三四十年代的德国仍然处于封建专制统治时期，整个社会是在森严的等级制度下运行的，无论是政治还是经济，都要远远落后于英、法、美等国家。现代平等观在这些国家也几乎以政治制度的形式被确立，而德国的状况，正如青年马克思所说，"这些国家在理论上反叛的、而且也只是当作锁链来忍受的陈旧的腐朽的制度，在德国却被当作美好未来的初升朝霞而受到欢迎"[①]。与这些事实相反的是，精神或思想领域在德国的发展却处于领先地位，"是这些国家理论上的良心"。在以理性或观念哲学为特征的德国古典哲学中，例如康德、费希特、黑格尔等哲学家早已完成对现代平等思想的阐述。[②]

在《莱茵报》被查封之后，马克思对这些曾对自己产生影响、也使自己陷入困惑的思想展开了反思。他首先试图对黑格尔的法哲学进行系统地反思与批判。在《黑格尔法哲学批判》中，马克思揭示了黑格尔法哲学基础的泛逻辑、神秘主义，并批判了其背后所要实现的君主立宪制的政治诉求。但笔者认为这次马克思对黑格尔法哲学的批判，对其之后的思想产生重要影响的是对政治国家和市民社会的二元关系问题的分析。因为，一方面使他确立"市民社会决定国家"的思想和方法，认识到要实现人的解放必须着眼于市民社会及其成员；另一方面使他意识到在由政治等级向社会等级转变后，现代"民主平等"保证了政治领域的平等，但在社会（市民社会）生活领域是不平等的。特别是在对鲍威尔关于犹太人解放问题的分析中，马克思深刻地批判了基于政治解放之上的现代平等观的不彻底性。因为，政治解放所实现的现代法律意义上的人权平等具有极大的局限性，它是建立在市民社会人的

[①]　《马克思恩格斯全集》第3卷，人民出版社2002年版，第204页。
[②]　详见本书第一章。

利己性和私有财产之上。于是，马克思逐渐由政治批判转向了对社会的批判。在对国民经济学的初步研究中，马克思认为现实社会中人的存在是一种劳动异化的状态，人丧失了普遍平等的尊严。同时，他也得出这种异化劳动产生了私有财产。对此，马克思认为只有通过现实的共产主义扬弃私有财产，才能实现人类的解放，实现人的真正身份和尊严的普遍平等。

一、由政治等级向社会等级转变的思考

在《黑格尔法哲学批判》中，马克思在揭示黑格尔法哲学神秘主义的基础上，真正思考的问题是现代政治国家和市民社会二元关系的问题。以往学者对该文本的解读侧重于马克思对黑格尔主客或主谓颠倒的揭示。固然，它是黑格尔整个哲学的泛逻辑、神秘主义之根源，也使人们看到马克思此时由唯心主义向唯物主义的转变。但这只是该文本的开端，其主体部分是马克思借此展开的对黑格尔关于现代国家和市民社会二元关系论述的批判。这一主题贯穿于王权、行政权和立法权的具体阐述之中。虽然人们也常常认为该文本的一个重要论断是"市民社会决定国家"①，但其具体的论证过程也同样蕴含在马克思对黑格尔关于政治国家和市民社会关系具体论述的批判中。

现代政治国家与市民社会的分离，意味着政治性质在私人领域的消失，意味着政治生活和社会生活的分离，但同时也带来了普遍利益和私人利益之间的冲突问题。为此，黑格尔在其观念逻辑演绎过程中，将国家设定为主体，它既是家庭和市民社会的"外在必然"，又是其"内在目的"，这样使得普遍利益和特殊利益得到统一。这种统一，首先得益于黑格尔接着所设定的

---

① 笔者认为，以往学者在解读该文本时，普遍存在一个误解，即根据马克思批判一开始提出的"家庭和市民社会都是国家的前提"，就得出马克思提出了"市民社会决定国家"的重要论断。虽然这两者之间有内在的逻辑关系，但是这种推断过于简单。其实，后者只有在后来马克思对黑格尔政治思想批判的前提下，即国家与市民社会两个领域关系处理的整个批判中才得以确立，而且在之后的《论犹太人问题》中，关于政治解放与人类解放关系的论述中才得以彰显。

王权，即"作为特殊对普遍的关系的协商""作为自我规定的最后决断"①。同时，黑格尔又将王权的意志交由具有"单一性"的君主，君主成为"国家人格，国家自身的确定性"。因此，黑格尔所确立的国家其实是君主立宪制。在这种国家制度中，官僚组织和等级要素被规定为代表国家理想主义形式的君主与市民社会私人之间的"中项"。在马克思看来，黑格尔的这种方式并没有真正克服两者之间的关系，因为"等级不仅建立在社会内部的分离这一主导规律上，而且还使人同自己的普遍本质分离，把人变成直接与其规定性相一致的动物。中世纪是人类史上的动物时期，是人类动物学"②。也就是说，黑格尔的这种方法只是使中世纪基督教的天国世俗化，只是实现抽象政治国家与抽象市民社会的统一，但并没有消除现实的存在。因此，在马克思看来，"现代意义上的政治生活就是人民生活的经院哲学"③。

同时，马克思通过法国大革命看到，现代政治国家与市民社会分离，真正导致的是政治等级向社会等级的转变。这种转变"以致正如基督徒在天国是平等的，而在尘世则不平等一样，人民的单个成员在他们的政治世界的天国是平等的，而在社会的尘世存在中却不平等"④。也就是说，在像法国那样的现代民主制国家中，虽然保证了政治的平等，但在现实社会生活中仍然是不平等的。这也是现代平等观发展的主要困境之一。但这种现代民主制比黑格尔的君主立宪制要进步，因为至少是回归到了现实的人，虽然是利己性、异化的人。现代民主制"使市民社会的等级差别变成了社会差别，即在政治生活中没有意义的私人生活的差别"⑤。换言之，个人的社会地位不是由政治身份或外在权威所决定的，这就否定了黑格尔设定君主时的"意志的偶然性即任意"和"自然的偶然性即出生"。但马克思并不止于现代民主制，因为他隐约地看到这种制度所带来的某些问题。

---

① 《马克思恩格斯全集》第3卷，人民出版社2002年版，第27页。
② 《马克思恩格斯全集》第3卷，人民出版社2002年版，第102页。
③ 《马克思恩格斯全集》第3卷，人民出版社2002年版，第42页。
④ 《马克思恩格斯全集》第3卷，人民出版社2002年版，第100页。
⑤ 《马克思恩格斯全集》第3卷，人民出版社2002年版，第100页。

这些问题是在政治等级转变为社会等级后所产生的，即市民社会发生了变化。原先在市民社会中个人的社会地位和政治地位是统一的，政治生活也就是其私人生活，而现在在两者分离的基础上至少带来两种变化：其一，社会差别以任意为原则流动为各种不固定的集团，"金钱"和"教育"是其主要标准。这使得马克思看来，"丧失财产的人们和直接劳动即具体劳动的等级，与其说是市民社会中的一个等级，还不如说是市民社会各集团赖以安身和活动的基础"①。在此，马克思虽然并没有明说这个等级就是无产阶级，但至少此时他已经意识到这个等级是市民社会的基础，也由此可能在《〈黑格尔法哲学批判〉导言》中导出德国解放的实际可能在于这个阶级，即"表明一切等级解体的等级"。其二，随着两者的分离，"国家公民也是同作为市民社会成员的市民彼此分离"及"自己在本质上的分离"②，使个人处于两种组织中，即官僚组织和市民社会组织。在马克思看来，这种双重的主体，其实是"幻想的同一"。之所以是幻想，是因为只能通过反思才能得以维持。③

为此，虽然当时马克思自身并没有给出一个系统的解决方案，但他提到一种既不同于黑格尔的君主立宪制，也不同于现代民主制的"真正的民主制"。在马克思看来"在真正的民主制中政治国家就消失了"，"国家制度、法律、国家本身，就国家是政治制度来说，都只是人民的自我规定和人民的特定内容"④。在该文本临近结尾时，马克思对如何具体实现这种制度提出零星的想法。他认为既不是议员也不是全体人员单个人行使立法权，而是"扩大并尽可能普及选举权和被选举权"，并"通过不受限制的选举和被选举"⑤；因为，在马克思看来这种选举改革不但使得抽象政治国家解体，也使得市民社会解体，即两者分离的克服。很显然，此时的马克思仍然深受现代民主制影响，他通过批判黑格尔的王权、官僚行政权和长子继承权，试图实

---

① 《马克思恩格斯全集》第 3 卷，人民出版社 2002 年版，第 101 页。
② 《马克思恩格斯全集》第 3 卷，人民出版社 2002 年版，第 96 页。
③ 《马克思恩格斯全集》第 3 卷，人民出版社 2002 年版，第 103 页。
④ 《马克思恩格斯全集》第 3 卷，人民出版社 2002 年版，第 41 页。
⑤ 《马克思恩格斯全集》第 3 卷，人民出版社 2002 年版，第 150 页。

现政治差别的消失，即"民主平等"的实现。但其在思维方式上转向了唯物主义，立足于现实的人。同时，他模糊地意识到处于现实的人（市民社会的私人）其实还是存在"非神圣形象的自我异化"。可以说，在对现代平等观的诉求中，他也逐渐认识到了社会不平等问题。于是，之后开启了由政治批判转向对社会批判。

二、对现代平等观不彻底性和利己性基础的批判

在对黑格尔法哲学批判的过程中，虽然马克思认识到由政治等级向社会等级转变过程中出现了社会内不平等问题，但如何通过解决政治国家与市民社会两者的分离以克服这些问题，对此马克思是模糊的。然而，马克思确定黑格尔试图从国家出发以实现在"普遍利益中保持特殊利益"的方法是不可行的。与此相对，马克思试图从市民社会，即后来学者所认为的"市民社会决定国家"的思维方式出发解决两者之间的矛盾。于是，之后在批判布鲁诺·鲍威尔关于犹太人解放问题中，马克思充分地运用和展现了这种方法与思想。在此过程中，马克思清楚地认识到政治解放所实现的现代平等观的基础是狭隘市民社会的利己性，由此他试图超越这种政治解放以实现人类解放。针对当时德国的状况，马克思在《〈黑格尔法哲学批判〉导言》中，甚至提出了实现这种解放的主体，即无产阶级。

在《论犹太人问题》中，马克思批判了鲍威尔关于犹太人如何实现平等权利的理解，认为鲍威尔所要获取平等是不彻底的。在鲍威尔看来，犹太人要获得同基督教臣民一样的自由和平等权利，只有通过放弃他们自身的犹太教信仰。同时，在他看来无论是犹太人，还是基督教臣民，其自由和平等权利的获得最终只有通过废除宗教本身，实现德国的政治解放才有可能。而在马克思看来，政治解放和宗教信仰的存在并不冲突，问题的关键不是"政治解放对宗教的关系问题"，而是"政治解放对人的解放的关系问题"。这是因为，一方面政治解放是人通过国家这一中介，以"间接的方法"实现了政治

上抽象、有限、局部的超越。虽然使政治脱离宗教，通过国家自身的回归这一间接方式承认人自己，但这也只是基督教的世俗化，即"国家也把自己的全部非神性、自己的全部人的无约束性寄托在它（国家）身上"①。进一步说，只要国家的本质或世俗的局限性没有被克服，人的存在也并不是真正的自由和平等，"一句话，人还不是现实的类存在物"。另一方面"人对宗教的政治超越，具有一般政治超越所具有的一切缺点和优点"②。马克思以美国当时许多州取消选举权和被选举权的财产资格限制为例。虽然这种私有财产在政治意义上被取消了，但实际上却成了它存在的前提。正如马克思所说，"当国家宣布出身、等级、文化程度、职业为非政治差别，当它不考虑这些差别而宣告人民的每一成员都是人民主权的平等享有者……尽管如此，国家还是让私有财产、文化程度、职业以它固有的方式……发挥作用并表现出它们的特殊本质"③。可见，在马克思看来，这种建立在政治解放基础之上的现代平等观是不彻底的。这也是马克思在费尔巴哈人本主义哲学影响下，对现代平等观所进行的最初批判。

也是在这里，马克思清楚地看到在政治解放或现代政治与市民社会分离基础上产生的现代民主制及其平等观不彻底性的根源所在，即社会等级或不平等的存在是由于以承认私有财产的存在为前提的。因此，现代平等实际上是指以私有财产为基础的市民社会的利己性平等。而鲍威尔恰恰就是停留于此，即通过政治解放，以牺牲"信仰的特权"实现普遍的人权。

为此，马克思对这种现代政治民主制之下的，包括现代平等权利在内的普遍人权进行了深入的分析和批判。马克思认为人权由两部分组成，即政治权利（公民权）和与此不同的人权（Droits del'homme），前者就是所谓参与政治共同体的权利，属于政治自由范畴。这是政治解放后，国家回归自身所实现的，在这个领域内人与人之间是平等的，例如选举权和被选举权等。

---

① 《马克思恩格斯全集》第3卷，人民出版社2002年版，第171页。
② 《马克思恩格斯全集》第3卷，人民出版社2002年版，第171页。
③ 《马克思恩格斯全集》第3卷，人民出版社2002年版，第172页。

但由于受各国的社会制度结构、历史传统等因素影响，其实在现实中实现这种权利平等是经过漫长时间才可能的，甚至到现在还在发展之中。而马克思在此深刻批判的主要是后者，即在现代政治民主制国家通过法律所确立的包括"平等、自由、安全、财产"等权利。在马克思看来，这些权利就是"市民社会的成员的权利"，"无非是利己人的权利、同其他人并同共同体分离开来的人的权利"①。马克思首先分析了自由，即一种"可以做和可以从事任何不损害他人的事情的权利"②。而平等，就是这种自由的平等，即"每个人都同样都被看成那种独立自在的单子"③。因此，在马克思看来，现代民主的平等无非就是退居自身，"把他们连接起来的惟一纽带是自然的必然性，是需要和私人利益，是他们的财产和他们的利己的人身的保护"④。

在马克思看来这些包括现代平等在内的权利并不是真正能实现人解放的权利。因为在这些权利中，人不是作为类存在物存在，而是与共同体分离的个体存在。同时，这些权利是在外在力量（政治力量）而不是人本身的"固有力量"，以法律形式赋予或承认的权利。因此，在马克思看来，要超越政治解放，实现人类的真正解放。因此，在面对德国落后制度的现状时，马克思提出了实现一个"人的高度的革命"，彻底、普遍的革命。因为，只有这样才能实现德国人真正意义上的自由和平等。而这种革命实现的关键在于存在一个这样的阶级，即能从自己特殊地位出发，从事社会普遍解放的阶级，这个阶级就是"无产阶级"。由此，马克思超越现代平等观，开始探寻实现人类真正自由和平等的途径。

三、异化劳动：工人平等身份和尊严的丧失

由上文可知，马克思通过对市民社会的分析，揭示了现代平等观的利己

---

① 《马克思恩格斯全集》第3卷，人民出版社2002年版，第182—183页。
② 《马克思恩格斯全集》第3卷，人民出版社2002年版，第183页。
③ 《马克思恩格斯全集》第3卷，人民出版社2002年版，第184页。
④ 《马克思恩格斯全集》第3卷，人民出版社2002年版，第185页。

性基础。在马克思看来，以私有财产为前提或基础的现代国家并没有实现人的真正解放和类本身的回归，因为个体的存在是以异化和抽象公民的形式存在。但这种人的现实存在的形式到底是怎样的？这种政治国家前提的私有财产到底是什么，是怎样来的？当时马克思在批判鲍威尔时并没有向读者说明。只有在之后，马克思对当时自己所阅读的国民经济学资料进行整理和分析时，才初步解释了这些问题。特别是在《1844年经济学哲学手稿》中，马克思认为工人处于一种劳动异化的状态，即使像蒲鲁东之类的改革家试图通过提高工人工资也无法使他们获得真正平等的身份和尊严。与此同时，马克思认为这种异化劳动就是私有财产的根源，所以惟有通过实践的共产主义扬弃这种私有财产，才能超越现代平等，进而实现人的类本质的全部发挥。

在《1844年经济学哲学手稿》中，马克思通过分析国民经济学批判了人的非人存在状态，即人的尊严的丧失。由于受费尔巴哈人本主义的影响，马克思逐渐脱离对黑格尔思辨哲学的追求。因此，马克思在对以斯密为代表的国民经济学分析中，其深处是类的人本主义哲学的运用，而人尊严的平等尊重被视为这种类存在最为基础的体现。现代平等观首先是建立在对人尊严的肯定基础上，它是通过对外在自然和神的权威的否定，而体现人的主体性。其中，在个人主义价值基础上，这种尊严具体体现在对人的劳动能力的肯定上。某种程度上，国民经济学就是建立在劳动是人的本质这一潜在的观念基础之上。按斯密的看法，国民经济学本身就是一门使人类最富裕和幸福的学问。但现实却是相反的状态。马克思通过剖析国民经济学，发现现实状况是无产阶级的工人和有产阶级的资本家之间的对立与极度不平等状态。人的存在状态是一种没有人的尊严的生活。这体现在三个方面：首先，国民经济学将人，特别是无产者仅仅当作工人来考察。人只有首先将自己当工人，然后作为肉体的存在，才能生存。"他只有作为工人才能维持自己作为肉体的主体，并且只有作为肉体的主体才能是工人。"[①] 其次，工人就像商品一样，其

---

① 《马克思恩格斯全集》第3卷，人民出版社2002年版，第269页。

价值由社会生产和市场供求状况决定。无论社会处于衰落、增长，还是最富裕状况，工人的地位都是最为不利和痛苦的。最后，工人只是一种劳动的动物，仅仅是有必要肉体需求的牲畜。因为，工人只有在使用吃、喝等动物机能时才感觉到自己是自由的，而在运用人的机能，即劳动时，却觉得自己是动物。简言之，在国民经济学的视野中，人（工人）的存在无异于动物的存在，是一种没有价值和尊严的存在。

由此，马克思提出了两个问题，即"把人类的最大部分归结为抽象劳动，这在人类发展中具有什么意义？""（像蒲鲁东那样）把工资的平等看作社会革命的目标，他们究竟犯了什么错误？"[①] 在深入分析人的类本质，即自由意识活动的基础上，马克思认识到人（工人）的现实存在是一种劳动异化的状态，即工人同自己生产的劳动产品、劳动本身、类本质以及他人相异化。这种劳动异化最终产生了私有财产。因此，在马克思看来工资和私有财产是一致的，也是劳动异化的结果，这种工资不能体现人的目的，而只是体现人是工资的奴仆。所以，马克思对第二个问题的回答是"强制提高工资，无非是给奴隶以较多工资，而且既不会使工人也不会使劳动获得人的身份和尊严"[②]。而对于第一个问题，虽然马克思在文本中没有直接给予回答，但通过对第二个问题答案的认识，我们大致可知，将人类最大部分归结为抽象劳动是无意义的，它使人类处于普遍异化的状态。当然，从马克思后来思想的发展看，这样的答案是不完整的。但在这里，马克思重点所关注的是"市民社会"中人的存在是一种劳动异化的状态，私有财产既是其结果，也是其原因。从马克思认为蒲鲁东关于将实现工资平等当作社会改革目标之所以错误的回答中，可知马克思此时想克服和解决劳动异化、私有财产等问题，以实现人的自由意志活动，达到身份和尊严的平等。马克思认为要通过工人解放这种政治形式，因为这个阶级的解放本身包含了普遍的人的解放。

对此，马克思首先批判了粗陋共产主义，认为他们"从私有财产的普遍

[①] 《马克思恩格斯全集》第3卷，人民出版社2002年版，第232页。
[②] 《马克思恩格斯全集》第3卷，人民出版社2002年版，第278页。

性来看私有财产的关系"①，工人的规定和私有财产关系仍然没有被取消。这种方式是一种动物的方式，类似于"公妻制"。这是马克思对工资平均主义的批判，它只是将劳动的共同性和工资的共同性提高到想象的普遍性，"劳动是为每个人设定的天职，而资本是共同体的公认的普遍性和力量"②。"现实的共产主义运动"是对"私有财产即人的自我异化的积极扬弃……是人向自身、向社会的即合乎人性的人的复归……是存在和本质、对象化和自我确证、自由和必然、个体和类之间的斗争的真正解决"③。人作为真正的类存在物的实现，一方面在于全部外在自然界成为人活动的对象性存在，另一方面在于通过人的全部活动体现全部的类力量。在此基础上，才能实现人的尊严的平等尊重。同时，马克思试图实现的尊严平等是有别于现代平等观所强调的尊严平等。前者是实现了"作为完成了的自然主义＝人道主义，而作为完成了的人道主义＝自然主义"，而后者是建立在个人主义基础之上，以强调人类为中心的尊严平等。

第二节　对诸种现代平等观的批判

在法国巴黎，马克思深受当时工人运动的影响，在对鲍威尔等青年黑格尔派思辨哲学批判的基础上认识了法国空想社会主义思想的主要来源。当来到布鲁塞尔时，他就有意识地同欧洲各国的社会主义者保持联系，并在思想上初步确立了历史唯物主义。在此基础上，马克思积极地调动工人阶级参加即将到来的欧洲革命，并对当时工人运动中出现的各种错误思想进行了批判。这些错误的思想主要包括空想社会主义、以蒲鲁东为代表的小资产阶级改良主义以及无政府主义、机会主义等。虽然这些思想各有差异，但有一个

---

① 《马克思恩格斯全集》第3卷，人民出版社2002年版，第295页。
② 《马克思恩格斯全集》第3卷，人民出版社2002年版，第296页。
③ 《马克思恩格斯全集》第3卷，人民出版社2002年版，第297页。

核心的共同点，即对平等的渴望。这对当时的无产阶级或工人具有极大鼓动性，在某种意义上它是工人运动最为直接和有效的价值诉求。无论是空想社会主义者，还是在工人运动中像蒲鲁东那样的改良主义者，他们对现代社会的批判实际上都是源于对现实社会各种不平等关系的不满。从某种意义上说，他们提出的各种平等观或平等原则实际上是对现代平等观的一种纠正或反叛。但由于历史的局限性，他们的平等诉求实际上并没有超出现代平等观的范围，它们要么是脱离实际的幻想，要么是杯水车薪的救济。虽然马克思在此并没有直接地批判现代平等观，但实际上通过对这些现代平等观批判的批判，不仅使自身加深了对现代平等观的认识，也侧面地批判了现代平等观。

一、批判空想社会主义者平等的幻想性

在对现代性的批判中，人们往往忽视了空想社会主义者在其中所扮演的历史作用。事实上，最先反思现代性问题的可以说是空想社会主义者。他们批判的着眼点在于现代社会的贫富差距和现实社会存在的诸多不平等。这一批判是由托马斯·莫尔开启的。在《乌托邦》中，他批判了英国资本家通过各种手段为满足资本原始积累所造成的种种社会灾难，特别是贫富差距的问题；同时他也设想了一个没有私有制，人人平等，按需分配的理想社会。虽然这只是"一种古老理想的垂死呻吟"①，但毕竟对后来空想社会主义思想的形成提供了范例。其中，对平等的追求无疑成为他们思想的重要方面。在马克思看来，这些空想社会主义者固然揭示了现代性平等在社会平等，特别是经济平等方面的困境，但他们自身所努力追求的平等也只不过是一种幻想。例如，马克思认为以巴贝夫为代表的 17 世纪空想社会主义者所倡导的文献只是"普遍的禁欲主义"和"粗陋的平均主义"。

---

① ［美］乔治·霍兰·萨拜因：《政治学说史》，邓正来译，上海人民出版社 2010 年版，第 115 页。

当然，与马克思有着最为直接联系的是19世纪以圣西门、傅立叶、欧文为代表的批判的空想社会主义。这些空想社会主义者在超越现代政治平等基础上，首先提出了对财富分配平等的诉求。他们对财富平等的要求并不像巴贝夫所主张的平均主义，而更多的是建立在人的某种差异，如能力、需求，特别是劳动基础上的财富分配。例如，圣西门在其所设定的"实业制度"中，指出人的社会地位不是由出身而是由能力决定的，相应地其收入也是按个人的才能和贡献进行分配。傅立叶在生产——消费协作社"法郎吉"中提出了按劳动、资本和才能三种不同标准的分配，规定在收入中十二分之五是按劳分配、十二分之四是按资分配、十二分之三是按才能分配。欧文所建立的"劳动公社交易市场"也是实行一种按劳分配的方式，通过"劳动券"与公社交换劳动产品。这些空想社会主义的财富分配思想其实反映的是对资本家这种不劳而获阶级的痛恨。其次，他们对现代平等的批判还体现在对所谓"法律面前人人平等"的否定。例如，圣西门在批判法国自由平等的原则时，就指出这些价值思想建立在利己主义基础之上的。而傅立叶更是痛恨地指出"法律对于已供认盗窃了七千六百万法郎的供应商装聋作哑，可是对偷了一棵白菜的穷人爱里桑多那却非常严厉，竟处死刑。"最后，在这些空想社会主义者看来，现代社会种种不平等的根源在于私有制的存在。所以，无论在"实业制度""法郎吉"，还是"劳动公社"，他们试图将财富的分配建立在公有制之上，但并不排斥私有财产的存在。

对此，马克思一方面肯定了这些批判的空想社会主义者对现代资本主义社会的批判。他们站在贫苦劳动者的角度提出的平等诉求，无疑成为推动19世纪初工人运动的主要动力，正如恩格斯所言，"它对无产阶级的鼓动价值"。从某种意义上说，马克思后来所形成的按劳分配和按需分配的平等思想也深受他们这些平等思想的启发。另一方面，马克思对这些空想社会主义者的思想进行了深刻的批判，揭示了他们所追求的平等目标的幻想性。

其一，马克思批判了这些空想社会主义者幻想性平等的思想来源和基础，即机械唯物主义。在《神圣家族》中，马克思在分析法国唯物主义的过程中，指出了以洛克为代表的唯物主义后来发展成法国的（空想）社会主义。以圣西门、傅立叶、欧文为代表的19世纪空想社会主义者的平等思想就是建立在这种机械唯物主义的基础之上的。因为，在他们看来，既然人是环境决定的，那人之间的不平等必然不是由于自然或生理的差异造成的，而是后天形成的。这种后天因素在他们看来主要是指私有制，但实际上他们对私有制如何产生并没有科学地分析。在马克思看来由于受这种唯物主义的影响，他们没有看到人对环境的改变或能动性，因此其思想也像机械唯物主义那样，必然使社会分成两个部分，"其中一部分凌驾于社会之上（例如，在罗伯特·欧文那里就是如此）。"① 同时，在揭示这种私有制的根源之后，他们并没有设想通过革命消除这种私有制的社会基础，而只是简单地提出按劳动或才能的平等方式进行财富分配。因此，在马克思看来他们只是"把唯物主义学说当做现实的人道主义学说和共产主义的逻辑基础加以发展"②。换言之，这些空想社会主义者虽然是基于社会不平等的现实基础上提出的平等诉求，但也仅仅是停留于此，并没有使社会这种不平等现实发生任何改变。

其二，在马克思看来，这些空想社会主义者的平等理想在当时社会条件下是不可能实现的。这是由于这些空想社会主义者及其思想是在无产阶级和资产阶级的矛盾或斗争还不发展的最初时期出现的，当时整个社会生产力的发展程度并不足以使不平等的生产关系发生瓦解。正如马克思所揭示的，"在生产力在资产阶级本身的怀抱里尚未发展到足以使人看到解放无产阶级和建立新的社会必备的物质条件以前，这些理论家不过是一些空想社会主义者"③。也就是说，建立在劳动力剥削基础上的资本主义生产力在当时并没有强大到突破这种劳动本身的不平等关系。因此，提出所谓的按能力或劳动分配的平等思想，一方面根本没有消除产生不平等的根源，即私有制；另一方面也没有使权利平等超出资产主义社会结构之内。因此，就如马克思对欧文

---

① 《马克思恩格斯文集》第1卷，人民出版社2009年版，第504页。
② 《马克思恩格斯文集》第1卷，人民出版社2009年版，第335页。
③ 《马克思恩格斯全集》第4卷，人民出版社1958年版，第157页。

等空想社会主义者"劳动货币"的批判,认为"欧文的'劳动货币',同戏票一样,不是'货币'"。这是因为"欧文没有想到以商品生产为前提,也没有想到要用货币把戏来回避生产的必要条件"。意味着他根本就没有逃出资本主义生产的社会之外。

其三,在马克思看来这些空想社会主义的平等观之所以是空想,还在于他们从根本上拒绝革命或政治运动。虽然他们是站在无产阶级的角度提出了平等的诉求,但是对于如何实现这种平等,他们往往是通过呼吁当局政府或通过舆论的宣传试图达到他们所谓的平等蓝图,圣西门的《一个日内瓦居民给当代人的信》就是典型的例证。当然,他们也积极地进行各种实验,例如欧文的"全国劳动产品公平交换市场",个人通过自己的劳动,以"劳动券"的方式换取自身所需求的产品。由于一些产品的大量堆积以及资本主义商品生产的竞争和排挤,而最后失败。他们所提出的这些平等理想之所以都落空,一方面在于"他们看不到无产阶级方面的任何历史主动性,看不到它所特有的任何政治运动"①。他们看不到无产阶级解放的物质条件,所以只能通过个人的发明活动代替实现平等的社会活动。另一方面在于无产阶级本身力量发展得不够,他们所提出的这些平等理想或方案,"是同无产阶级对社会普遍改造的最初的本能的渴望相适应的"②。

不仅如此,马克思还大力批判了圣西门、傅立叶、欧文三大空想社会主义思想的继承者或门徒。例如,在1846年布鲁塞尔共产主义通讯委员会会议上,魏特林指出自己的《一个贫苦罪人的福音》已经向工人表明了如何建立平等的"千年王国",反对马克思鼓动工人发动无产阶级革命。马克思对此十分愤怒,指出其思想的空想性,是一种空洞的平均主义理论体系。又如对法国卡贝的批判,认为其是最肤浅的共产主义的代表人物,使本来意义上的空想社会主义仅有的一些革命性都丧失了。再如英国的布雷,认为他所谓的根据同等劳动时间或劳动量平等交换的"平均主义"关系,是将资本家的幻

---

① 《马克思恩格斯文集》第2卷,人民出版社2009年版,第62页。
② 《马克思恩格斯文集》第2卷,人民出版社2009年版,第63页。

想变成了自己的理想,为其实现个人交换清除了障碍。① 当然,马克思对布雷的批判主要是为了讽刺蒲鲁东的超历史平等的"天命的目的",也只不过是对李嘉图劳动理论的庸俗应用。

二、批判蒲鲁东平等观的超历史性

蒲鲁东平等观的形成一定程度上是建立在其对当时法国革命之后社会不平等现状认识的基础之上。在《什么是所有权》中,蒲鲁东认为《人权宣言》将所有权——具体包括自由权、平等权、所有权、安全权——列为一种天然的权利具有虚妄性。因为,"对于大部分的公民来说,它只是一种潜在的东西,好像是一种处于睡眠状态的、未经行使的权能"②。同时,在其中他还提出了对当时社会具有广泛影响的观点,即"财产(所有权)就是盗窃"。在这个意义上,蒲鲁东平等观可以说是对现代民主平等的一种反叛,即对现实社会经济不平等的批判。马克思曾经对此具有高度的评价,认为这部著作在当时具有"划时代的作用"③,就如同费尔巴哈在黑格尔之后所起的作用。当然,马克思在总体上是极力地批判蒲鲁东这种抽象、超历史、狭隘的平等观。特别是在《哲学的贫困》中,马克思分别从政治经济学和哲学的角度对蒲鲁东的平等观进行了彻底的批判。在马克思看来,蒲鲁东的平等观代表的是地道的小资产者利益诉求。

起初,马克思是在人本主义哲学的视野下对蒲鲁东平等观有所保留地批判,认为蒲鲁东的平等观没有超出人的异化范围。马克思第一次对蒲鲁东平等观批判是在《1844年经济学哲学手稿》中。如前面已提到的,马克思在《手稿》中认为像蒲鲁东之类的以实现工资平等为目标的社会改革是错误的。

---

① 《马克思恩格斯全集》第4卷,人民出版社1958年版,第117页。
② [法]蒲鲁东:《什么是所有权》,孙署冰译,商务印书馆1963年版(1982年重印),第70页。
③ 《马克思恩格斯全集》第16卷,人民出版社1964年版,第28页。

这是因为工资和私有财产是一致的，即都是异化劳动的产物。因此，即使实现工资平等，也不能实现人类的真正解放。在这里蒲鲁东只是作为一个例证出现。

但在随后的《神圣家族》中，马克思在批判埃德加思辨哲学时，则正面论述了蒲鲁东的思想，甚至在比较中直接指出了其平等思想的局限性。在批判埃德加对蒲鲁东的错误批判中，马克思指出了蒲鲁东是立足于私有财产而不是"宗教观念"批判国民经济学。之所以立足于私有财产，是因为在蒲鲁东看来它是现实不平等的原因，是构成国民经济学前提的人性的假象。因此，蒲鲁东通过以劳动时间作为产品价值的尺度，试图提高工人的工资。虽然在马克思看来蒲鲁东的这些思想比埃德加思辨哲学高明得多，但同时也存在局限性。一方面，认为"由于他（蒲鲁东）对国民经济学的批判还受到国民经济学的前提的束缚，因此，蒲鲁东仍以国民经济学的占有形式来理解对象世界的重新获得"①。而"'平等占有'是国民经济学的观念"②，它表现为人的对象性存在、人与他人关系存在的异化。因此，马克思认为蒲鲁东的平等观只是在国民经济学范围内对自身的扬弃。另一方面，认为当蒲鲁东将劳动时间视为工资和劳动产品价值的尺度时，实际上是将劳动时间规定为人类活动的定在，而"这就是说，蒲鲁东还是以国民经济学的、因而也是充满矛盾的形式恢复了人的权利"③。可见，马克思在《手稿》和《神圣家族》中对蒲鲁东平等观的批判是不彻底的，这是因为他此时还处于费尔巴哈人本唯物主义哲学的影响之中，只能从"类本质异化"的方式指出蒲鲁东平等观是以异化的形式承认人类活动本质的一切规定，即始终没有超出国民经济学和私有财产的范围。

只有在《哲学的贫困》中，马克思才从唯物史观的角度对蒲鲁东的平等观进行了彻底批判，认为蒲鲁东的平等观是超历史的、小资产阶级的社会主

---

① 《马克思恩格斯文集》第1卷，人民出版社2009年版，第268页。
② 《马克思恩格斯文集》第1卷，人民出版社2009年版，第268页。
③ 《马克思恩格斯文集》第1卷，人民出版社2009年版，第270页。

义平等空想。这是针对蒲鲁东在《贫困的哲学》中提出的、以抽象人性论为基础的历史观,即将人类历史看成是从平等到不平等再回归平等的历史。用蒲鲁东自己的表述是,历史"就如我们已经用价值理论证明了的,贫困的平等应该逐步转变为福利的平等,最初因为只代表虚无而属于消极的精神平等,在人类教育发展到最后一个阶段时,也应该以积极方式重现"[1]。为此,马克思在《哲学的贫困》对蒲鲁东这种平等观的经济学和哲学基础进行了深刻批判。

一方面,认为蒲鲁东以"工资平等"为核心的社会改革方案只不过是对李嘉图理论的"乌托邦式的解释",是建立在一个根本谬误的基础之上,即用劳动量或时间来衡量一切商品的相对价值。在蒲鲁东看来,贫困是由社会不公平造成的,而要实现公平或平等,就需要一种"科学的发现",即价值理论。换言之,只要确定价值,社会公平自然就实现了。在价值中,蒲鲁东看到了使用价值和交换价值的矛盾,但他将这种矛盾归因于"自由意志",即"自由生产者"任意决定商品的价格和"自由买者"任意的出价。为了解决两者的矛盾或实现社会公平,蒲鲁东接着创造了"构成价值"或"综合价值"。而"构成价值"实现关键在于"比例性价值",即在供给和需求之间价值的实现平衡。蒲鲁东认为劳动在其中起着重要的作用。因此,他认为只要用劳动时间来衡量交换产品的价值,自然就会使一切生产者得到平等的报酬或工资。对此,马克思认为蒲鲁东忽视了社会现实的需求、交换的历史和竞争,以及混淆了劳动价值和商品价值。在马克思看来,其实李嘉图早就得出了商品的相对价值是由生产商品所需要的劳动量决定的,而蒲鲁东只是对"劳动时间决定价值"这个公式的"平均主义地"运用。这无疑是"想把一切人都变成交换同等劳动量的直接劳动者这样的方法来改造社会"[2]。总之,"由劳动时间衡量的相对价值注定是工人遭受现代奴役的公式,而不是蒲鲁

---

[1] [法]蒲鲁东:《贫困的哲学》,余叔通、王雪华译,商务印书馆1998年版,第112页。
[2] 《马克思恩格斯全集》第4卷,人民出版社1958年版,第110页。

东先生所希望的无产阶级求得解放的'革命理论'"①。

另一方面，认为蒲鲁东所要实现的社会平等理想只不过是对黑格尔抽象辩证法在政治经济学上的应用，是建立在"人类的无人身的理性"的基础之上的。在马克思看来，蒲鲁东是"政治经济学的形而上学方面的魁奈"，这是因为其对黑格尔辩证法含糊不清的在政治经济学上的运用。这种运用最为直观的表现形式就是辨明"好"与"坏"的范畴，并且"保留好的方面，消除坏的方面"。由此，蒲鲁东所建构的政治经济学就是包括分工、竞争、所有权等范畴组成的经济学体系。其任务就是辨明和保留这些范畴好的方面，即能实现"平等"这个最高目的的方面。以"分工"为例，在蒲鲁东看来分工好的方面是能在条件和智能上实现平等的方面，而坏的方面是它导致了贫困，因此要找到一种新的合成，即在机器的运用下实现分散劳动的综合，才能促进社会财富的普遍增长。而事实上，这种机器的运用恰恰是导致现实工人普遍贫困和资本家更加肆无忌惮剥削工人的原因。在马克思看来，蒲鲁东的错误在于是脱离了一切现实，而"认为现实关系只是睡在'人类的无人身的理性'怀抱里的一些原理和范畴的化身"②。"说以往各世纪及其完全不同的需求、生产资料等都是为了实现平等而遵照天命行事"③，即不是从历史和现实的生产关系中认识和理解这些经济范畴。可以说，蒲鲁东是在观念中关照这个现实世界，"因而整个现实都淹没在抽象世界中，即淹没在逻辑范畴的世界之中"④。在这里，我们能深刻地体会到马克思在之前所言说的，即蒲鲁东的平等观其实是德国的"自我——自我"意识在法国的运用。

由于蒲鲁东及其思想在工人运动中有极大影响，他的这种小资产阶级改良主义的平等思想"在 20 世纪持续存在了相当长的一段时间——蒲鲁东的

---

① 《马克思恩格斯全集》第 4 卷，人民出版社 1958 年版，第 95 页。
② 《马克思恩格斯全集》第 4 卷，人民出版社 1958 年版，第 143 页。
③ 《马克思恩格斯全集》第 4 卷，人民出版社 1958 年版，第 153 页。
④ 《马克思恩格斯全集》第 4 卷，人民出版社 1958 年版，第 141 页。

追随者在第一国际中尤为活跃"①。虽然马克思在当时的批判几乎清算了蒲鲁东的思想的错误,一定程度上也消除了其当时在工人运动中的影响。但是,在工人运动中仍然存在和流行着各种混杂、错误的平等思想。对此,马克思也对它们展开了深入的批判。

三、批判工人运动中其他平等观的错误性

当马克思转向共产主义,特别是在确立历史唯物主义之后,就一直关注,甚至直接参与到现实的工人运动中;其中一项重要任务就是同当时在工人中存在的、流行的形形色色的错误思想做斗争。在布鲁塞尔时期,马克思不仅批判了魏特林粗陋的平均主义和蒲鲁东改良主义的平等思想,同时还对德国当时"真正的社会主义"展开了批判,例如对克里盖,特别是其平分地产必然导向共产主义观点的批判。不仅如此,马克思还抵制了小资产阶级民主主义者海因岑对共产主义的诬陷和攻击,批判了其关于政治权力决定财产不平等的思想。与此同时,在巴黎公社前后,马克思对巴枯宁及追随者的无政府主义抽象的平等思想展开了深刻批判。之后,又揭示了包括拉萨尔在内的拉萨尔主义者试图恢复旧社会平等口号的错误。

马克思积极地批判了海因岑对共产主义运动的外在攻击,认为社会财产不平等关系的解决不是依靠君主制向共和制的转变,而是要消灭资本主义的国家权力。在1848年卷席欧洲革命之前,马克思对德国即将发生的革命十分关注。正如前面已提到的,他已经批判了在德国工人阶级自身内部有影响力的革命主张,即魏特林的空想社会主义、"真正的社会主义"以及蒲鲁东的改良主义。然而,在当时关于德国革命的主张中,对工人运动还具有代表性影响的是海因岑的共和民主策略。对此,恩格斯在马克思之前其实已经对海

---

① [英]戴维·麦克莱伦:《马克思传》(第4版),王珍译,中国人民大学出版社2008年版,第147页。

因岑进行了批判。① 之后，马克思在《道德化的批评和批评化的道德》一文中又再次对海因岑进行了深入的批判。② 其中，批判的一个重要观点就是关于"财产关系上的不公平全靠权力来维持"。从海因岑的立场看，这句话是指当时社会财产的不平等关系是由封建君主专制造成的，引申意味着"资产阶级建立国家权力就是为了保卫自己的财产关系"③。对此，马克思批判道："'财产关系上的不公平'以现代分工、租代交换形式、竞争、积聚等等为前提，决不是来自资产阶级的阶级政治统治。"④ 这意味着要实现社会财产的平等关系只能以先消除这种资产阶级生产方式为前提。同时，马克思进一步指出，在"我们这个时代"，财产问题不是简单的良心或公平词句的问题。海因岑的主张其实就是法国1789年革命的翻版，但这种胜利本身是暂时的。因为，在马克思看来，我们这个时代的财产问题就是"工人阶级的切身问题"，即要废除资产阶级不平等的财产关系问题。此外，财产问题只有在现代资产阶级社会中才有意义，这个社会的经济越发展，相应它的社会不平等问题就越突出。例如，马克思认为在北美东部的社会不平等问题都要比其他地方突出。因此，在马克思看来现代社会不平等问题的解决"根本不是以共和制代替君主制，而是工人阶级的统治代替资产阶级的统治"⑤。

---

① 详见恩格斯《共产主义者和卡尔·海因岑》，《马克思恩格斯文集》第2卷，人民出版社2009年版，第657—675页。在此文中，恩格斯详细地揭示了海因岑的阶级立场、政治主张以及对共产主义的各种诬陷和攻击。恩格斯指出："海因岑先生本着他那老实人的正义感，想把各人挣得的留给人，可惜这种正义感被大工业化为乌有了，只要大工业的发展水平还没有达到足以使自己完全摆脱私有财产的羁绊，它就不能容许现存方式以外的其他任何分配产品的方式，资本家就还要把利润装进自己的口袋，工人在实践中也会越来越清楚地认识到什么是最低工资。"（第673页）也就是说，海因岑的正义平等诉求在没有消灭资本主义私有制之前是不可能实现的。

② 在恩格斯对海因岑批判之后，海因岑以《共产主义者的"一个代表"》对恩格斯进行回复。但马克思之所以再次批判并不是出于对恩格斯的辩护，正如马克思所强调的："我回答海因岑先生并不是为了击退他对恩格斯的进攻。海因岑先生的文章值不得回答。我之所以回答是因为海因岑宣言为分析提供了有趣的材料。"（《马克思恩格斯全集》第4卷，人民出版社1958年版，第322页。）

③ 《马克思恩格斯全集》第4卷，人民出版社1958年版，第331页。
④ 《马克思恩格斯全集》第4卷，人民出版社1958年版，第331页。
⑤ 《马克思恩格斯全集》第4卷，人民出版社1958年版，第337页。

在国际工人协会建立之后,马克思竭力地驳斥了巴枯宁及其跟随者基于抽象平等原则试图废除继承权实现无政府主义、各阶级平等的谬误,由此揭露了其分裂工人运动的阴谋。当巴枯宁从流放中逃脱之后,开始在理论和行动上反对马克思和恩格斯。他通过拉帮结派的方式,先后加入"国际兄弟会""和平与自由的同盟"以及"国际社会主义民主同盟"等组织,伺机混入国际工人协会以分裂工人运动。以巴枯宁为代表的无政府主义者以抽象的平等原则为理论基础①,将推翻一切国家,包括无产阶级专政在内的国家为目标。这是因为在他们看来,一方面国家是对人类的否定,是同人类自由本性相矛盾;另一方面国家通过规定和保护财产继承权导致了人们在政治、经济和社会等各方面的不平等。由此,他们呼吁工人不要害怕无政府状态,认为这种状态会使"自由、平等、正义、新秩序和反对反动势力的革命力量本身……诞生出来"②。同时,巴枯宁试图通过强调废除继承权实现"各阶级在政治、经济和社会方面的平等"③。对此,马克思一方面指出财产继承权问题是属于法律的问题,即上层建筑的范畴④,其本身是由相应的经济基础决定的。换言之,产生社会不平等的根本原因是当时的生产方式决定的,而不是法律组织形式。因此,必须要发动工人运动起来消除资本主义社会存在的所有制基础。另一方面,在马克思看来所谓"各阶级的平等,照字面上理解,就是资产阶级社会主义者所拼命鼓吹的'资本和劳动的协调'。不是各阶级的平等——这是谬论,实际上是做不到的——相反的是消灭阶级,这才是无

---

① 在马克思和恩格斯在国际海牙代表大会上揭穿巴枯宁阴谋之后整理的《社会主义民主同盟和国际工人协会》一文中,公布了社会主义民主同盟的各种纲领和文件,看到由巴枯宁创立的"国际社会主义民主同盟""其特殊使命是根据地球上一切人普遍和真正平等的伟大原则研究政治问题和哲学问题"。(《马克思恩格斯全集》第18卷,人民出版社1964年版,第512页)

② 《马克思恩格斯全集》第18卷,人民出版社1964年版,第509—510页。

③ 《马克思恩格斯全集》第16卷,人民出版社1964年版,第393—394页。

④ 马克思指出:"同其他所有的民法一样,继承法不是现存社会经济组织的原因,而是这种经济组织的结果,是这种经济组织的法律结果,这种经济组织是以生产资料即土地、原料、机器等的私有制为基础的。"因此,马克思认为将废除继承权作为改变这种社会不平等的起点是错误的,这正是圣西门及信徒们曾经犯过的重大错误的重演。(《马克思恩格斯文集》第3卷,人民出版社2009年版,第88页)

产阶级运动的真正秘密，也是国际工人社会的伟大目标"①。简言之，在马克思看来，要实现社会的平等首先应该发动工人运动，实现无产阶级的解放。

  与此同时，马克思还展开了对以拉萨尔为代表的机会主义的批判，驳斥了他们空洞、抽象的旧社会"平等权利"的口号。与巴枯宁主义者相反，拉萨尔及追随者则迷信于国家，希望通过国家建立工人合作社使工人阶级摆脱社会不平等的困境。在对德国革命的问题上，他们强调通过实现普遍平等的选举权，以和平而不是革命斗争的方式实现社会主义。在对未来社会的理解上，他们强调分配的平等是基础，正如他们在《哥达纲领批判》中所指出的，"劳动所得应当不折不扣和按照平等的权利属于社会一切成员"②。对此，马克思一方面指出虽然在当时德国工人运动在1848年革命之后出现低潮的状况下，工人争取普选权是一种可能的策略。③ 但是拉萨尔是将这种争取普遍平等的选举权作为斗争的唯一目标，而且是建立在工人阶级放弃斗争、对当局政府妥协的基础之上。这在马克思看来他们是在根本原则上放弃了社会主义，而实行一种机会主义策略。另一方面马克思认为这种"平等权利"只是一种抽象、没有实际意义的空洞口号，因为在拉萨尔那里"劳动所得"本身就是一个模糊的概念，因此"'社会一切成员'和'平等的权利'显然只是些空话。问题的实质在于：在这个共产主义社会中，每个劳动者都应当得到拉萨尔的'不折不扣的劳动所得'"④。同时，对于"公平的"或平等的分配，在马克思看来只是属于法的概念，始终是受经济关系决定和调节。因此，马克思认为这种"平等的权利"和"公平的分配"只是作为"陈词滥调的见解"以及"民主主义者和法国社会主义者所惯用的、凭空想象的"东

---

  ① 《马克思恩格斯全集》第16卷，人民出版社1964年版，第394页。
  ② 《马克思恩格斯文集》第3卷，人民出版社2009年版，第428页。
  ③ 马克思在1847年所写的《"莱茵观察者"的共产主义》一文中就曾经指出："无产阶级当然不会对等级的权利发生任何兴趣。但假如议会能够提出实行陪审制、实现法律面前人人平等、废除徭役、实现出版自由、结社自由和真正的人民代议制的要求，假如议会通过去一刀两断，根据目前的需要，而不是根据旧时的法律制定自己的要求——这样的议会是可以指望得到无产阶级最热情的支持的。"（《马克思恩格斯全集》第4卷，人民出版社1958年版，第215页）
  ④ 《马克思恩格斯文集》第3卷，人民出版社2009年版，第432页。

西强加给党。

通过以上的分析，我们可以看到在对现代平等观反思或批判基础上，虽然这些理论或革命家对如何恢复或达到社会平等的具体途径各有不同，但实际上有一点是一致的，即他们都希望实现财产或收入上的平等。而要实现这种经济上的平等，在他们理论中或多或少都会涉及分配问题，包括继承权、劳动所得和财产分配等。对此，马克思从历史唯物主义的角度，一方面批判这些平等观的抽象性（作为固定的起点或永恒的原则），即离开了时代和现实的状况；另一方面马克思认为这些理论家根本没有发现或意识到平等分配问题始终是属于上层建筑的范畴，是由经济经济基础决定的。简言之，这些理论或革命家实际上并没有认清现代平等观的本质是什么，所以他们的批判，无论是在理论还是现实中，都没有在根本上撼动现代平等观，也无法找到实现现代社会平等的有效途径。

马克思对这些同时代的人对现代平等观批判的批判，其实也构成了马克思本身对现代平等观认识与批判的重要组成部分。因为，一方面马克思在对这些平等观的批判中，再次深刻认识了现代平等观所面临的社会困境，即现实社会的不平等，特别是经济方面的不平等。这是马克思初涉政治经济学，在《1844 年经济学手稿》中所看到的工人与资本家不平等事实的加深。另一方面马克思对这些平等观的批判，实际上表明了其对现代平等观彻底批判的决心，对如何正确通过工人运动摧毁现代平等观得以确立的现实基础提供了科学的方法。这是马克思初步运用唯物史观，对之前现代平等观不彻底和利己性的基础批判的进一步发挥。当然，马克思在对这些理论或革命家的平等观进行批判过程中，并没有直接或正面地揭示现代平等观的实质，这一工作是马克思在同时期或更晚些，在对政治经济学深入研究后，在《资本论》中逐渐展开的。

第三节　对现代平等观的深刻认识与批判

在马克思看来，现代平等观产生的真正基础是现代资本主义生产方式，因此克服现代社会不平等的前提是通过工人运动推翻资本主义社会生产的所有制基础。也就是说，马克思对现代平等观本质的具体论述其实蕴含在其对现代社会生产制度的论述和批判之中，而这些内容又集中体现在《资本论》及其经济学手稿中。因此，我们以《资本论》及其手稿为文本依据，试图展开马克思对现代平等观本质的揭示和深刻批判的过程。在《资本论》中，马克思通过对现代资本生产过程的具体研究，不仅揭示了现代资本主义社会产生、发展和灭亡的历史规律，同时也深刻地分析和批判了现代资本主义社会存在的价值基础，诸如平等、自由、所有权等的虚假性。马克思首先在对商品的具体分析中，揭示了现代平等的起源，即商品的等价交换，在此基础上，通过对现代生产方式的分析，即对建立在劳动与生产资料分离基础上现代生产形式的分析，揭示和批判了现代平等观的现实基础。在马克思看来，这种以私有制为基础的现代平等观，其实质是资产阶级对无产阶级劳动力平等剥削的要求，其法律只是形式、虚假平等的体现。

一、商品交换：现代平等的起源

现代社会是一个由"庞大的商品堆积"的世界，在这表面简单而又平凡的商品之下却包含着整个现代社会生产方式的秘密。商品固然不是现代社会特有的产物，但在马克思看来商品生产在现代社会的高度发展却为我们揭示其本身的秘密提供了可能。这也是马克思之所以认为亚里士多德虽然能看到现实商品交换表层的"等同关系"，但并不能发现其实际或内在本质是什么的原因。商品生产的最终完成有赖于商品之间的交换，因为只有交换才能使劳动产品成为商品。这种交换的顺利进行，又有赖于一种平等的原则。这也是为什么现代社会的主角——资产阶级，从一开始就极力反对封建贵族特权的重要原因。因此，资产阶级在现代社会取得统治地位之后，就将这种平等的原则或权利通过法律的形式确定为他们的"天赋人权"。虽然商品之间关系展现了现代平等的雏形，但问题的关键是商品之间的这种平等是什么、是如何形成的。

对此，马克思通过对商品内在因素和机制的分析，包括对商品使用价值和价值两个属性，以及体现在商品上的具体和抽象劳动的分析，认为这种平等的关系主要体现在商品本身的价值和价值形式（交换价值）之中。从商品使用价值的角度看，交换主体需求的差异和商品有用性的差异，即自然的差别构成了现代社会化平等的前提。从商品价值的角度看，一方面其本身是"无差别的人类劳动"，并以时间为标准使不同商品交换者的平等交换关系的产生成为可能。另一方面在商品价值形式的发展过程中，现代平等获得了使其普遍化的形式，即货币。

商品的使用价值构成了商品平等交换的自然前提，展现了现代性的人格平等。平等意味着人与人之间的关系，而不是单个人的自然属性。商品也是如此，如果它不与其他商品相交换，它本身就不是商品，就不会引起社会的关系。在马克思看来，使用价值构成商品的物质内容，即交换价值的物质承担者。商品之所以能引起交换，一方面是不同的商品具有不同的自然属性或有用性；另一方面在于作为不同商品的所有者自身具有不同需求。只有在商品不同的使用价值和商品交换者不同的需求两种因素共同作用基础上，交换才可能。马克思以两个需求相同的 A 和 B 为例，"他们两个人都需要呼吸，空气对他们两个人来说都是作为大气而存在；这一切都不会使他们发生任何社会接触；作为呼吸着的个人，他们只是作为自然物，而不是作为人格互相发生关系"[①]。换言之，只有在自然差别的基础上，才能使不同商品发生平等

---

① 《马克思恩格斯全集》第 30 卷，人民出版社 1995 年版，第 197 页。

的交换关系，也才能使商品的所有者以人格的形式实现平等。因此，马克思说："只有他们在需要上和生产上的差别，才会导致交换以及它们在交换中的社会平等化；因此，这种自然差别是他们在交换行为中的社会平等的前提，而且也是他们相互作为生产者出现的那种关系的前提。"① 同时，马克思指出，不同商品因不同的使用价值发生平等关系，表明个人已经超越自己特殊的要求，为满足别人的需求而生产，即是以类的视角产生了人与人之间平等的关系。也就是说"他们相互承认对方是所有者，是把自己的意志渗透到商品中去的人格"②，即现代性人格或身份的平等。

　　商品的价值构成了不同商品所有者进行平等交换的内在机制和表现形式。通过商品使用价值的分析，我们仅仅知道形成社会平等关系的可能性，但是并不清楚为何不同属性的商品本身能进行同等的交换。在马克思看来，这是因为在两种不同交换商品之间一定内在地存在"等量共同的东西"或"第三种东西"。当抽去使用价值，就会发现这第三种东西就是"相同的人类劳动"（抽象人类劳动），是"同一的幽灵般的对象性""无差别的人类劳动"。换言之，在现代商品世界中，人与人之间的平等关系是由人特有的、具有普遍特性的劳动所促成的。因为，无论何种商品，它本身都是人类劳动对象化的产品，里面都凝结着只有量上的差别而无本质差别的抽象劳动。在这个意义上，商品的价值抹去了交换主体之间的自然差别，使交换主体的关系成为一种平等的关系。而价值量的差别体现为生产商品所需要的时间，其判断标准是由特定的、社会化的"社会必要劳动时间"承担。这使得在商品世界中形成的人与人之间的平等关系被外在表现为时间（劳动时间和自由时间）的关系，而时间关系在价值形式的发展过程中逐渐以货币的形式体现出来。所以，从某种意义上说，现代平等关系（包括不平等）其实就是通过货币的关系体现出来的，"正如商品的一切质的差别在货币上消灭了一样，货

---

① 《马克思恩格斯全集》第30卷，人民出版社1995年版，第197页。
② 《马克思恩格斯全集》第30卷，人民出版社1995年版，第198页。

币作为激进的平均主义者把一切差别都消灭了"①。

然而，货币作为一种交换形式，其本身是在价值形式历史的发展过程中逐渐形成的。随着等价物由偶然到一般，从某一特殊商品到固定的金银，商品的等价交换就获得稳定发展。与此同时，交换者的平等关系也在"商品堆积"的现时代获得十足的呈现，这集中体现为他们的社会关系获得法的平等规范形式而非暴力的关系。起初，商品的价值或交换价值所体现的平等原则是以简单商品交换，即"x 量商品 A = y 量商品 B"为形式。这种价值形式只是一种"胚胎形式"，是偶然发生的。因此，其产生的交换主体的社会平等关系也是偶然、个别和不稳定的。只有在总和或扩大的价值形式中，即某种固定商品成为特定的等价物时，其平等的原则才在现实社会关系中获得稳定的、更大范围的存在。但其缺陷是：在作为特定等价物商品之外的其他商品占有者之间是彼此对立的。而只有在一般的价值形式中，平等原则不仅获得了统一的社会公式，同时体现在商品交换主体之间的平等关系也成为一种主动的关系。直到这种一般形式的等价物以货币的形式出现时，所有商品占有者或交换主体之间的关系也变成了普遍的平等关系。所以，马克思认为货币制度实际上就是平等、自由制度的实现。②

在马克思看来，货币形式的完成也意味着现代商品世界社会假象的完全形成，即似乎一切商品的平等交换只有通过货币才能表现，而没有看到货币本身是因为这些商品同它交换才表现自己的价值。也就是说，在商品的流通领域，由于货币起到中介的作用，人们始终彼此认为在此基础上发生的社会关系都是平等的关系。正如马克思所言，这个领域"确实是天赋人权的真正伊甸园"③。但实际上，"随着商品流通的扩展，货币——财富的随时可用的绝对社会形式——的权力增大了"④。这样，货币就成为现代社会人们追求的

---

① 马克思：《资本论》第1卷，人民出版社2004年版，第155页。
② 《马克思恩格斯全集》第30卷，人民出版社1995年版，第201页。
③ 马克思：《资本论》第1卷，人民出版社2004年版，第204页。
④ 马克思：《资本论》第1卷，人民出版社2004年版，第154页。

目标，因为占有它越多，就意味自己越有价值，也意味着自身在社会关系中越有力量。"这样，社会权力就成为私人的私有权力。"① 同时，货币本身在现代社会能持久、普遍的存在还有赖于资本及其生产的机制。也就是说，当跨过流通领域进入生产领域时，就会发现所谓现代自由、平等的"天赋人权"其实是虚假的、没有实质性意义的。

二、生产资料私有制：现代平等的物质基础

通过对商品的分析，马克思似乎承认和接受这种建立在需求、同等劳动之上的社会平等关系。马克思对这种关系表示为：W—G—W，即商品的生产纯粹是为了消费，在交换价值上彼此是得不到利益的。但在现代社会，特别是在资本主义生产方式主导的环境下，这种平等的关系其实质是平等的异化或不平等。这是因为当货币转化为资本，受资本的控制，资本就成为整个所谓交换主体平等关系的支配原则。但是，资本的生产和再生产依赖于对劳动力的支配，在于对剩余价值的追求，其特性是实现价值的增殖。其根源在于劳动者与生产资料的分离。由此，生产资料的私人占有，也就构成了现代平等观的现实基础。

"货币是商品中的上帝。"② 在商品世界中，掌握货币就相当于获得了强大的社会支配权力。在古代，它是社会经济和道德秩序的破坏者，而现代社会则将其视为"自己最根本的生活原则的光辉体现"③。意味着货币不再仅仅是手段，还要成为目的本身。为了获得自身存在的目的，它必须要转化为资本，因为资本不仅使它（货币）的职能得到完整的实现，而且使其"通过量的增大以接近绝对的富"④。在货币转化为资本的过程中，货币既是资本的起

---

① 马克思：《资本论》第1卷，人民出版社2004年版，第156页。
② 《马克思恩格斯全集》第30卷，人民出版社1995年版，第173页。
③ 马克思：《资本论》第1卷，人民出版社2004年版，第156页。
④ 马克思：《资本论》第1卷，人民出版社2004年版，第177页。

点,也是其终点,用公式表示为 G—W—G′。在这个公式中,我们可以看出只有货币以资本的形式流通时,其本身才取代商品而成为人行动的目的。同货币作为货币的流通(W—G—W)相比,它一方面使货币获得无限运动的可能,也只有在这无限运动中,货币作为流通手段和价值尺度的基本职能才能充分地得到展现。另一方面,资本运动形式使得货币在量上不断增加,但由 G 增加为 G′并不是由于卖者享有贵卖商品的特权,也不是通过欺骗的方式。其伴随的结果是,原来那种基于需要,并以等价物为形式的平等关系在资本的不断运动中、在货币量集中到少数人手中时,也就转变成了现实社会的种种不平等。

在资本的运动中,货币增大的原因不在于货币本身,而在于市场上出现了劳动力这种独特的商品。这是因为劳动力这种独特的商品作为"使用价值本身具有成为价值源泉的独特属性"①。根据商品等价交换的原则,货币占有者和劳动力占有者双方根据各自的需求所形成的交换关系是平等的,是"彼此作为身份平等的商品占有者发生关系""双方是在法律上平等的人"②。但是在这两者交换之前,这个必要的前提,即劳动力占有者首先必须能自由地出卖自己的劳动力,其次他除了出卖这种劳动力商品外就没有其他商品可出卖了。也就是说,劳动力占有者只能通过出卖自己的劳动力才能生存下去。因此,劳动力的价值实际上就是指能维持劳动力占有者必要的生活资料的价值。这种价值是通过货币的价格形式体现出来的,它的价格是在同货币占有之间所订立的契约中已经被确定了。如果单从商品交换的领域看,两者之间的关系理应是平等的,但马克思立即提醒我们,"劳动力的消费过程,同时就是商品和剩余价值的生产过程"③。在生产领域,"我们的剧中人的面貌已经起了某些变化。原来的货币占有者作为资本家,昂首前行;劳动力占有者

---

① 马克思:《资本论》第 1 卷,人民出版社 2004 年版,第 195 页。
② 马克思:《资本论》第 1 卷,人民出版社 2004 年版,第 195 页。
③ 马克思:《资本论》第 1 卷,人民出版社 2004 年版,第 204 页。

作为他的工人,尾随于后"①。也就是说,资本家和工人之间所谓的平等的契约关系实际上是不可能真正存在的,这种不平等的关系在资本的生产领域暴露无遗。

那么资本是通过怎样的方式使得这种本应当平等交换的关系变成实际上是不平等、剥削关系的?在马克思看来,商品的生产是劳动过程与价值形成的统一。而资本的本质不仅要求在劳动过程中形成价值,同时还要创造新价值,即剩余价值。这种剩余价值表现为工人一天劳动力的耗费与资本家给予他一天劳动力维持费用之间的差额。也就是说,工人在商品生产过程中所创造的价值要远远高于他实际所得到的工资。而这超出的部分就被资本家无偿地占有了,马克思称之为"无酬的劳动"。可见,在资本的增殖过程中,货币占有者与劳动力占有者之间建立的所谓交换的平等关系实际上是不平等的关系,体现为资本家对工人所拥有的劳动力商品的无酬占有。对此,马克思是在分析"绝对剩余价值的生产"和"相对剩余价值的生产"过程中揭示了这种不平等关系产生的具体过程。所谓绝对剩余价值的生产,就是资本家通过延长工人劳动的正常时间以获取更多的剩余价值。这种生产是建立在牺牲工人自由时间的基础之上,或直接地表述为对工人自由权利的限制。但它却构成现代"资本主义制度的一般基础,并且是相对剩余价值生产的起点"②。而相对剩余价值生产是通过提高劳动生产率的方式缩短工人的必然劳动时间从而获得更多的剩余劳动时间。这种生产是建立在劳动技术(如机器的使用)和社会组织(例如工厂组织制度)变革的基础之上。这样,随着资本的不断生产,整个社会由单个资本家与单个工人之间的不平等关系转变为整个资产阶级与工人阶级的不平等关系。

由以上分析,我们可以发现现代平等(在现实中体现为不平等)是建立在资本家对工人劳动力的剥削基础之上。而产生这种不平等或剥削关系的现实基础就在于生产资料和劳动的分离,即生产资料的私有化。最初,商品只

---

① 马克思:《资本论》第1卷,人民出版社2004年版,第205页。
② 马克思:《资本论》第1卷,人民出版社2004年版,第583页。

是作为一种劳动产品，它是劳动者在属于公有的生产资料上的劳动所得。但随着生产的过剩，特别是在社会自然分工的促动下，使得"劳动产品转化为商品"。而在这漫长的社会分工的历史过程中，劳动者逐渐与生产资料相分离。特别是在资本通过原始积累斩断了劳动者与土地的关系时，生产资料的私有制就发展到了顶点。因此，马克思说"资本一出现，就标志着社会生产过程的一个新时代"[①]，因为它使劳动产品的商品化成为普遍，人与人的关系也被物与物的关系全面代替。也就是说，现代资本主义通过原始积累的方式使得劳动者和生产资料分离，导致"以自己劳动为基础的私有制的解体"[②]。在这种情况下，就产生了大量自由的劳动力，并且这样劳动力本身因脱离生产资料只能靠出卖自己的劳动获得必要的生活资料。可见，显然不是自然界本身造成劳动力占有者和生产资料占有者两者的对立，而是"已往历史发展的结果"，最终形成了资本主义生产资料的私有制。此外，这种生产资料在资本后来的积累过程中，因竞争的缘故，其越来越多地集中在少数人手中。所以，在资本主义生产方式下，平等只表现为资本家所坚持的买者的权利和工人所坚持的卖者的权利之间的平等，而"在平等的权利之间，力量就起决定作用"[③]。这就产生了资产阶级与工人阶级之间的斗争，在这斗争中恰恰能反映出现代平等的实质，即形式平等。

三、批判现代平等观的形式性

在生产领域，我们看到现代平等背后是实质性的不平等，即资本家对工人劳动力无酬的占有。在工人进入生产领域之前，工人与资本家所缔结的平等契约其实只是彼此承认对方对自身占有物，即货币和劳动力的交换权的平等。但是当工人一旦投入生产领域，即资本家消费劳动力这一商品的过程，

[①] 马克思：《资本论》第1卷，人民出版社2004年版，第198页。
[②] 马克思：《资本论》第1卷，人民出版社2004年版，第872页。
[③] 马克思：《资本论》第1卷，人民出版社2004年版，第272页。

恰恰是"货币关系掩盖了雇佣工人的无代价劳动"①。马克思正是在分析商品到货币再到资本转变的过程中，揭示和批判了这一实质。如果说政治经济学家通过商品的交换指出了现代天赋人权的平等原则，那么在马克思看来，这种平等在资本主义生产资料私有制的条件下也只是表面或形式的平等。其实质的不平等体现为：商品生产的所有权规律转变为资本主义占有规律，出现了劳动和所有权的分离；资产阶级所承认和确立的法律只是体现为要求平等剥削劳动力的法律；不仅工人，资本家也只有在人格化为资本时才得到平等的尊敬。

其一，马克思批判了资本家眼中的现代平等，即货币和劳动力之间的平等交换其实最终导致的是劳动和所有权的分离。在马克思看来，"资本自行增殖的秘密归结为资本对别人的一定数量的无酬劳动的支配权"②。而对于无酬劳动力的支配，资本家是通过绝对或相对的延长工人正常劳动时间的占有而实现的。这样的结果意味着在现代社会里，"一个阶级享有自由时间，是由于群众的全部生活时间都转化为劳动时间了"③。这本身就显示了人与人之间自由权利的不平等。更为重要的是，资本家对工人自由时间的占有是不付出任何代价的，而工人却为资本家创造了一切。也就是说，工人付出了额外的劳动，却得不到相应的劳动产品或报酬，导致了劳动和所有权的分离。只是因为"所有权似乎是以自己的劳动为基础的"④。这样随着工人丧失了自己劳动力的所有权，其平等的权利也相应地丧失。具体体现为：劳动的产品属于资本家而不属于工人；由工人耗费劳动所创造的价值，而资本家不付出任何代价，反而成为资本家合法财产。与此同时，为了使资本家和资本本身得以持续地存在，只有在资本生产中不断追加这种被资本家占有的剩余价值才能实现。对于原有或最初资本，马克思假定即使是他本人劳动或他的祖先劳

---

① 马克思：《资本论》第1卷，人民出版社2004年版，第619页。
② 马克思：《资本论》第1卷，人民出版社2004年版，第611页。
③ 马克思：《资本论》第1卷，人民出版社2004年版，第606页。
④ 马克思：《资本论》第1卷，人民出版社2004年版，第673页。

动所得，在现实商品生产的过程中，这些原有或最初资本早已被他们自己消费殆尽。换言之，他们的生存权一定意义上是靠对工人劳动力不平等的占有获得的。

其二，马克思批判了资本家所确立和宣称的平等法律的形式性。虽然在资本主义生产方式下，劳动者和生产资料是分离的，但也同时由于资本而使两者结合起来，即吸收活劳动加入死的生产资料中。显然，工作日成为资本家和工人两种平等权利对抗的主要目标。在资本家和工人两者最初所设定的契约中，工人是为了争取正常工作日，而资本家则为了获取更多工作日。在资产阶级取得统治地位的国家中，资本家以绝对的力量获取在关于工作日法律规定中的绝对优势。对此，马克思以英国为例，考察了从14世纪中叶到17世纪以及19世纪中期工人为争取正常工作日的斗争状况。在这个过程中，马克思以详细的数据说明了资本主义法律的空洞，即实质性的不平等。例如，马克思指出，"从14世纪中叶至17世纪末，资本借助国家政权的力量力图迫使成年工人接受的工作日的延长程度，同19世纪下半叶国家在某些地位为了限制儿童血液变成资本而对劳动时间规定的界限大体相一致。"① 也就是说，这一时期法律的规定其实是以资本家主观任意性为转移的。当然，只有当工人以一个阶级强行为自己争取正常工作日时，那时法律才有稍微的改变，例如在美国的南北战争中所取得的八小时工作日规定。虽然如此，资本家可以借助机器、换班制度、工厂组织制度等方式通过提高劳动的强度获得补偿。总之，在马克思看来，"罗马的奴隶是由锁链，雇佣工人则由看不见的线系在自己的所有者手里。他的独立性这种假象是由雇主的经常更换以及契约的法律拟制来保持的"②。

其三，在马克思看来，这种法律的规定仅仅体现的是资本家对平等剥削劳动力条件的要求。在资本家同工人的对抗中，工人一直处于守势，直到工

---

① 马克思：《资本论》第1卷，人民出版社2004年版，第313页。
② 马克思：《资本论》第1卷，人民出版社2004年版，第662页。

人意识到议会或法律的欺诈行为赫然昭示时，工厂法就被迫调整。但是，一些特殊的生产部分却要求特权，例如丝厂，他们要求更多灵巧的儿童工；又如针厂，他们需要手巧的妇女。也就是说，在资本面前一切平等，它消除了性别、年龄、地域等自然的差异。所以，"资本在工厂法典中却通过私人立法独断地确立了对工人的专制"①。但是，不同资本家之间的竞争，却要求相关的法律对他们自己也一视同仁。特别是在大工业生产时期，机器的普遍使用，资本家要求法律对工人劳动的相关规定也要平等地适应于那些工场手工业者。可见，资本天生也和商品一样是平等派②，"它要求把一切生产领域内剥削劳动的条件的平等当作自己的天赋人权"③，一些特殊规定在某一工厂被限制，也是成为另一种工厂中被限制的原因。所以，马克思直言不讳地指出："平等地剥削劳动力，是资本的首要的人权。"④

其四，马克思认识到这种形式现代平等的背后，其实反映的不仅仅是工人与资本家之间的不平等，同时也反映了工人之间和资本家之间的不平等关系。我们知道，资本的生产相应地产生了资本家和雇佣劳动的社会关系。这种关系的不平等集中体现为资本家将工人当作雇佣劳动来生产。结果是工人付出了超额的劳动力却一无所有。不仅如此，工人随着社会分工的发展体现为自身局部的生产。特别是在机器的使用下，一方面使工人和工人之间出现竞争，导致工人的整个家庭的成员都被抛入市场，使妇女和儿童更多地加入劳动行列，打破了工场手工业中男工的统治地位。另一方面使用机器本身却使原来在工场手工业中专业化的劳工等级逐渐被平等化，甚至抹平了工人之间在年龄和性别方面的自然差异。通过对劳动力的剥削，资本家在表面上取得了绝对胜利，但其本身也被资本所控制和摆布。一方面资本家和资本家之间的竞争，导致那些中小资本家最终也被抛入工人阶级的队伍之中；另一方

---

① 马克思：《资本论》第1卷，人民出版社2004年版，第488页。
② 马克思：《资本论》第1卷，人民出版社2004年版，第564页。
③ 马克思：《资本论》第1卷，人民出版社2004年版，第457页。
④ 马克思：《资本论》第1卷，人民出版社2004年版，第328页。

面就资本家本身而言，它必须不断地使自己的资本不断的增殖和积累，否则就被淘汰。这意味着资本家只有在他作为人格化的资本时才被平等的尊敬，否则也同样如同工人一般成为劳动力的出卖者。

第三章　马克思对现代平等观批判的理论意蕴

通过上文我们可以看到，随着马克思对唯物史观不断深入的理解，其对现代平等观的认识与批判也在不断的深入，即从社会存在决定社会意识的角度对现代平等观的总体性批判逐渐展开对其更为具体的批判，例如通过对商品的分析，揭示了现代平等观的起源。实际上，马克思这种不断深入认识和批判的过程，亦是其自身思想逐渐成熟的过程。虽然马克思的这种批判并不是以专门、系统的形式完成的，但透过这个复杂的过程，我们可以看到马克思对现代平等观的批判至少包含对现代平等观的主体、形式以及内容三个具体维度的批判。而在这种批判过程的背后，实际上也反映了马克思思想的精髓和科学方法的运用。与此同时，马克思对现代平等观的批判，在某种意义上也暗示了其对某种平等观或理想社会的赞同和追寻。通过揭示和把握马克思对现代平等观批判的理论意蕴，对我们当前思考平等问题具有重要意义。

第一节　对现代平等观批判的三重维度

当平等观转变为现代社会的核心价值观时，其在理念上体现为具有普遍性的"人人生而平等"；在制度上体现为"法律面前人人平等"以及法律所规定的"天赋人权"的平等；在目的上体现为强调个体自由权利的平等。通过第二章，即对马克思批判现代平等观的思想图景的认识，我们发现马克思的这种批判实际上也包含了对现代平等观这三个方面或特征的批判。具体而言，包含了对现代平等观抽象主体的前提假设、充满虚假性的法权形式以及具有狭隘性自由的平等内容的批判。

一、批判现代普遍平等的抽象性主体假设

现代普遍平等，即"人人生而平等"的观念，首先是建立在人的"类"基础之上，而这种"类"的规定实际上在近现代思想家那里往往是抽象的。随着市民社会和政治国家的分离，人逐渐从宗教神圣形象中脱离出来，在介于神性和兽性之间，即在人的类中发现了自身存在的价值。正如雅各布·布克哈特所分析的那样，在中世纪人类的意识被蒙上一层由信仰、幻想和幼稚的偏见所构成的纱幕，通过这层纱幕"人类只是作为一个种族、民族、党派、家族或社团的一员——只是通过某些一般的范畴，而意识到自己"[①]。但是从文艺复兴开始，人在发现外在世界的同时也发现了自身作为类的人格的完美。因此，在当时的意大利出现许多诸如但丁那样多才多艺的思想家，并且在他们的作品中也刻画着各种全才的人类形象。恩格斯曾高度赞扬这是一个"巨人的时代"。通过这种"类"意识的确立，人开始意识到彼此之间理应是作为自身有价值或能力的同类而彼此具有平等的人格、尊严和身份。洛克非常清楚地表达了这种基于类基础上的平等观，"显而易见，同种族和同等地位的生物生来就享有自然赐予的同等优势，并能够运用同等的身心能力，因此它们之间也应该相互平等"[②]。但是由于时代的限制，这些包括文艺复兴时代的近现代思想家们在对"类"的理解和规定上往往是抽象的。这种抽象性，一方面体现在思想家在论述人类社会时总是脱离不了上帝，例如霍

---

① [瑞士]雅各布·布克哈特：《意大利文艺复兴时代的文化》，何新译，商务印书馆1979年版，第125页。
② [英]洛克：《政府论》（下篇），丰俊功、张玉梅译，北京大学出版社2014年版，第9页。

布斯所塑造的"利维坦"形象；另一方面体现在与动物的比较中只是局限地突出人特有或高级的自然本性或生物性，例如启蒙思想家普遍强调的理性、自我意识。

这种抽象的类基础犹如马克思在批判费尔巴哈时所指出的那样，是"把许多个人自然地联系起来得普遍性"①，而这些个人或主体也往往是建立在抽象人性或本质假设的基础之上。在摆脱神学的束缚之后，一切哲学的研究都体现为对人及生活方式认识的学问。无论是霍布斯、洛克、卢梭，还是康德、黑尔格、费尔巴哈，在构建或阐述自己的理论之前，首先都会展开对人的本性或本质的具体解释。在霍布斯眼中，人是一种四肢运动的动物，具有自我保存、自私自利以及渴望和平的自然本性。洛克认为人倾向于互帮互助，而又具有自我保存的自然本性。卢梭认为人具有自爱和怜悯两种本性。在启蒙运动及之后，特别是在德国古典哲学家那里，他们普遍认为人区别于动物最为重要的本质是理性或自我意识。无论何种设定，对人的本性或本质的规定显然成为他们哲学的起点，也成为他们论述平等观的主要依据。因为，只有通过对个体人的本性或本质的具体规定，才能解释具有显而易见现实差异个体之间的平等是从何而来。同时，这也是为了更有利或具体地说明基于类的平等何谓。

实际上，抽象人的设定不仅仅体现在其具体的类或类本质的解释中，更为深层的是体现为一种抽象的哲学思维理路。不可否认，哲学本身就需要抽象的思维，但是这种思维的理路或进路却可能存在差异。近现代思想家的思维方式的确从天国拉回到了人自身，但他们思维起点的人仅仅是被抽空的没有情感、没有历史，脱离现实社会形式的人。所以，毋宁说他们思维的起点的对象仍然是抽象的东西而非现实的东西。他们思维的进路亦可以归纳为从抽象到抽象。在这种抽象思维理路的基础上，现代平等在观念上似乎表现了普适性，但在现实中却是空洞的，类似于蒲鲁东"无人身的理性"的平等。

---

① 《马克思恩格斯文集》第1卷，人民出版社2009年版，第501页。

马克思曾经也受这种抽象人的观念和思维方式的影响，试图实现人类的普遍自由和平等。在《莱茵报》工作期间，其对普鲁士政府的专制统治，特别是其对出版自由的限制的批判，集中体现的是运用黑格尔那种抽象理性或自我意识人的本质的方式，诉求人类应然的自由和平等。后来，马克思之所以能摆脱这种抽象自我意识的观念哲学，很大程度上是受到了费尔巴哈类哲学的启发。但最终，马克思通过对包括费尔巴哈在内的青年黑格尔派的这种"德意志意识形态"的批判，摆脱了这种抽象人的观念，确立了自身新哲学的起点，即"现实的人"。

马克思对抽象人观念的批判主要集中体现在以下两个方面：

一方面，马克思认为抽象人的规定脱离了人的历史性和社会形式，是一种唯心主义的"天真的幼稚的空想"。其实，马克思早在《黑格尔法哲学批判》中就指出了黑格尔所试图论证或保留的那种君主人格的抽象性。在《1844年经济学哲学手稿》中，马克思直接指出黑格尔所谓的人的主体就是自我意识，即思辨的人。而对以鲍威尔、施蒂纳为代表的青年黑格尔派，马克思则批判道他们只局限于宗教观念的批判，而"'人'则被宣布为宗教的人"①。简而言之，在观念哲学指导下，这些思想家所谓的"人"其实只是停留在思维的层面，体现为对现实人的抽象概念。有所不同的是，马克思认为只有费尔巴哈对黑格尔哲学采取了批判态度。虽然他使"人"从宗教中摆脱出来，回到了现实感性的人，但在马克思看来，其对人的理解仍然是抽象的。首先在于费尔巴哈没有"把它们当做人的感性活动，当做实践去理解，不是从主体方面去理解"②。这意味着费尔巴哈所谓的人不是在社会中活动的人，而顶多是和动物无异的自然人。③ 其次在于费尔巴哈没有看到这种感性

---

① 《马克思恩格斯文集》第1卷，人民出版社2009年版，第515页。
② 《马克思恩格斯文集》第1卷，人民出版社2009年版，第499页。
③ 马克思指出："他（费尔巴哈）把人只看做是'感性对象'，而不是'感性活动'，因为他在这里也仍然停留在理论领域，没有从人们现有的社会联系，从那些使人们称为现在这种样子的周围生活条件来观察人们——这一点且不说，他还从来没有看到现实存在着的、活动的人，而是停留于抽象的'人'……"（《马克思恩格斯文集》第1卷，人民出版社2009年版，第530页）

的人或自然的人并不是从来都是"眼前"那样,即不知道现实的人是在自身和前人历史活动的基础上才生成的。

另一方面,马克思揭示了设定这种抽象人思维方式的本质,要么将对象的人变成"一些僵死的事实的汇集",要么仅仅是"想象的主体"。马克思在批判德国哲学的意识形态思想时就深刻地区分了两种思维方式,其中一种是"从意识出发,把意识看做是有生命的个人",另一种是"从现实的、有生命的个人本身出发,把意识仅仅看做是他们的意识"。① 前一种方法无疑是导向了抽象人,一种摆脱现实而仅仅是想象中理想的人,"从而把'人'强加于迄今每一历史阶段中所存在的个人"②。这种方法的实质就是将后来一般化的个人强加于前阶段个体的人。与此不同,费尔巴哈则是对包括"现实的人"的对象采取感性直观的方法。这种方法只能将活生生的个人机械地等同于没有生命物,将人的类看做是简单的物种,将整个对象世界变成僵死事实的汇集。在马克思看来,这是因为他不明白"这些抽象本身离开了现实的历史就没有任何价值"③。

正是基于这些抽象人的规定,现代平等一方面在"抽象"中体现为一种普适性或普遍性的价值观,另一方面也由于这种"抽象"而成为现代资产阶级所宣称的"永恒规律"。马克思通过对现代平等观这种抽象人主体的假设,揭示了由资产阶级所倡导和宣称的现代平等观的空洞性。

二、解构现代法权平等的理性主义基础

理性主义是现代法权平等建构的重要基础。在韦伯看来,现代社会是祛魅化或理性化的过程,是理性取代宗教成为现代社会合法性权威的过程。在他看来,中世纪的"法律是以信仰为基础",而现代法律的主要依据是理性。

---

① 《马克思恩格斯文集》第1卷,人民出版社2009年版,第525页。
② 《马克思恩格斯文集》第1卷,人民出版社2009年版,第582页。
③ 《马克思恩格斯文集》第1卷,人民出版社2009年版,第526页。

在理性主义的指引下，现代法律在自然法或自然权利的基础上发展起来，充分体现或表达的是人的自由意志的实现。每个人遵守法律就等同于遵循人自身理性的本性。所以，在理性主义的指导下，现代法律一方面改变了古代自然法中泛自然或具有神性性质的理性源泉，而使人自身的理性成为自然法现代化的主要形式。同时，理性本身也构成了人认识这些自然法及其自然权利的功能。这直接使得现代理性自然法中的自然权利（人权）被写入法律之中。例如，1689年英国的《权利法案》，1776年美国的《独立宣言》以及1789年法国的《人权和公民权宣言》等都规定自由、安全、财产权为人所平等享有。另一方面，理性主义又为现代法律提供了理性逻辑的论证。无论是霍布斯、洛克、卢梭，还是后来的康德、费希特、黑格尔，他们对法权或法哲学的论证其实都借助理性推理的必然逻辑，提供不证自明的逻辑起点。例如，他们首先假设自然状态的存在，然后通过理性的中介过渡到社会契约，最后转入现实的政治社会生活。简而言之，理性主义为现代平等观的法律形式的构建提供了具体内容和思维方法的论证。

马克思在青年时期也深受这种理性主义法律观的影响，使其针对当时普鲁士政府颁布的新闻出版、言论自由等有悖于人的理性的法律进行了一系列的批判。在第二章中，我们已经对此进行了论述，在此仅进一步说明马克思对这种理性主义法律观的内在认识和困惑。马克思在批判普鲁士书报检查令时不仅仅表现了对现代平等的认同，同时也隐约地看到这种法律权利平等背后的"权力"问题。书报检查令、新闻出版自由等法令的制定和颁布是由政府中那些具有代表资格的或地位的议员决定的，这意味着他们具有不是由法律本身所规定的至高无上的权力。因此，马克思感慨道："因为遇到疑难时，地位是决定性的标准，所以总的说来，它也就是绝对地起决定作用的东西。"[①] 这种至高无上的权力使马克思面临"所谓物质利益发表意见的难事"[②]，其实质就是理性的法所规定的权利与私人利益所支撑的权力之间的矛

---

① 《马克思恩格斯全集》第1卷，人民出版社1995年版，第130页。
② 《马克思恩格斯文集》第2卷，人民出版社2009年版，第588页。

盾。马克思在当时并没有深刻认识到这种理性主义的现实基础，而是跟随黑格尔法哲学"国家和法决定市民社会"的逻辑。这种理性法哲学观念的破除是随着马克思对黑格尔和费尔巴哈思想展开批判之后，在确立了唯物史观的基础上完成的。

可以说，马克思是通过历史唯物主义解构了现代平等得以实现的法律形式的理性主义基础。这种解构主要体现在以下三个方面：

其一，强调"市民社会决定国家和法"，从而破除了以理性主义为基础的现代法权平等的形而上学基础。现代理性主义试图为法哲学或法权平等寻找永恒不变的根基，即人的理性。例如，黑格尔直接立足于理性，通过辩证的形式，演绎了法的理性化或世俗化的过程，在其看来"合乎理性的东西即是自在自为的法的东西"①，但是在其看来市民社会或家庭的法始终是从属于国家的法，国家理性是最终的目的。在马克思看来，理性主义虽然赋予了黑格尔思想以辩证的形式，但却颠倒了主词和谓词的关系。因为，作为上层建筑的国家及其法只能是由构成其现实基础的市民社会决定的，"法的关系正像国家的形式一样，既不能从它们本身来理解，也不能从所谓人类精神的一般发展来理解，相反，它们根源于物质的生活关系，这种物质生活关系的总和，黑格尔按照18世纪的英国人和法国人的先例，概括为'市民社会'"②。也就是说，黑格尔法权平等的实质是建立在脱离现实、以理性为基础的形上法哲学之上。因此，现代法哲学或法学家存在这样一种矛盾，即以平等保障每个现实人的私有财产为内容，但他们在开始谈论或建构自己的法权体系时却脱离这种现实的基础。这种方式类似马克思在批判古典政治经济学所揭示的，即他们的理论以私有财产为基础，但本身却没有说明私有财产是哪里来。换言之，现代法权平等试图立足于现实人的理性，但却不知这种理性本身是决定于和受制于社会现实。

---

① ［德］黑格尔：《法哲学原理》，范扬、张企泰译，商务印书馆1961年版（2013年重印），第225页。
② 《马克思恩格斯文集》第2卷，人民出版社2009年版，第591页。

其二，强调法体现的是统治阶级的意志，从而破除了理性主义基础上建立的现代法权平等普遍性的幻觉。现代理性主义有两个显著的特征，一方面承认理性是人的本质，即理性的普遍性；另一方面在认识论上突出理性逻辑推理的必然性。在此基础上，现代法权平等也获得了应有的普遍效力。例如，康德的"绝对命令"在某种意义上就是翻版的理性自然法，其法权平等也是基于理性人的基础上获得普遍性。同时，他认为在肯定和接受理性的指导下，作为他律的法权其实就是自律。在马克思看来，这些现代法哲学家们并没有认识到法律作为一种上层建筑所体现出的意识形态特性。其中，法律所规定的诸如自由、平等的权利"只能是现实在观念上的有意识的反映"[1]，否则法律所体现出来的普遍性只能是一种幻觉。由此，马克思认为在阶级统治的现代社会中，法始终是统治阶级的意志。因为"他们个人的权力的基础就是他们的生活条件，这些条件是作为对许多个人共同的条件而发展起来的，为了维护这些条件，他们作为统治者，与其他的个人相对立，而同时却主张这些条件对所有的人都有效"[2]。可见，在以资本主义统治为主导的现代社会中，其法权平等只是对资产阶级本身是有效的。

其三，强调"人们的社会存在决定人们的意识"，从而揭示了由理性主义建构的现代法权平等的虚假性。在马克思看来，平等作为一种价值观念反映的是现实的人在社会生产和生活中所产生的特定关系。法权平等实际上仅仅是这种观念的规范化。因此马克思说到"只有毫无历史知识的人才不知道：君主们在任何时候都不得不服从经济条件，并且从来不能向经济条件发号施令。无论是政治的立法或市民的立法，都只是表明和记载经济关系的要求而已"[3]。可见，现代法律规定也仅仅体现为现代社会经济关系的要求。而在以资本主义生产方式为主导原则的现代社会，其社会经济关系的要求体现为资本家要求获得更多的剩余价值，即支配更多无酬的劳动力。因此，现代

---

[1] 《马克思恩格斯全集》第1卷，人民出版社1995年版，第314页。
[2] 《马克思恩格斯全集》第3卷，人民出版社1956年版，第378页。
[3] 《马克思恩格斯全集》第4卷，人民出版社1958年版，第121—122页。

法权平等所体现出来的就是资本家要求平等剥削劳动力、平等占有商品（私有财产）以及平等自由的商品交换和竞争。所以，当占统治地位的资产阶级通过国家的权力，将自身的这些利益要求上升为法律规定时，其所宣称的诸种权利平等在现实中是不可能真正存在的。只是在理性主义的建构下，现代法权平等的虚假性才能被所谓的天赋人权所掩盖。

三、超越现代自由平等的狭隘性

自由的平等无疑构成了现代平等观最为突出的内容，但在"以物的依赖关系"，特别是在以生产资料私有制为基础的现代社会中，其自由平等中的"自由"却存在着极大的局限性。从一开始，即在贵族特权的封建社会向现代社会的转化过程中，自由和平等实际上是合一的：自由体现为摆脱了人奴役人关系上普遍平等的权利；平等体现为摆脱了人压迫人关系上普遍自由的主体。但是在资产阶级取得政治统治地位之后，这种自由和平等随着私有制和权力的集中，两者出现了对立。自由成为少数人真正的自由，却体现为多数人只能依靠自由出卖劳动力维持生命的前提；平等成为少数人特权的平等，即体现为资本家对劳动力平等剥削的要求。虽然这种自由平等的权利在现代社会中被宣称为"天赋人权"，并以法律的形式被规定，但是实际正如前文已揭示的那样，它们始终是建立在满足现代商品生产和资本积累为目的的基础之上。所以，无论在现代政治哲学家，还是政治经济学家看来，国家权力或政府的角色始终是一种"守夜人"的形象，例如亚当·斯密所谓"看不见的手"的秘密。也就说，个体的自由实际上表现为任由市场经济规律摆布的自由，体现为自由的竞争，自由的贸易以及自由的交换等。

马克思在早期其实也深受这种现代自由平等观的影响，这集中体现在他对普鲁士封建专制政权的批判之中。他以实现理性国家为目的，认为这是达到人自由平等的有效方式。正如其所言，"国家用一些精神的神经贯穿整个自然，并在每一点上都必然表现出来，占主导地位的不是物质，而是形式，不是没有国家的自然，而是国家的自然，不是不自由的对象，而是自由的人"①。但是，当马克思由这种民主主义革命的思想转向共产主义思想，特别是在确立了唯物史观之后，他意识到这种试图通过理性国家确立自由平等理念以解决私人利益和共同利益矛盾的方式是不可能的。因为，这种自由平等随着生产的发展，也暴露了其十足历史的局限和阶级的狭隘性。这种局限或狭隘性主要体现在以下几个方面：

其一，现代自由平等中的自由体现的是个人利己性的自由。在现代社会中，人从专制的国家政权和土地的束缚中脱离出来，成为独立市民社会的个体，也由此获得自由的权利。正如弗洛姆在心理学意义上所揭示的，即人斩断了同国家或权威的脐带关系，成了自由的人。但是，在马克思看来这种自由始终是"人作为孤立的、退居于自身的单子的自由"②，这是因为这种自由权利体现的是摆脱了他人和共同体的形式，最终确立了以个人为中心的权利形式。因此，自由的平等就体现为人与人的分离，而不是结合。与此同时，"自由这一人权的实际应用就是私有财产的这一人权"③，即每个人可以任意使用和处理自己的财产，而不受他人的侵害和干涉。这样，市民社会中就出现了所谓富人和穷人、资产者和无产者的对立。这是缘于现代社会的生产是建立在大量自由劳动力的基础上，体现为"丧失一切财富和任何客观的物质存在形式而自由了，自由得一无所有"④。总之，现代社会的自由一方面既不是表明一切人的自由，而是少数人以牺牲多数人的"自由时间"为代价的自由；另一方面即使体现为所有个体的自由，也始终体现为多数人"一无所有"的自由。

其二，现代自由平等中的自由体现的是一种消极性的自由。在现代社会之前，私人领域和公共领域是相互结合的，自由在现实的个体身上是不可能

---

① 《马克思恩格斯全集》第1卷，人民出版社1995年版，第345页。
② 《马克思恩格斯全集》第3卷，人民出版社2002年版，第183页。
③ 《马克思恩格斯全集》第3卷，人民出版社2002年版，第183页。
④ 《马克思恩格斯全集》第30卷，人民出版社1995年版，第502页。

存在的。相应地，当个体通过政治解放所获得自由也首先仅仅体现为不受他者干预的自由。这种自由在现代法权中被明确规定为"做任何不损害他人的事情的权利"，即"免于……"的权利。这种自由，在马克思看来是消极的，因为它是建立在人具有某种避免某事发生的消极力量之上的。这种消极性自由直接的表现或导致的结果是人被屈服于物质的生产以及这种生产的对象之中。也就是说，人其实是不自由的，是受制于生产的客观规律之中。例如，由于社会分工不是出于自愿而是自然形成的缘故，在现代大工业生产中，工人只是机器生产中的齿轮，他们是以毫无精神或情感的形式自由存在着。因此，马克思在批判这种消极自由的现代机械唯物主义基础时，深刻地指出，"既然从唯物主义意义上来说人是不自由的，就是说，人不是由于具有避免某种事物发生的消极力量，而是由于具有表现本身的真正个性的积极力量才自由的，那就不应当惩罚个别人的犯罪行为，而应当消灭产生犯罪行为的反社会的温床，使每个人都有社会空间来展示他的重要的生命的表现"①。

其三，现代自由平等中的自由体现的是一种物役性的自由。在马克思看来现代社会是"以物的依赖关系为基础的人的独立性"②。它表明了人处于这个阶段虽然具有独立性自由，但并不是具有个性的自由，至多是一种物役性的自由。所谓物役性的自由是指人的自由依赖于物之上，通过物的形式体现出来。在现代社会中，这种自由集中体现在依赖于商品的交换之中。在马克思看来，现代商品交换是基于交换价值基础上的等价交换。在这个过程中，不仅体现了不同交换主体之间的平等，同时交换的对象或物质资料也构成了自由。也就是说，不同交换主体之间之所以能进行等价交换的主要前提是：彼此交换的对象或商品内在地体现出了交换主体的自由意志。在以生产资料私有制为基础的社会中，这种自由交换背后的秘密或实质实际上体现为权力之间的较量，用马克思的话说，就是"每个个人以物的形式占有社会权

---

① 《马克思恩格斯文集》第1卷，人民出版社2009年版，第335页。
② 《马克思恩格斯全集》第30卷，人民出版社1995年版，第107页。

力"①。在表面上，占有更多权力者似乎行动的空间越大，也意味着愈自由。但其实，这种基于物（商品、货币和资本），并且依赖于权力的形式展现出来的自由买卖不是真正的自由，即不是体现人的个性或本质的自由。

马克思正是通过揭示和批判现代自由平等中自由的这种利己性、消极性以及物役性，认识到自由和平等的冲突，并且基于人类真正解放的高度超越了这种现代自由的平等观念。这种利己性的个人自由随着资本积累的集中，使得更多"一无所有"的自由劳动力被抛入市场，形成少数人享有大量"自由时间"与多数人失去大量"自由时间"的对立。换言之，在现代法律规定中所谓的自由，实际上是少数人或占统治地位的阶级才享有的自由。这种消极性的自由，实际上使得占统治地位的阶级通过政治权力的优势形成有利于本阶级的法权自由，即通过自由权利的规定以保护既得利益。而这种物役性的自由，在商品交换顺利进行的同时，使得人仅仅成为生产的工具，成为彼此的手段，即人通过物表现出的自由并不是真正的自由。

对此，马克思认为这种现代自由平等的狭隘性，或自由和平等的冲突，实际上是缘于政治解放的不彻底性。因为，这种政治解放并没有使人成为目的本身，它只能通过国家这种"虚幻共同体"的形式实现个人利益与公共利益矛盾的缓解，实则是表现为少数占统治地位阶级利益和自由的实现。为此，马克思认为只有通过共产主义革命消灭以生产资料私有制为基础的生产方式，实现"真正共同体"或"自由联合体"，才能达到真正自由的平等。

第二节 对现代平等观批判的理论实质

通过对马克思批判现代平等观思想图景，以及其批判所蕴含的三个维度的认识与分析，我们可以看到马克思对现代平等观批判背后的理论实质。这

---

① 《马克思恩格斯全集》第30卷，人民出版社1995年版，第107页。

种理论实质所体现的是马克思对历史唯物主义思想和方法的充分运用。据此，我们也可以看出，马克思历史唯物主义也包含着深刻的价值（批判）维度。总体上，马克思对现代平等观批判背后的理论实质，主要体现在以下几个方面：其一，平等作为一种价值观念，其形式和内容是由社会物质生产的结构和发展决定的。现代平等观采取法权的形式平等、强调个体自由权利的平等是由以生产资料私有制为基础的资本主义生产方式决定的。其二，平等观始终是社会发展到一定阶段的产物，不存在任何永恒和超历史的平等观念。现代平等观是在商品经济，特别是市场经济发展到一定阶段的产物。其三，在阶级社会中，任何社会价值观念所反映的都是当时在社会中占统治地位阶级的利益表达。现代平等观所反映的是以在社会中占统治地位的资产阶级的利益表达。这三点是马克思通过唯物史观批判现代平等观的一般性结论。也就是说，这些结论也是适用于马克思对其他价值观念的批判。然而，就针对现代平等观的特征而言，我们通过对马克思批判现代平等观三个维度的分析，可以看出其背后也包含着三个重要的理论实质。

一、"现实的人"：一切平等的真实主体

在马克思看来，宗教的批判固然是一切批判的起点，即使人从上帝形象的创造中脱离出来而回归人的类主体。但这种基于类基础上的平等只能是基于"现实的人"之间的关系，因为平等作为一种价值观始终是"现实的人"在现实社会生产活动中所形成的特定社会关系在观念上的反映。也就是说，"不是意识决定生活，而是生活决定意识"①。但在以资本为总原则的现代社会生产的商品世界中，一切"现实的人"只能表现为非现实的存在；在现实生活中占统治地位的价值观念也只是占统治地位阶级编造出来的幻想。那么，在马克思的视野中，到底何为"现实的人"，它在现实生活中是怎样的

---

① 《马克思恩格斯文集》第 1 卷，人民出版社 2009 年版，第 525 页。

非现实存在，又是如何构成一切平等观的真实主体的？

在马克思看来，作为平等真实主体的"现实的人"，其主要形式或特征至少体现为以下三点：首先，"现实的人"是处于实践活动中的人，是一个实践的主体。在马克思看来，这种实践体现为人的物质生产活动，它构成了一切历史的第一个前提。这是因为"现实的人"是一个生命持续存在的个体，只有在同自然发生关系的物质生产活动中才能使自身得以存在。当然，与现实的人的物质生产活动相伴随的实践还包括精神生产，例如教育，这意味着"现实的人"的平等只能是那些具有实践能力的主体才拥有的，而动物、植物并没有。同时，这意味着平等的具体内容只能产生于人自身的实践活动中，而不是来源于外在的上帝或内在的人的意识。其次，"现实的人"是处在一定社会关系中的人，是一个交往的主体。马克思认为在"现实的人"的实践活动中，不仅产生人与自然的关系，同时也产生人与人之间的关系。因此，"现实的人"不是一个孤立的人，并且他们之间所发生的关系不仅仅是费尔巴哈所谓的"爱"或"情感"的关系，更为基础和重要的是利益关系。这意味着"现实的人"的平等并不存在于抽象、孤立的人身上，而只能存在于人与人发生的关系的现实之中。同时，这种平等的具体内容以利益之间的平等要求尤为突出。最后，"现实的人"是处于以各种不同需要为动力的历史生成中的人，是一个差异性的主体。在马克思看来，人的需要构成了历史发展的动力。这是因为人实践和交往的目的都是为了满足不同的需要。而不同的需要本身又构成了现实的个人之间相互区别的主要标志。因此，"现实的人"的平等体现为各种差异性主体的平等。同时，对这种平等内容的诉求在不同生产历史时期会因人们的不同需求而有所重点和突出。

马克思并没有排斥所谓的身份、尊严以及人格的平等，但反对这些平等借以成立的抽象的类的规定和非人的现实存在。从中世纪上帝面前人人平等转变为现代以类为基础的普遍平等，使其具体平等也不再是所谓的原罪、信仰等宗教的形式，而是体现在人本身的身份、尊严和人格的平等。但在马克思看来由于这种类的规定是抽象或片面的，诸如费尔巴哈单纯强调人的自然性或生物性，也使其具体的身份、尊严和人格规定呈现为抽象和虚假性。当然，现代思想家对类的抽象规定本身是由他们所处的时代和自身的局限性所决定的。人的类本质在古典政治经济学家理论那里集中体现为劳动，即人是劳动的产物。但在马克思看来，在以资本主义生产方式为主导的现代社会中，这种劳动体现为异化的劳动。它并没有使人体现为人，反而使人的价值贬低，即劳动者仅仅是生产工具，"把人的尊严变成了交换价值"①。作为实践的现实主体，它最多体现为异化劳动主体的平等。同时，在现代商品充斥的世界，人与人的实际关系体现为物与物的关系，即其身份的平等仅仅体现为商品占有者的平等。但在现实中，工人一无所有而只能将其自身的劳动力作为商品出卖给资本家，受其支配和剥削。对于人格，不仅工人而且资本家本身也只在将自己视为资本的人格化时，才会得到彼此的承认和尊重。由此，作为交往和差异的主体平等，在以货币和资本为中介的交往关系中，人与人之间的一切差异都被抹平了。可见，在以抽象的类为基础的现代平等中，所谓的身份、尊严和人格的平等并不存在。实际上，它们只是成为资本家剥削无产者、自欺欺人的谎言。

与此相反，马克思基于对类本质的科学认识，确立了"现实的人"的身份、尊严以及人格平等的基础。虽然马克思在《1844年经济学哲学手稿》中的思想明显带有费尔巴哈的痕迹，但是其对人的类本质的规定，即自由自觉的意识劳动，显然和费尔巴哈有明显差异。在这种类本质的关照下，马克思看到了工人劳动的异化状态。所以，问题不在于像蒲鲁东等改良主义者试图通过普遍提高工人的工资改变这种劳动不平等的状态，而在于这种方案也始终不能改变工人作为劳动者的身份和尊严的不平等。随着对费尔巴哈的批判，马克思进一步将人的类本质规定为"不是单个人所固有的抽象物，在其现实性上，它是一切社会关系的总和"②。也就是说，人作为一种类不是抽象的，它的规定具有现实性，集中体现在人与人、人与自然以及人与自身所有

---

① 《马克思恩格斯文集》第2卷，人民出版社2009年版，第34页。
② 《马克思恩格斯文集》第1卷，人民出版社2009年版，第501页。

实际发生的各种关系之中。之后，马克思在《德意志意识形态》中则更为直接地指出了人的类的现实性，即"一旦人开始生产自己的生活资料时候……人本身就开始把自己和动物区别开来"①。在对类的具体和现实性认识的基础上，马克思对身份、尊严和人格也形成了具体和现实的认识。例如，在马克思看来，"'人格'的本质不是人的胡子、血液、抽象的肉体的本性，而是人的社会特质"②。换言之，人的人格、身份以及尊严的平等只能是体现在人的现实生产活动和由此产生的社会关系之中。

简而言之，马克思从"抽象的人"到"现实的人"的转变，并不意味着对类平等的否定，而是更加强调这种类平等的具体和本真的内涵。因为，在以资本主义生产方式为主导原则的现代社会中，整个人类是属于一种异化的状态，处于商品、货币和资本的拜物教之中。所以，以抽象的类为基础的现代平等观仅仅成为现代政治国家的"意识形态"，其实质一方面是为了保证以资本为目的的商品生产和交换能顺利、持续地进行；另一方面则是保证市民社会的成员获得对自身所占有的，包括私有财产的平等的保护权利。正是在以"现实的人"为基础的新哲学的认识下，马克思揭示了这种类的异化和抽象规定，其真正的目的是试图通过共产主义运动来实现人类真正的解放。

二、"消灭阶级"取代"天赋人权"

现代平等的重要特征之一就是通过法律的形式成为社会的普遍规范。这意味着平等观从"上帝面前人人平等"转化为"法律面前人人平等"，并且法律直接以文字的形式规定了人与人之间所享有的各种不同权利的平等，即"天赋人权"。这种人权其实是来源于理性的自然法，其具体规定是通过所谓"自然状态"中人的自然权利的理性设计得出的。这在霍布斯、洛克自然法思想中是显而易见的。在同封建特权的对抗中，这些天赋人权的思想曾起着

---

① 《马克思恩格斯文集》第1卷，人民出版社2009年版，第519页。
② 《马克思恩格斯全集》第3卷，人民出版社2002年版，第29页。

革命性作用。在资产阶级取得统治地位之后,他们通过政治权力将这些权利转化为法律的形式。但与此同时,随着社会生产的发展,现实诸多不平等的现象都显示了现代法权平等的欺骗性。马克思正是通过历史唯物主义对这种法权平等展开了批判,一方面揭示了所谓"天赋人权"平等观的虚假性,即它们只是作为利己性市民社会成员的权利,集中体现为占有私有财产的特权;另一方面通过分析现代社会阶级状况,即无产阶级和资产阶级的对立,认为真正的人权平等只能通过无产阶级革命,最终消灭这种阶级对立的状况才有可能实现。

马克思通过对《人权和公民权宣言》的直接批判,揭示了建立在政治解放或资本主义私有制基础上人权的狭隘性。在封建社会,政治社会的公共领域和私人领域是合一的,即意味着特权统摄着人的现实生活,人与人之间的关系则表现为由不同等级构成的不平等关系。然而在现代社会,政治国家和市民社会出现了分离,现实个体的人身上就发生了作为代表普遍利益的公民和代表私人利益的市民之间的矛盾。因此,在马克思看来市民社会的状况就如同霍布斯所说的人与人之间战争的状态。而在《人权和公民权宣言》中所规定的"平等、自由、安全、财产"的权利所体现的,就是作为"市民社会成员"的权利,即建立在具有利己性人的基础上的权利。因此,这些权利本身就"不是建立在人与人相结合的基础上,相反,而是建立在人与人分离的基础上"①。同时,这种规定人权平等的法律或宣言本身就表明了,政治权力(国家)仅仅是一种手段,其目的就是满足具有利己性私人利益的要求。因此,马克思批判道,"政治国家的建立和市民社会分解为独立的个体——这些个体的关系通过法制表现出来,正像等级制度中和行帮制度中的人的关系通过特权表现出来一样——是通过同一种行为实现的"②。也就是说,在以资本增殖为目的的商品生产时代里,法律作为一种观念或理论体现所反映的是现实个体之间彼此对立的关系,所谓法律规定的平等人权其实质只不过是商

---

① 《马克思恩格斯文集》第1卷,人民出版社2009年版,第41页。
② 《马克思恩格斯文集》第1卷,人民出版社2009年版,第45页。

品占有者（资产者）的特权，是个体的权利。由此，也产生了只能通过彻底推翻产生这种利己性人权的私有制生产方式的阶级，即无产阶级。

马克思认为无产阶级只有在联合的基础上，通过阶级革命才有可能消除这种狭隘性现代法权平等，而实现真正意义上、具有普遍性的人权平等。这是因为无产阶级是作为一个"并非市民社会阶级的市民社会阶级"存在。一方面，说其是"非市民社会阶级"是由于这个阶级的普遍贫困和不公正，即他们的私人生活或领域仅仅表现为维持强加于他们身上的政治统治的持续存在而进行的生产，因此他们的解放意味着超越政治解放的社会解放；另一方面，又说其是"市民社会阶级"是因为他们一无所有而只能通过出卖自身劳动力来维持生命的存在和发展，因此对于他们而言具有摆脱这种奴役状态的普遍愿望。可见，只有通过无产阶级革命才有可能使整个社会获得真正普遍的人权。因此，在现代社会不是简单地通过法律的形式颁布"人权宣言"就能使人获得平等的权利，而只有首先铲除导致不平等人权的现实基础。所以，无产阶级革命的胜利还在于消除产生这种狭隘法律形式人权平等的现实基础，即生产资料私有制。因为，现代社会资产者和无产者的对立就是这种私有制的产物。

马克思正是立足于唯物史观，通过阶级分析方法，在《共产党宣言》中揭示了现代这种阶级对立的状况，同时也公开表明了自身的立场，即现代人的解放或真正人权平等的获得只有在消除阶级的基础上才能实现。马克思认为"至今一切社会的历史都是阶级斗争的历史"①。过去以往的社会几乎是由各种等级构成，这些社会的等级随着阶级的斗争又不断地发生变化，直到现代，社会的阶级构成被简化为资产阶级和无产阶级的对立。在这种对立中，无产阶级处于被剥削的地位，但同时也是改变社会结构的最终力量。由于资本主义生产方式的狭隘性，使得其生产关系再也不能适应其快速发展的生产力。这种生产关系在现代法律关系中体现为个人之间的权利平等，占有私有

---

① 《马克思恩格斯文集》第2卷，人民出版社2009年版，第31页。

财产的平等，而在现实中却体现为阶级的不平等。为了维持这种所谓法权的自由、财产、安全的平等权利，资产阶级不得不将自己对物质的占有扩展到对精神或教育领域的占有。因此，面对资产阶级对无产阶级的指责，马克思回应道："既然你们用资产阶级关于自由、教育、法等的观念来衡量废除资产阶级所有制的主张，那就请你们不要同我们争论了。你们的观念本身是资产阶级的生产关系和所有制关系的产物，正像你们的法不过是被奉为法律的你们这个阶级的意志一样，而这种意志的内容是由你们这个阶级的物质生活条件来决定的。"① 在这里，马克思非常深刻地指出了现代资产阶级法权平等的实质。

更具体地说，在诸如《人权宣言》等现代法律所体现出来的平等权利，只不过是资产阶级由于利己的观念，将生产过程中那些暂时的关系通过法律的形式宣称为永恒、不变的"自然规律和理性规律"。所以，在马克思看来整个现代社会只有通过无产阶级的联合，通过革命的方式推翻和结束这种狭隘的生产方式包括其连带的虚假的法权的平等观念，才可能实现自身的解放。正如恩格斯所指出的那样，"无产阶级平等要求的实际内容都是消灭阶级的要求。任何超出这个范围的平等要求，都必然流于荒谬"②。也只有在消灭阶级的基础上，人的真正普遍的法权平等才可能实现，这是因为和以往的一切阶级斗争相比较，无产阶级革命是为了绝大多数的利益而不是少数人的利益而进行独立运动的。

可见，通过对现代社会阶级状况的分析，马克思不仅揭示了现代法权平等建立在私有制基础上的狭隘的阶级性，同时也给出了如何实现现实人的真正、普遍的人权平等的途径，即通过无产阶级革命消灭社会阶级的存在。

---

① 《马克思恩格斯文集》第 2 卷，人民出版社 2009 年版，第 48 页。
② 《马克思恩格斯文集》第 9 卷，人民出版社 2009 年版，第 113 页。

三、社会共同体：实现自由平等的前提条件

透过马克思对黑格尔法哲学批判①，我们可以清楚地认识到现代自由平等建立在对政治国家与市民社会分离，即共同利益与私人利益矛盾解决的基础之上。对此，马克思深刻地指出，"正是由于特殊利益和共同利益之间的这种矛盾，共同利益才采取国家这种与实际单个利益和全体利益相脱离的独立形式"②。无怪乎近现代思想家在解决这两种利益矛盾时，总会自觉地或不自觉地构建或寻求一种关于国家的共同体形式。例如，霍布斯的"利维坦"、卢梭的由公意支撑的共和国以及黑格尔绝对理性实现的君主立宪制国家等。马克思在早期亦坚持从理性国家的角度看待或批判世俗不平等和自由的现象。但是在后来，马克思认识到这种建立在契约基础上的国家形式，始终是一种"虚幻共同体的形式"。在这种虚幻共同体之下，现代人所强调的自由平等始终也是虚幻的，即不平等和不自由的。那么，共同体和人的自由平等到底有何种关系，为什么在"虚幻"共同体下人的自由平等具有如前文所指出的狭隘性？和虚幻共同体相对应的真正共同体又是如何，它能否实现人的真正自由和平等？只有首先回答这些问题，我们才有可能清楚马克思是如何解决或看待自由与平等的关系问题。

"共同体"与人的自由平等的实现是密切相关的，"只有在共同体中，个人才能获得全面发展其才能的手段，也就是说，只有在共同体中才可能有个人自由"③。在斐迪南·滕尼斯看来，共同体可以分为血缘共同体、地缘共同体以及精神共同体。其中，精神共同体是最高的存在形式，它"被理解为心灵的生活的相互关系""被理解为真正的人的和最高形式的共同体"④。但是

---

① 见本书第二章第一、二节。
② 《马克思恩格斯文集》第1卷，人民出版社2009年版，第536页。
③ 《马克思恩格斯文集》第1卷，人民出版社2009年版，第571页。
④ [德]斐迪南·滕尼斯：《共同体与社会》，林荣远译，北京大学出版社2010年版，第53页。

在其看来，这种精神共同体得以建立的基础是"被视为神圣的场所或被崇拜的神"①。而在马克思看来"人的本质是人的共同体"②。换言之，在马克思和滕尼斯关于共同体的理解中有某些一致性，即体现人的某种存在。进言之，在某种共同体中就有特定的人的存在方式。因此，只要通过认识这种共同体我们就可以清楚在其中的人们是否真正的自由平等。共同体不仅反映了自由平等的特征，同时也影响，甚至在一定程度上决定了自由平等及其关系。这是因为共同体本身是建立在特定的人在特定的生产方式上所形成的特定的社会关系及其组织方式。正如马克思根据不同的生产方式将以往人类的共同性形式大致归纳为部落、公社以及国家等。因此，可以这样认为，只有真正的共同体才能存在和反映真正的自由平等。反之，真正自由平等的实现，也意味着真正共同体的确立。

马克思正是通过揭示现代国家这种虚幻共同体的形式，认识到现代自由平等的狭隘性。这种虚幻共同体是建立在社会分工的基础之上，是通过货币制度的形式体现出自由与平等的关系。现代自由平等的狭隘性亦在此种出于自然形成的社会分工和发达的货币制度中所形成的。

其一，现代国家是由社会分工促成的，其作为虚幻共同体的形式是建立在由分工发展出来的阶级的基础之上，由此表现的自由平等只是"统治阶级范围内发展的个人来说是存在的"③。在马克思看来真正的分工始于物质和精神劳动的分离，它一方面使得生产力、社会状况和意识彼此发生矛盾；另一方面使得不同的人从事不同的生产活动，例如享受和劳动、生产和消费等。在以"家庭中自然形成的分工和以社会分裂为单个的、互相对立的家庭这一点为基础"④，逐渐产生了个人利益和共同利益之间的矛盾。对此，这种矛盾表明为具有各种特殊利益的个人，必须在被他们视为"异己的"共同利益不

---

① ［德］斐迪南·滕尼斯：《共同体与社会》，林荣远译，北京大学出版社2010年版，第54页。
② 《马克思恩格斯全集》第3卷，人民出版社2002年版，第394页。
③ 《马克思恩格斯文集》第1卷，人民出版社2009年版，第571页。
④ 《马克思恩格斯文集》第1卷，人民出版社2009年版，第535—536页。

一致的状况下从事生产活动。由此也导致共同利益采取了国家这种形式解决两者之间的矛盾。

在马克思看来,这里的国家是一种虚幻共同体的形式。首先,分工所伴随的是分配的问题,"而且是劳动及其产品的不平等的分配"①,从而也产生了"所有制"。在这里,所有制所表示的就是"对他人劳动力的支配"。为此,"现代国家政权不过是管理整个资产阶级的共同事务的委员会罢了"②。其次,它试图采用"普遍"的形式,例如黑格尔理性的国家观念。但实际上,它是建立在已有分工产生的阶级基础之上,集中体现了统治阶级的利益。在这种共同形式下充满的是阶级的斗争,个人的发展和生活条件是被自身所属的阶级预先决定的。最后,社会分工使人的个性与被迫"屈从于某一劳动部门以及与之相关的各种条件的生活之间出现了差别"③。也就是说人的个性是由阶级决定的,是与自己相独立、异己联合力量的偶然性决定的。总之,在这种由社会分工必然导致的虚幻共同体,即国家之下的个人所表现出的自由平等,在根本上是不自由和不平等的。自由与平等的关系在阶级对立的基础上同样也是对立的,即自由的平等只是统治阶级的平等,而平等只能成为被统治阶级反抗的口号。

其二,在这种以自然分工为基础的"虚幻共同体"中,自由与平等的关系是通过以交换价值为前提的货币制度体现出来的;而在这种交换的深处,"个人之间这种表面上的平等和自由就消失了"④。在马克思看来分工和私有制其实是同一个东西,只不过前者是活动,而后者是结果。也就是说,由分工所形成的现代国家实际上就是以私有制为基础的国家。而这种以生产资料私有制为基础的生产方式,是以交换价值这一客观基础为前提。交换,作为一种经济形式确立了交换主体之间的平等,而交换的内容"促使人们去进行

---

① 《马克思恩格斯文集》第1卷,人民出版社2009年版,第536页。
② 《马克思恩格斯文集》第2卷,人民出版社2009年版,第33页。
③ 《马克思恩格斯文集》第1卷,人民出版社2009年版,第571页。
④ 《马克思恩格斯全集》第30卷,人民出版社1995年版,第202页。

交换的个人和物质材料，则确立了自由"①。货币是作为交换价值的实现，因此"货币制度实际上只能是这种自由和平等制度的实现"②。但马克思提醒我们，这种交换价值"从一开始就已经包含着对个人的强制"，即"个人完全是由社会所决定的"。而这种货币制度进一步的发展则成为自由和平等的障碍。因而，无论是从个体的角度，还是从社会货币制度的角度上，自由和平等本身就证明是不自由和不平等的。更深层地说，现代个人自由和平等实际上是屈从于采取商品、货币和资本等物的权力的形式，而这些物本身就外在于人，从而在根本上取消了个人的自由和彼此的平等关系。

与虚幻的共同体不同，"真正的共同体"体现的是人的自由联合，正如马克思所言，"代替那存在着阶级和阶级对立的资产阶级旧社会的，将是这样一个联合体，在那里，每个人的自由发展是一切人的自由发展的条件"③。在马克思的思想语境中，"真正的共同体"其实就是"共产主义社会"。和虚幻共同体不同，真正的共同体本身的确立是基于社会分工的消灭。这样使得在共同体下的人不再被屈从于某种固定的职业，而是从事与个体生活相一致的生产活动。也就是说，人的个性不再是由独立于人的阶级或物质力量的联合体所偶然决定的。这是因为"真正共同体"的运行方式并不是依靠某个特殊阶级的政治权力去调节特殊利益与普遍利益的关系，而是通过消除阶级，使每个人都作为主体参与其中。可以说，"这种联合把个人的自由发展和运动的条件置于他们的控制下"④。换言之，个人的自由个性不再是偶然的，而是必然的。与此同时，真正的共同体是取消了私人占有的形式，而使整个社会生产力被控制在人类有目的的计划之中。当然，这种共同体是在继承现代社会生产力基础上的高度发达的状态。因此，正如马克思自身所辨明的那样，这种联合不像卢梭在《社会契约论》中所说明的那种任意的契约形式，

---

① 《马克思恩格斯全集》第 30 卷，人民出版社 1995 年版，第 199 页。
② 《马克思恩格斯全集》第 30 卷，人民出版社 1995 年版，第 201 页。
③ 《马克思恩格斯文集》第 2 卷，人民出版社 2009 年版，第 53 页。
④ 《马克思恩格斯文集》第 1 卷，人民出版社 2009 年版，第 573 页。

而是社会生产发展的必然结果。

第三节 对现代平等观批判的理论旨趣

马克思对现代平等观的批判并不意味着其否定平等或平等观,而是在这种批判的过程中恰好展现了其自身对平等的认识,同时也蕴含了其对某种有别于现代社会平等的思考和超越。其一,马克思在批判现代平等观的同时,也肯定了其对现代人类社会发展的积极意义。在对普鲁士封建专制的批判中,我们可以看到马克思对这种等级制度形成的特权造成人格的践踏所体现出的"虽然不是在价值上平等,但是在无价值上是平等"① 状况的极度谴责,反映了其对现代平等消除这种等级特权的肯定。同时,在揭示资本主义生产方式本质中,马克思也肯定了这种建立在等价交换基础之上的主体身份平等,对推动现代商品经济发展而创造前所未有生产力状况的肯定。其二,马克思揭示了现代平等观的抽象、形式和虚假性,也意味着其对平等的认识是具体、辩证和历史的。在马克思看来,平等的主体始终是富有差异性的"现实的人",而不是假设处于自然状态或抽象的人;平等的权利不仅是形式的,更应当具有实质性,即反映和满足政治、经济和社会等方面需要的平等;平等的具体内容和形式是由特定的社会经济基础决定,不是"永恒的真理"。其三,马克思通过唯物史观实现了对现代平等观的彻底批判,这种批判不是单纯地揭示或还原了现代平等观不平等的经验事实,实际上还包含了马克思对何种制度或生存形式是平等的价值追问。这是因为唯物史观认为人类历史是合乎目的性与合乎规律性的统一,作为一种思考人类历史发展规律的方式,唯物史观亦不是简单停留于呈现某种"物",即客观事实或规律;更为重要的是它也强调对那种合乎人的个性解放和发展的共同体或社会制度的追

---

① 《马克思恩格斯全集》第1卷,人民出版社1995年版,第195页。

寻与实践。

马克思在批判现代平等观的基础上，对某种新的、可能的平等追寻，集中体现在其对共产主义社会低级和高级阶段不同社会生产关系的分析之中。通过上文对马克思关于现代平等观批判的考察，我们可以发现主要有三个方面或因素，即主体、阶级与生产力，对平等本身以及人们对平等的理解有着重要的影响。在《哥达纲领批判》中，我们亦可以发现这些因素就贯穿于马克思对共产主义不同发展阶段平等形式的分析之中。首先，在马克思看来，平等的主体只能是"现实的人"，即处于劳动活动中，具有不同自然禀赋、家庭环境以及需要等差异的人；因此无论是"按劳分配"，还是"按需分配"始终反映的都不是一种绝对平等或平均主义，而是一种"差异性平等"。其次，在马克思看来，无产阶级在现代社会的平等要求就是消灭阶级，在由共产主义低级阶段到高级阶段的过渡时期要实行"无产阶级专政"，实行"按劳分配"的平等权利。但这种平等权利实际上没有超出"资产阶级的框框"，因此应当实行的是"权利的不平等"。最后，在马克思看来，生产力的充分发展是实现真正平等的重要前提。虽然在共产主义低级阶段消除了阶级的不平等，实行了生产资料公有制，但由具有各种差异性劳动能力和需要的人组成的社会或共同体的生产力并没有充分的发展，因此在某种意义上这种共同体也不是真正意义上的自由联合体或共同体，而只有在共产主义高级阶段，实行"按需分配"，真正平等最终才以实现每个人自由全面发展的形式呈现。

一、"差异性平等"：从按劳分配至按需分配

当马克思将"现实的人"作为其哲学的起点时，其对平等的理解已超越了现代思想家对类平等的认识。这种基于"现实的人"的平等体现为在现实中进行实践、交往和存在差异的主体之间的平等。但是在现时代，即生产力不够发达的条件下，只有现实的劳动才有可能使人彼此获得人格、身份和尊严，亦即人的类平等最多体现为作为劳动主体的平等，并且前提是废除了生

产资料私有制的社会生产方式。而在物质财富不断涌现的共产主义时代，"现实的人"的平等则表现为以需求为基础的"差异性平等"。在这里，之所以强调是"差异性平等"，不仅是由于马克思强调平等的主体是具有各种差异性的"现实的人"，同时也是为了说明马克思在《哥达纲领批判》中所强调的"按劳分配"和"按需分配"绝对不是庸俗的小资产阶级、空想社会主义者所坚持的平均主义，或像拉萨尔主义分子所说明的劳动所得按平等权利属于"社会一切成员"（包括那些不劳动的资产家）。

"现实的人"首先是处于一种实践状态的人，其平等自然也体现为实践主体的平等。在马克思看来，劳动作为一种实践，它体现了人的类本质的对象化。因此，在理想的状态中，"现实的人"的平等首先也体现为劳动的平等。但是在以资本主义生产方式为主导原则的现代社会，劳动却体现为一种异化状态，表现为劳动者和劳动资料的分离，而劳动本身也仅仅是一种谋生的手段。换言之，真正以劳动为平等的原则是不可能在资本主义社会中存在。这也是为什么马克思批判蒲鲁东试图通过提高工资实现平等的原因，也是后来马克思反对拉萨尔主义分子所拟定的《哥达纲领批判》中的重要一条。因为，这种抽象类基础上的劳动平等可能会导致两种错误：其一是像粗陋的共产主义者所提出的平均主义的社会平等，他们试图使劳动所得，即私有财产平均化。这在马克思看来是"工人这个规定并没有被取消，而是被推广到一切人身上"①，即没有消灭奴役或异化的劳动。其二是像拉萨尔主义分子那样认为"劳动所得应当不折不扣和按照平等的权利属于社会一切成员"②，但前提是"把劳动资料提高为公共财产"而不是"变为公共财产"，即在不改变劳动资料的前提下实现所谓的"劳动所得"的公平分配。前者的错误在于没有看到作为现实主体劳动本身的奴役或剥削状况，后者虽然看到了劳动奴役的状况，但没有从根本上变革导致这种状况的生产方式。

对于马克思而言，在以生产资料公有制为基础的社会里，劳动的平等实

---

① 《马克思恩格斯全集》第3卷，人民出版社2000年版，第295—296页。
② 《马克思恩格斯文集》第3卷，人民出版社2009年版，第428页。

际上不是体现为按平等权利分配"劳动所得",而是体现为一种"差异性的劳动平等"。这种差异性的劳动平等就如马克思所言说的那样是"权利的不平等"。这是因为作为劳动的主体,他们本身在现实中一方面存在体力或智力的差异,这样自然就形成一种"天然特权"。另一方面来属于不同的群体,例如在不同的家庭中,他们所要负担的消费基金是彼此不同的,因此可能成为私有财产的消费基金因剩余的多少而产生贫富差异的事实。对此,马克思认为"要避免这些弊病,权利就不应当是平等的,而应当是不平等的"①。这种差异性的劳动平等在人类历史发展阶段是不可避免的,它是发生在刚从资本主义社会中产生出来的共产主义初级阶段。在这个阶段,人的劳动是发生在由自己支配的生产资料之上,它使人的生命或类本质在对象化活动中得到真正的实现。因此,劳动开始使人获得真正意义上作为人的尊严、人格的平等。

但是,由于社会生产力的局限性,人的劳动在共产主义初级阶段大部分还仅仅是属于谋生的手段,仍然还处于社会自然分工的驱使之下。也就是说,劳动本身并没有真正成为人的生活的第一需要,各种劳动形式之间甚至还出现对立,例如脑力和体力劳动的对立。直到生产力极大发展起来,即"集体财富的一切源泉都充分涌流之后"②,这种基于权利不平等或差异性的劳动平等才被超越,使"需要"成为社会平等分配的标准。因此,马克思所要真正实现的类平等其实是建立在真正"现实的人"的需要基础上的差异性平等。但需要本身也是一个具体和历史的概念。在现代社会,人的需要体现为一种异化的需要。这主要体现为:一方面在资本逻辑的控制下,人的需要表现为追求更多的"占有",即对货币或资本的追求;另一方面由于生产的局限性,人的需要是片面的,并不能满足人的全面自由发展的需求。只有在共产主义高级发展阶段,人的真正需要才能得到满足,即人的全面自由发展的需要才能完全被满足。

---

① 《马克思恩格斯文集》第 3 卷,人民出版社 2009 年版,第 435 页。
② 《马克思恩格斯文集》第 3 卷,人民出版社 2009 年版,第 436 页。

只有以需要为基础的"差异性平等",最终才构成类的平等。这是因为:其一,人的需要本身构成了人的本性。人的需要超越了动物本能式的需要,体现为一种全面、丰富和动态的需要。所以,在马克思看来,人的需要成为判断人的行为的主要标志,这是由于"在任何情况下,个人总是'从自己出发的',但由于从他们彼此不需要发生任何联系这个意义上来说他们不是唯一的,由于他们的需要即他们的本性,以及他们求得满足的方式,把他们联系起来(两性关系、交换、分工),所以他们必然要发生相互关系"①。也就是说,在个体不同的需要上,人与人的关系才必然发生。例如,从劳动产品转为商品,这中间是不同人对不同使用价值的需要而产生。所以,在生产资料公有制的基础上,人的真正需求体现为满足自身发展的需要,即摆脱了商品、货币和资本的拜物,而仅仅因使用价值而实现交换。显然,在此基础上才能形成真正类的平等关系。其二,"现实的人"的不同需要构成了历史发展的动力。在马克思看来,人类历史存在原初四个因素,即生产物质生活本身、生产新的需要、人的自我生产以及人的社会关系的生产。实际上,这四个因素也就是人的四种需要,即维持自身生存的需要、满足发展的需要、延续生命的需要以及交往的需要。可见,只有建立在不同需要基础上的平等才可能完成现实人类历史发展中真正的平等。当然,需要本身离不开实践或劳动,只有在自由劳动成为人类生活的第一需要时,才意味着真正平等的实现。

由上可见,马克思所要实现的类平等是"现实的人"为主体的"差异性平等",一方面体现为基于"现实的人"的历史性,使其平等的内容在不同历史时期有所不同。在共产主义低级阶段,这种"差异性平等"体现为以劳动为基础的差异性平等。而在社会主义高级阶段,这种"差异性平等"体现为以需求为基础的差异性平等。而在这种历时性差异平等里又包含了差异性平等的另一层内涵,即在同一社会和历史时期之内,"现实的人"的平等只

---

① 《马克思恩格斯全集》第3卷,人民出版社1956年版,第514页。

能是差异性而非平均主义的平等，这是由人与人之间不同的自然和社会因素导致的差异性决定的。但是，这种差异性平等真正的形式始终还是以人的自由劳动为基础且能满足不同个性需求之间的平等。

二、"权利的不平等"：共产主义低级阶段应有的平等原则

马克思通过《哥达纲领批判》不但撇清了自己与拉萨尔为代表的机会主义及其所制定的哥达纲领的关系，同时也批判了当时在工人运动中流行的错误观点，即通过争取平等权利实现对劳动所得或社会财富的分配。在马克思看来，一方面这种拉萨尔主义分子所谓的"平等的权利"实际上还是资产阶级所提出的要求，"显然只是些空话"；另一方面即使在生产资料公有制为基础的共产主义低级阶段以"按劳分配"为原则所体现的"平等权利"仍然还是"被限制在一个资产阶级的框框里"。前者，即现代资产阶级所提出的平等只是一种形式的平等，而在现实实践中却与其内容相矛盾，体现为实质的不平等。后者，即共产主义低级阶段所体现的平等虽然其形式和内容都发生了改变，且两者不发生冲突，但最终体现在内容上的分配仍然还是不平等。由此，在马克思看来，共产主义低级阶段以劳动为同一尺度，在考虑现实人的劳动能力、自然和社会环境的差异的基础上，其平等的原则应当是"权利的不平等"。

马克思在《资本论》中已经深刻分析了资产阶级这种"平等权利"的虚假性[①]，其实质是通过法律特殊规定的要求实现对劳动力的平等剥削。在马克思看来，现代平等或资产阶级所要求的"平等权利"实际上是建立在现代商品经济普遍发展，具体而言是建立在交换价值，即无本质差别的抽象劳动基础之上。这种无差别的抽象劳动抹去了人的自然差别，通过社会必要劳动时间的规定，以货币的形式实现平等的交换和竞争。这也就是资产阶级之所

---

① 见本书第二章第三节。

以针对封建特权要求"平等权利"的根本动力。只不过他们在论证这种"平等权利"合法性要求时,是以自然状态的抽象人性假设为前提,通过具有普遍性规约的法律形式被宣布为"天赋人权"。但马克思通过对资本生产过程的分析,向人们揭示了这种"平等权利"背后不平等的事实,即占有生产资料的资本家通过各种手段剥削一无所有而只能靠出卖劳动力的劳动者。这种不平等具体体现为:劳动和所有权的分离,意味着起点的不平等;少数占统治地位的资产阶级控制法律权利的具体规定,体现的是资本家对劳动力的平等剥削,意味着过程的不平等;法律平等权利规定的最终目的是保护私有财产,在不平等起点和过程前提下,最终导致结果的不平等。简言之,现代资产阶级所提出的"平等权利"在现实生活中是不可能被实现的。而以拉萨尔为代表的机会主义者所提出的按"平等的权利"分配社会财富或劳动所得,实际上和这种资产阶级提出的"平等权利"是一致的,因为他们只是想"把劳动资料提高为社会的公共财产"① 而不是"变为社会的公共财产"。

对此,我们就不难理解,为何马克思、恩格斯认为在现代社会无产阶级的平等首先就是消灭阶级。这是因为只有通过消灭阶级,才可能消除由少数人占有生产资料的状况,从而实现劳动者和生产资料的结合。因此,消除阶级实际上就是消除资产阶级在现代社会的特权,也是消除现代资本主义社会"平等权利"的现实基础,即生产资料私有制。由此,在以生产资料公有制为基础的社会,劳动在社会生产中的性质和意义都发生根本的变化。正如马克思在《哥达纲领批判》中所说的,"生产者交换自己的产品;用在产品上的劳动,在这里也不表现为这些产品的价值,不表现为这些产品所具有的某种物的属性,因为这时,同资本主义社会相反,个人的劳动不再经过迂回曲折的道路,而是直接作为总劳动的组成部分存在着"②。也就是说,"平等权利"在现代资本主义社会在表面或法律形式是以(抽象)劳动为判断标准,但实际上是资本控制着劳动力成为平等的标准。在这个意义上,现代资本主

---

① 《马克思恩格斯文集》第3卷,人民出版社2009年版,第431页。
② 《马克思恩格斯文集》第3卷,人民出版社2009年版,第433—434页。

义社会其实是"按资分配",特别是在坚持放任自由市场经济的西方学者看来,市场自身能实现资源最好的分配,平等最好是指"法律面前人人平等"。而在生产资料公有制为基础的社会,"每一个生产者,在作了各项扣除以后,从社会领回的,正好是他给予社会的。他给予社会的,就是他个人的劳动量"①。这意味着个体的劳动(与社会劳动相一致)无论在形式上,还是在内容上都成为"平等权利"的标准,即"除了自己的劳动,谁都不能提供其他任何东西"②。

然而,在生产资料公有制社会,"平等权利"在形式上虽然不像在资本主义社会是以抽象劳动(交换价值)为标准,而是以具体劳动(这是因为生产者不交换自己的产品,并且个体劳动是社会劳动直接组成部分)为标准,但正因为是具体劳动,所以必须考虑个体间的差异,因为他们的自然禀赋、家庭和社会环境影响了他们劳动能力的差异,进而影响平等在内容上的差异。因此,马克思认为在共产主义低级阶段以"按劳分配"为基础的"平等权利"虽然有进步,但"按照原则仍然是资产阶级权利"③。这是因为如果继续以"劳动"为同一的尺度衡量具有不同差异劳动能力的人,必然还是导致结果的不平等,"等价物的交换只是平均来说才存在,不是存在于每个个别场合"④。进一步说,无产阶级通过工人运动或社会革命的方式虽然消除了阶级的不平等,但并没有消除由社会分工所引起的社会阶层的差别。对此,马克思认为在共产主义低级阶段"权利就不应当是平等的,而应当是不平等的"⑤。

那么,我们应该如何理解在共产主义低级阶段所应当实行的"权利的不平等"?我们认为,首先这种"权利的不平等"在以商品生产为特征的市场经济中,仍然在形式上需要坚持机会平等,即市场活动主体地位、身份的平

---

① 《马克思恩格斯文集》第3卷,人民出版社2009年版,第434页。
② 《马克思恩格斯文集》第3卷,人民出版社2009年版,第434页。
③ 《马克思恩格斯文集》第3卷,人民出版社2009年版,第434页。
④ 《马克思恩格斯文集》第3卷,人民出版社2009年版,第434页。
⑤ 《马克思恩格斯文集》第3卷,人民出版社2009年版,第435页。

等,具体体现为平等的交换、平等的竞争。但在以生产资料公有制为基础的共产主义低级阶段,不能仅仅停留于这种简单的机会平等,同时还需要保证过程的平等。这种过程平等很重要的方面在于由社会制度所保证的社会环境对于人的发展的公平。在《哥达纲领批判》中,马克思认为需要在分配之前,从社会总产品中扣除"一般管理费用""共同需要的部分"以及"为丧失劳动能力的人等设立的基金"。这些从社会总产品中扣除用以社会继续生产、公共服务的部分实际上就是为了保证过程的平等。当然,根据马克思对共产主义初级阶段"按劳分配"弊端的分析,为了达到结果平等应当根据不同人现实的差异性进行不平等的分配,即实行"权利的不平等"。

这种"权利的不平等"实际上是为了达到形式平等与实质平等的统一。在共产主义低级阶段,社会的平等在形式上体现为以劳动这一同一尺度为标准的比例性平等。换言之,这种形式平等某种意义上是以承认人的劳动能力为基础的机会平等,这也是对现代资本主义社会所强调的机会平等的批判性继承。但由于社会生产的形式是建立在生产资料公有制的基础上,因此这种形式的平等由于公共权力的调整,不会必然地导向社会极大贫富差异的产生。例如,前文已提到了在实行个人消费品分配之前,公共权力首先需要扣除用以包括为丧失劳动能力的人等设立的基金。由此,这种形式的平等所反映出来的是权利的不平等。因为只有在权利不平等的条件下,才能有效地克服由于自然或社会所引起的差异。可见,在共产主义低级阶段,作为权利规定或体现的法律不是必然地被淘汰,反而成为矫正由于自然或社会差异所造成的实质(结果)不平等。因此,在这个意义上,形式与实质的平等实现了统一。

三、"每个人的自由发展":共产主义高级阶段的平等体现

共产主义低级阶段虽然实现了生产资料公有制、消除了阶级所引起的不

平等，但并没有消除因生产力贫乏所产生的平等的不充分性。① 所以，在马克思看来，只有在劳动不是成为谋生手段，"集体财富的一切源泉都充分涌流之后"的共产主义高级阶段，平等权利才完全超出"资产阶级的狭隘眼界"。那时，平等是以"各尽所能，按需分配"为原则，以"每个人的自由发展"的形式得以体现。正如马克思在《德意志意识形态》中批判德国"真正的社会主义"时所指出的，"共产主义的最重要的不同于一切反动的社会主义的原则之一就是下面这个以研究人的本性为基础的实际信念，即人们的头脑和智力的差别，根本不应引起胃和肉体需要的差别；由此可见，'按能力计报酬'这个以我们目前的制度为基础的不正确的原理应当——因为这个原理是仅就狭义的消费而言——变为'按需分配'这样一个原理，换句话说：活动上，劳动上的差别不会引起在占有和消费方面的任何不平等，任何特权"②。也就是说，在马克思的视野中，真正平等的实现依赖于生产力的充分发展，以及由此而形成的"真正共同体"。只有在这种生产力充分发展的"真正共同体"或自由联合体中，社会关系才以其真实的形式显示出来，而自由平等则实现合一。

"真正共同体"的确立不仅意味着共同体的社会结构变化，同时也意味着生活于其中人自身的普遍解放。但这种解放对于资产阶级和那些庸俗的社会主义者来说都是不可理解的。因为在"虚幻共同体"中，资产阶级辩护者只是停留于简单的经济关系，即自由平等的商品交换之中。他们并没有，也不愿意看到或指出这种经济关系背后的具体，即自由和平等的冲突。更不愿意承认生活在此种共同体下的各个人，包括其自身，都不是具有真正自由个性的人。而对于那些社会主义者（马克思特别指包括蒲鲁东在内的法国社会主义者），他们虽然看到了人在这种"虚幻共同体"下的异化或非人的存在，

---

① 正如列宁在《国家与革命》中对"国家消亡的经济基础"的论述中所阐述的，"国家完全消亡的经济基础就是共产主义的高度发展，那时脑力劳动和体力劳动的对立已经消失，因而现代社会不平等的最重要的根源之一也就消失，而这个根源光靠把生产资料转为公有财产，光靠剥夺资本家，是决不能立刻消除的。"（《列宁选集》第3卷，人民出版社2012年第3版，第197页）

② 《马克思恩格斯全集》第3卷，人民出版社1956年版，第637—638页。

但他们仅仅论证到"交换，交换价值等最初（在时间上）或者按其该概念（在其最适当的形式上）是最普遍自由和平等的制度，但是被货币、资本等歪曲了"①。也就是说，他们并没有看到以商品生产为基础的交换价值或货币制度其本身就内在的隐含着不平等和不自由。所以，无论是资产阶级还是像蒲鲁东那样的社会主义者，他们都试图维持当下共同体的存在，只是后者采取了改良的方式罢了。可以说，他们的着眼点不在于人类社会或人的解放，而是以静止的方式看待现有的共同体，并仅仅在维持自身或所属阶级的利益基础上将其永恒化。

马克思的落脚点在于"人类社会或社会的人类"，认为要超越政治解放，只有在个人的解放达到世界历史的程度才意味着普遍性平等的自由。政治解放仅仅使人摆脱了人的依附关系，"通过国家这个中介得到解放"。但这种解放的代价是使人被"抛入"物的奴役之中，人把自身降低为工具。如果按照马克思所划分的人类历史发展的三个阶段，即"人的依赖关系""以物的依赖性为基础的人的独立性"以及"自由个性"来看，那么处于第二个阶段的现代社会所谓的自由和平等是不可能摆脱物的依赖关系。然而，正是由于这种物的依赖关系，在现实中"人是一种不真实的现象""却充满了非现实的普遍性"②。换言之，在现代社会中，以法律来体现人的自由和平等的方式实际上是不彻底的。这是因为，"他们是什么样的，这同他们的生产是一致的"③，而人在现代社会的生产体现的是一种不以人的真实需要，反而是以独立于人之外的物（资本）为目的生产。所以，现代自由平等实际上就是不同的人任意受经济生产规律控制的平等，马克思称之为"偶性的人"。这意味着只有超越政治解放，才能真正实现人的解放。也就是要超越狭隘的阶级、国家和民族的界限以实现世界历史。这是因为，"每一单个人的解放的程度

---

① 《马克思恩格斯全集》第 30 卷，人民出版社 1995 年版，第 203 页。
② 《马克思恩格斯全集》第 3 卷，人民出版社 2002 年版，第 173 页。
③ 《马克思恩格斯文集》第 1 卷，人民出版社 2009 年版，第 520 页。

是与历史完全转变为世界历史的程度一致的。"① 也只有在世界历史的意义上,我们才可以说人的自由个性的平等在普遍性意义上获得实现,当然这种普遍性不是由理性所设定的。

同时,从人类解放的角度看,人的真正自由摆脱了政治解放之下市民社会成员自由的狭隘性。其一,由于生产资料私有制的废除,使生产资料受自由联合的集体支配,从而恢复了劳动与生产资料的结合,进而使人的劳动体现为人的自由本质的实现。然而,这种联合本身就是建立在消除孤立的个体或因隶属于某个阶级所体现的利己性之上。所以,人的解放意义上的自由意味着集体或联合而非具有利己性的个体自由。其二,由于消除了这种利己性的个人,使得人与人的关系由分离转变为结合。由此,人的自由也从消极性转化为积极性,即彼此相互联合,在认识和把握社会经济发展规律的基础上自主地控制和调节自身社会生活和生产的条件。也使得私有财产只有在满足自身需求有所剩余的基础上才可能。其三,由于生产资料私有制的废除,使得人与人在生产和交换中的关系不再体现为物与物的关系,人的自由也不再体现为以物的形式去占有。这样,人的自由交换是基于使用价值而非交换价值,即使人的自由脱离物的束缚转换为人自身本质的实现,亦使自由通过占有物的形式转变为通过自身对象性活动的形式得以呈现。

从市民社会利己的自由平等到世界历史普遍性平等的自由,从偶性的人到有个性的人,意味着人的生活本身和生产活动的融合而不是分离或有差别。在此基础上人的自由也不是体现为单一或局部的自由,而是全面自由的发展。也只有在这种自由全面发展中才能真正达到或体现人人之自由与平等的有机融合。

一方面,人的自由全面发展体现了人摆脱了物的依赖性,使人自身的自由发展得到普遍平等的尊重。人自由全面发展中的"自由"意指摆脱了以物的占有形式为基础的个性自由,即个人的生产活动本身就是社会的生产活

---

① 《马克思恩格斯文集》第1卷,人民出版社2009年版,第541页。

动，个人的自由是社会的自由，是一切人自由发展的前提。换言之，人的自由不是因为人之外的东西或物被承认或体现，而是因为人自身作为"社会存在物"所展现的自由，是在人作为人彼此尊重意义上的平等自由。正如马克思强调的"……对私有财产即人的自我异化的积极的扬弃……也就是向社会的即合乎人性的人的复归……"① 这是因为人只有摆脱例如宗教、家庭、国家等形式而回归人的社会存在，才能使人与人、人与自然之间的矛盾被真正解决。也就是说，人的自由不再是体现为任意性生产自然规律摆布的偶然性自由，而是在必然王国的基础上实现"社会化的人，联合起来的生产者，将合理地调节他们和自然之间的物质变换，把它置于他们的共同控制之下，而不让它作为一种盲目的力量来统治自己；靠消耗最小的力量，在最无愧于和最适合于他们的人类本性的条件下来进行这种物质变换"②。这样，人的真正自由王国，即普遍性的平等自由才开始。与此同时，这种摆脱了物的依赖关系的自由还体现在自由的"全面发展"。这是因为人从自然分工而引起的固定职业中被解放出来，不再因谋生而工作，而使劳动本身成为自己本质体现的对象性活动。同时，也使人享有更多的"自由时间"，从事自己感兴趣的事情。进言之，人与人之间的关系也不再因从事某种职业而平等，而是因人作为自由自觉类活动而平等。总之，在摆脱物的依赖关系基础的人的自由全面发展中，体现了人的自由和平等的有机融合，即人的自由是作为社会的自由，人的平等是体现社会自由的平等；人的自由是体现类的自由，人的平等是因类而展现的平等。

另一方面，人的自由全面发展也摆脱了人与人的依赖关系，使每个人的自由发展具有同等重要的意义。首先，摆脱人的依赖关系是指消除了人的世袭特权。世袭特权是建立在人的血缘关系基础之上，指后代人继承了前代人的政治、经济等权利。这在封建专制社会中体现得最为明显。它使人的自由发展从一开始就是不平等的。而在实现人类解放的社会中，人的自由平等一

---

① 《马克思恩格斯文集》第1卷，人民出版社2009年版，第185页。
② 马克思：《资本论》第3卷，人民出版社2004年版，第928—929页。

开始就消除了这种世袭特权，实现了每个人自由发展具有同等重要的意义。因此，教育是向全社会开放的。其次，摆脱人的依赖关系亦指消除了人的经济特权。这种特权集中体现在以资本主义生产方式为主导原则的现代社会。在马克思看来，资本体现不是一种物，而是一种社会关系。在资本的原则下，人的关系实际上是被物的关系所取代。而所谓经济特权，就是对劳动力的支配。在特权下，人的关系不是互为目的，而是互为手段和工具。也就是说，个人的自由发展不是构成其他人自由发展的条件，反而成为其他人自由发展的阻碍。因此，在现代社会虽然实质是"以物的依赖关系为基础的独立性"，实际上是体现为一部分人的独立性或自由是依赖于牺牲另一部分人的自由为代价的。而在实现人类解放的社会中，这种因血缘或物的人的依赖关系被消除了，人的自由发展不再是隶属或局限于某个家庭、某个阶级、某个民族和国家的发展。简而言之，体现为每个人的自由发展具有同等重要的意义。

第四章　反思当代西方社会的"平等"议题
——基于马克思对现代平等观的批判

以"自由、平等、博爱"为核心的现代价值观,在为现代社会及其发展提供某种论证和动力的同时,也面临着诸种现实变化的挑战。面对挑战,它们唯有在理论上完成系统的论证或提供某种辩解,才能维护自身存在的合理性。其中,对"自由"的论证某种意义上在密尔那里已经结束,彰显了自由对现代人解放和社会发展的必要性与重要意义;而博爱很大程度上是依赖于私人领域的宗教信仰,特别是基督教所倡导的"博爱"精神一直显而易见地支撑着现代西方人的这种价值观念;而唯独平等价值观在理论上似乎没有多大的进展,在现实中却以相反的形式得以极大的呈现。某种意义上,当代西方学者所关注和争论的"平等",实际上是现代平等观在当代社会发展中出现困境的表现。

这使得那些一直以来对这些观念的倡导、拥护以及践行者,即自由主义面对"平等"问题时陷入了某种尴尬的境地。面对平等主义者,特别是社会主义的现实运动,他们试图付诸于某种行动或寻求某种理论,以缓和或辩护由这些价值观所支撑的现代社会。在行动上,最为显著的例子就是绝大多数西方民主国家从20世纪50年代开始推行福利政策,朝着福利国家转化。在理论上,最为显著的特征是从20世纪70年代开始,当代西方自由主义就围绕着罗尔斯以平等为前提的正义理论展开了持久的讨论。直到今天,这种讨论仍在持续着，它显示了当代西方自由主义对现代平等的一种救赎。① 与此相对的是，随着20世纪90年代苏联的解体，作为以倡导"平等"为核心内容的社会主义运动却陷入低潮，但在理论上面对当代自由主义内部的"平等"争论，一些马克思主义学者也对此进行了相应的反思与批判，特别是以柯亨为代表②的分析马克思主义，从平等的角度对社会主义进行了辩护。与此同时，以布莱尔、吉登斯为代表的"第三条道路"的倡导者，试图在超越左与右的基础上，协调自由市场经济与平等福利政策之间的关系，其实质反映的是社会民主主义对平等的诉求。因此，本章主要从以上三个方面，即当代自由主义内部的平等争论、柯亨的社会主义平等主义以及社会民主主义现代化"第三条道路"的平等诉求展开论述③，并基于马克思的视角对他们的观点进行反思和批判。

第一节 协调自由与平等：当代西方自由主义平等之争

自由和平等作为现代社会的核心价值，从一开始就是紧密关联的。面对封建的专制和等级制度，现代社会的平等体现为自由个体之间关系的平等，而个体的自由亦体现为彼此之间平等尊重的自由。也就是说，现代平等最初

---

① 如罗尔斯在阐述正义论时就表明了自身的立场，"作为公平的正义的一个可行目标就是为民主制度提供一种可接受的这些和道德基础，从而能够回答这个问题：自由和平等的要求应该如何加以解释。"（罗尔斯：《作为公平的正义》，姚大志译，中国社会科学出版社2011年版，第12页）又如，金里卡在概述当代政治哲学总体面貌时指出："虽然传统观点告诉我们说，政治理论的根本争论就在于是否将平等视为一种价值，这种修正的观点却告诉我们说，争论的焦点不在于是否接受平等价值，而在于如何最好地阐释这种价值。"（金里卡：《当代政治哲学》，刘莘译，上海译文出版社，第5页）。
② 段忠桥称柯亨为当代社会主义平等主义的斗士。（段忠桥：《分析的马克思主义的旗手、社会主义平等主义的斗士——纪念G. A. 柯亨》，载《中国社会科学报》，2009年9月17日。）
③ 从政治光谱看，"第三条道路"所倡导的平等主义是处于中左的位置，吉登斯和布莱尔最初对"第三条道路"的定位亦是如此。这样看来，这种平等主义与以罗尔斯为代表的自由主义的平等主义和以柯亨为代表的社会主义的平等主义，共同构成了当代平等主义的主要思想谱系。

是作为自由的平等，或平等自由的形式出现。正如托克维尔在阐述法国旧制度与大革命之间的关系时所言，"大革命开始了，两种激情碰到一起；它们混合起来，暂时融为一体，在接触中相互砥砺，而且最终点燃了整个法兰西的心"。特别是其后在考察新生的现代国家，即美国时，发现自由与平等在美国民主中得以完美的统一。但实际上，随着现代资本主义制度的确立和经济的发展，在以个人主义、理性主义为导向的现代社会，以消极自由为特征的自由价值开始被发挥得淋漓尽致，甚至以牺牲平等为代价。特别是从自由竞争的资本主义时代向垄断资本主义转变后，现代平等显然失去了与现代自由同等价值的地位，20世纪初的资本主义经济危机和两次世界大战就是明证。这也是以自由主义为主导的现代社会的平等观在发展过程中所面临的主要困境，即自由的发展伴随着不平等，特别是经济上不平等的出现。

　　自由的发展必然导致不平等的结果吗？这显然是当代西方自由主义者所致力和急切回答或解决的问题。罗尔斯的《正义论》从根本意义上就是为了解决这个时代的难题，即自由与平等的矛盾。① 与此同时，他所采取的措施，不仅引起了自由主义内部，甚至包括其之外的平等主义和社群主义者的广泛争论。就当代自由主义者而言，他们对自由与平等矛盾的解决原则，一般是坚持优先原则，即要么是自由优先，要么是平等优先。这也是国内学者所普遍认同的。但是，笔者认为这种解读方式并没有真正深入到当代西方学者到底是如何处理自由与平等的关系。因为这个问题不仅是原则问题，它更是一个现实问题，它集中体现为现代社会发展的直接结果，即人们在收入和财富上分配的不平等。面对这一问题，在坚持优先原则的前提下，当代自由主义者所采取的处理方式或措施主要体现为两种。一种方式是将不平等的问题纳入社会制度安排之中，即通过政府或公权力的方式处理这种矛盾；另一方

---

① 无论是自由主义还是平等主义，其实两者都承认自由与平等的价值或意义。这两者的矛盾，在现代社会发展过程中，以现实人们在经济上的不平等为显著特征。为此，当代自由主义者之间在关于解决自由与平等冲突的问题上，主要争论很大程度上是反映在他们如何解决经济不平等的问题，更明确地是指收入和财富分配的问题。当然，解决这个问题的前提牵扯到他们如何看待自由与平等两种价值之间的关系。

式则认为一个合理的政府是基于个体自由权利的基础上产生的,即政府的功能仅仅是保护个体自由权利,而认为不平等是客观存在的,其解决在于市场机制本身,同时也依赖于个体自由的选择,例如慈善、捐赠等方式。前者以罗尔斯、德沃金为代表,后者以哈耶克、诺齐克为代表。

一、优先原则下的社会制度安排

罗尔斯试图构建一个良序的合作社会,通过完善立宪民主制度,以解决自由与平等的矛盾。在这种正义社会的构建过程中,罗尔斯主要采取两个策略:其一,在总体原则或社会秩序安排上,通过价值排序或词典次序的形式,处理自由与平等的关系,在正义两个原则中突出平等的基本自由及其优先性。在西方自由主义的发展过程中,功利主义的形式以牺牲弱小群体来实现大多数人的利益,这种不平等的理论或现实直接反映出现代自由与平等价值的冲突。对此,通过各种直觉的方式,无论是在原则上还是在实践意义上对两者关系的平衡都没有实际的效果,并且机会平等这种直觉论证给经济不平等现实的辩护是有限的,因为它可能牺牲并隐藏了自由主义自身所得以维持的基本价值,即自由,例如通过牺牲他人的基本自由获得自身收入的提高。由此,罗尔斯在直觉主义的基础上,引入了优先原则。一方面他区分了自由(权利)与基本自由[①],后者主要指"思想自由和良心自由;政治自由和结社自由;由个人的自由与完整所具体规定的那些自由;最后是法律规则所包括的各种权利"[②]。其正义第一原则就是为了优先保证所有公民在这些自由上的平等。这种优先性原则体现为"自由,只能因为自由的缘故而被限

---

① 罗尔斯对自由与基本自由的区分,主要以人的两种道德能力(正义感的能力和拥有基本善的能力)的发展和发挥需要为依据。例如,对于财产权的规定,罗尔斯认为基本自由是指人们"持有并独自使用个人财产的权利",这对于实现和发挥人的道德能力是必要和根本性的。而在这种基本自由之外扩展的权利,例如对生产方式和自然资源的控制权利、遗产权等则不属于基本自由的范畴,因为它们不是发展和发挥道德能力所必需的。([美]罗尔斯:《政治自由主义》,万俊人译,译林出版社2000年版,第316页)

② [美]约翰·罗尔斯:《政治自由主义》,万俊人译,译林出版社2000年版,第309页。

制"。但这种作为优先满足的平等自由始终不包含所有的自由权利，这里本身就体现了罗尔斯对自由体系内在的排序。所以，另一方面他又进一步区分了自由与自由的价值。每个拥有平等基本自由的公民并不能保证每个个体的自由价值都能同等的实现。罗尔斯以那些在收入和财富上占有优势的人为例，认为他们在实现各种基本自由的机会、能力等方面都占有绝对的优势。因此，罗尔斯运用了正义的第二原则，某种意义上是为了限制某些非基本自由，即限制收入和财富上不平等程度。总之，通过正义两个原则，首先保证平等的基本自由的优先性，而又限制那些非基本自由所导致的不平等，这样就使得自由与平等的矛盾在价值秩序的排序中得以缓和。

其二，在这种优先原则的指导下，罗尔斯将自由与平等的矛盾关系纳入社会制度安排之中加以解决。在对自由与基本自由、自由与自由价值的区分中，罗尔斯实际上是试图突破以洛克为代表的古典自由主义所坚持的消极自由，而实现消极和积极自由的统一。一方面通过宪法在根本上保证公民的基本自由平等，这种自由不能以任何个人或社会为了经济或其他非基本自由发展而受到限制和侵犯；另一方面在宪法指导下，其他法律和政策的制定以缩小公民在收入和财富上的不平等为目标。正如罗尔斯自己所言，"必须把自由市场的安排放进一种政治和法律制度的结构之中，这一结构调节经济事务的普遍趋势、保障公平的机会平等所需要的社会条件"①。例如，罗尔斯所指出的坚持所有人接受教育的机会平等，保证社会的职位向所有人公平开放；又如通过征税的方式向处于社会最不利者（诸如不熟练的工人）实行补偿，将馈赠和遗产等纳入社会制度的考虑之中，对其进行某种程度的征税等。这样整个社会就通过其基本制度使自由与平等保持一种张力，即维持社会的稳定性。罗尔斯认为他所推崇的制度是一种立宪民主制，但是又和福利的资本主义民主制有所区别，它是一种财产所有的民主制度。两种制度最大的区别是，后者分散了财富和资本的所有权，避免少部分人因垄断整个社会的经济

---

① [美]约翰·罗尔斯：《正义论》（修订版），何怀宏等译，中国社会科学出版社2009年版，第57页。

进而对政治生活的控制。总之,在这种以宪法为根本,实行财产所有的民主制度下,自由与平等在宪法、其他法律的制定中,在政府行为中,两者实现了暂时的平衡。

然而,德沃金对罗尔斯这种处理自由与平等矛盾的方式并不十分满意,因为罗尔斯仍然停留于自由或限制自由的意义上看待两种价值之间的关系。也就是说,罗尔斯没有从平等本身,即通过论证其内在价值的角度①,来解决现实不平等的问题。因此,和罗尔斯不同,德沃金是立足于平等的角度处理自由与平等的关系。换句话说,德沃金在价值排序中是坚持平等优先的原则,这是因为在他看来平等是政府的至上美德,是现代政府正当存在的根据。他主张一种不同于现代福利平等(成功和享受的平等)的资源平等观。这种平等观反映的是政府将人们视为平等的人予以关切。德沃金认为在这种平等观中,自由与平等不是必然的冲突,"自由就变成了平等的一方面"②。这是因为,一方面我们没有充分的理由说自由比平等重要,例如满足某些个体的特殊嗜好的自由,就不如让那些生活糟糕的人过上有尊严和体面的生活重要。于其如此,不如"证明按照何为分配平等的最佳观点、按照社会财产的分配要求对每个公民表示平等关切的最佳观点,这些自由必须得到维护"③。另一方面,作为一种分配平等,资源平等本身就"反映着人格和自由的特殊重要性",因为资源平等的分配是一个协调决策过程,这个过程考虑人自身的计划对别人造成的影响或成本,并承担自己计划的责任。自然,每个人都成为受平等关切的共同体的成员,并根据计划享用资源中公平的一份。简言之,德沃金在坚持平等优先的基础上,通过资源平等,使得自由成

---

① 德沃金试图期盼一种包含所有核心政治价值的合理的理论,每种价值之间都是相辅相成的。在平等与自由之间,"平等不但与自由相容,而且是珍惜自由者都会予以珍惜的一切价值。"([美]德沃金:《至上的美德:平等的理论与实践》,冯克利译,江苏人民出版社2012年版,第5页)

② [美]罗纳德·德沃金:《至上的美德:平等的理论与实践》,冯克利译,江苏人民出版社2012年版,第120页。

③ [美]罗纳德·德沃金:《至上的美德:平等的理论与实践》,冯克利译,江苏人民出版社2012年版,第121页。

为平等的一部分，避免了两者的冲突。

比较罗尔斯对自由与平等关系的制度处理，德沃金认为自己坚持的是一种纯粹的"制度战略"，而罗尔斯是综合了"利益战略"和"制度战略"。"利益战略"分两个步骤，第一步是确定利益的概念，但不把自由纳入考虑范围；第二步是由于某些自由关系到利益的满足，则为此确立这些自由权利。功利主义平等就是如此。而"制度战略"是将自由纳入最初被选定的平等观之中，在理想分配中考虑自由，自由放任的平等主义就是这种战略的反例。德沃金认为罗尔斯的原初状态似乎使自由被纳入考虑范围，体现着平等地关切人们。但另一方面在原初状态设计时，罗尔斯又根据人们的更高利益如何得到满足而设定自由权利。这样，"利益战略难免会使自由在公正中的地位取决于对何为人们的真正利益的有争议的定义"①。而对于制度战略，德沃金则通过拍卖的形式，实现妒忌检查，它体现的是对所有自由的一视同仁。也就是说，政府在处理自由与平等关系时，不是将自由作为一种独立的价值体系与平等相对立，而是从一开始就将两者纳入制度的考虑之中。

由上可知，在原则或价值排序上，罗尔斯和德沃金有所差别。前者坚持自由优先，通过限制某种非基本自由以达到自由与平等矛盾关系的缓和；后者坚持平等优先，通过资源平等取代福利平等观，将自由纳入资源平等分配的考虑之中从而使自由与平等得以平衡。在不同优先原则的指导下，两者对如何具体处理自由与平等的关系却是相似的。无论是罗尔斯还是德沃金，他们都坚持政府在处理两者关系问题上的重要作用。也就是说，他们都试图通过公权力对私权利的干预，来限制某种自由权利而达到两者关系的协调。其最大的特征或表现就是，通过征税的方式实现市场经济在结果上的再分配。

---

① ［美］罗纳德·德沃金：《至上的美德：平等的理论与实践》，冯克利译，江苏人民出版社2012年版，第139页。

二、优先原则下的个人行为选择

当代自由主义右翼代表哈耶克和诺齐克,在继承古典自由主义的基础上,将自由价值推向了极端。如果从广泛的意义上看待优先这个概念,那么无论是哈耶克还是诺齐克所坚持至上性自由,亦是一种自由优先原则。但是,他们从根本原则上是不会赞成罗尔斯和德沃金在处理自由与平等关系问题上的方式或措施的。这是因为,在他们所坚持的自由优先原则中的自由是绝对的,这不同于罗尔斯和德沃金所谓"自由,只能因自由的缘故而被限制"。他们从根本上是否定对个人自由权利的任何限制,因此在处理自由与平等的冲突问题时,不能通过限制某些自由或将自由纳入平等之中的方式加以解决。那么,他们对自由与平等之间的冲突、现实的不平等又以何种态度,何种方式加以解决呢?

在价值排序上,诺齐克坚持自由的至上性,即自由具有绝对的优先性。平等,最多是这种享有自由权利的平等,超出这个意义上的平等都是不能被接受的。同时,经济上的不平等结果是平等自由权利产生的正当性表现。在诺齐克的理论中,自由是以各种具体的权利为表征的,例如生命权、安全权以及财产权等。他是通过"看不见的手的解释"改造了洛克的"自然状态"学说,继承了自然法意义上的自由概念。这种自由概念起初是和平等统一的,即自由的平等或平等自由。也就是说,只要这种自由的存在,自由与平等就不会出现冲突。但是正因为政府的介入,才导致了这种自由不断遭到侵犯。进而言之,只有坚持这种自由的绝对优先,才有可能使自由与平等处于同一状态。在这个意义上,诺齐克反对罗尔斯对自由的限制,或反对其正义第一原则只强调基本自由的平等。例如,罗尔斯就把对财产的自由占有和使用限制在一定的范围之内,特别是将遗产权排除在宪法之外,而在其他法律中被规定进行征税。为了达到这种自由的绝对优先性,诺齐克坚持一种"边界约束",即不把权利看成是减少被侵犯的最终状态或目标,而是将其看成是对行为的边界约束。这样就达到了康德所谓的"个人是目的,而不仅仅是手段",个人是神圣不可侵犯的目的。在这个意义上,也就排除了以整体或社会利益的名义侵犯个人的自由权利,这直接反映了对罗尔斯差别原则的否定,而剩下就是赞同罗尔斯关于机会平等的观点。所以,诺齐克处理自由与平等矛盾关系的原则实际上是坚持自由的绝对优先,而至多承认机会平等;结果(经济)的不平等是客观存在、必然的结果,并且这与能否解决自由与平等的关系,确切说是在权利上的矛盾关系,并没有直接联系。

在这种自由权利绝对优先原则的指引下,诺齐克试图建立一种"最低限度的国家",认为任何通过税收补偿的再分配方式都是不可取的,以赞扬那些自愿作出选择的慈善或捐赠行为可能是一种恰当的选择。在诺齐克看来,国家或政府的产生是为了避免由于个人彼此因自行行使自由权利而产生的混乱或不稳定状态。意味着国家或政府的正当性源于个人的自由权利,而不是相反。这样,国家或政府只能充当一个"守夜人"的角色,而不能以任何社会或整体的利益侵犯个人的自由,因为诺齐克认为不存在任何社会实体,存在的只是个体的人。[1] 由此,通过权利的边界约束,诺齐克从保护性社团、支配性保护性社团,直到推出"最低限度的国家",即"是能够得到证明的最多功能的国家"[2]。一旦国家执行更多的功能都被视为不正当的,例如分配。这是因为,只要个人的在经济上的所得符合"持有正义"的三个原则,即获取的正义原则、转让的正义原则以及不正义的矫正原则。[3] 那么,任何国家或社会团体就没有资格对个人的这种合法的经济权利进行分配,否则就被视为一种侵犯。同时,持有正义的分配是坚持一种历史原则,而其他诸如罗尔斯的分配方式就是一种即使原则或"目的—结果原则"。在这种即使原

---

[1] [美]罗伯特·诺齐克:《无政府、国家和乌托邦》,姚大志译,中国社会科学出版社2008年版,第39页。
[2] [美]罗伯特·诺齐克:《无政府、国家和乌托邦》,姚大志译,中国社会科学出版社2008年版,第179页。
[3] [美]罗伯特·诺齐克:《无政府、国家和乌托邦》,姚大志译,中国社会科学出版社2008年版,第180—184页。

则下，体现为一种模式化的分配方式。然而，任何一种模式化的分配方式都是不正当的，因为它依赖于对人们持续的干预。与此相反，处理经济上不平等的方式应是"从愿给者得来，按被选者给去"①。意味着，对于有自由市场经济导致的不平等，政府并没有资格进行分配和再分配，出于同情或自身安全的考虑，可以鼓励那些富者做慈善或捐赠行为。但是，这些行为都不能被纳入政府或社会的制度之中。

哈耶克虽然对自由概念的理解有别于诺齐克，但在面对社会或经济不平等问题时他们却是一致的，即坚持自由优先或至上原则。哈耶克对自由的理解不像诺齐克那样是建立在对自然状态或自我所有权的基础上，而是追溯为更一般或原始的自由概念，即不受"强制"意义上的否定性自由。因此，在他的视野中，一个乞丐可能就比有权势的官员或士兵自由。② 这和哈耶克本身的经历有关，他经历了两次世界大战，其理论的根本目的就是为了反对一切可能的极权主义以追求一种自由社会。但是，这种自由社会不是像罗尔斯或德沃金通过理性建构的，而是自发秩序基础上必然形成的结果。在这种自发秩序里，社会或经济的不平等是个人自由社会不可避免的结果。因为，恰恰是这种不平等才能印证自由存在的价值，"这是个人自由的必然结果，也是证明个人自由为正当的部分理由：如果个人自由的结果没有显示某些生活方式比其他生活方式更成功，那么个人自由的主张亦就丧失了大部分根据"③。当然，在哈耶克的视野中，平等最多是"法律面前人人平等"，即一般法律规则和行为规则的平等。这也是争取自由斗争伟大的目标，一切超出这个范围的平等要求都是违背自由的，是不可取的。这是因为人与人之间无论是在先天，还是在后天环境中的差异都是不平等的。由此，哈耶克得出这

---

① ［美］罗伯特·诺齐克：《无政府、国家和乌托邦》，姚大志译，中国社会科学出版社2008年版，第192页。
② ［英］弗里德利希·哈耶克：《自由秩序原理》（上），邓正来译，生活·读书·新知三联书店1997年版，第13页。
③ ［英］弗里德利希·哈耶克：《自由秩序原理》（上），邓正来译，生活·读书·新知三联书店1997年版，第102—103页。

样的结论：面对物质的不平等，国家可能会出于某些理由而实行某种对所有公民进行的强制，但绝不能为了达成某种平等的倾向或欲望而实行一种有歧视性的强制。

基于这种自由优先的原则，他极力地反对所谓的"社会正义"，即反对那种由理性建构主义提出的模式化分配。与此不同，在面对社会或经济不平等时，他提出了"人们可以针对某些人愿意给予什么的问题确立一项标准，但是绝不能确立一项某些人能要求什么的标准"①。哈耶克之所以反对那种模式化分配的原因主要有两点：其一，无论是任何个人，还是任何群体都没有某种能力能确知别人的潜力；其二，任何个人所拥有的某些能创造价值的新能力，都应被视为其所在社会的获益。根据第一条理由，任何政府或社会都不能以某种能改善个体生活的理由实行某种干预个人自由的政策或措施。根据第二条理由，任何个体或群体都要彼此尊重他人的能力发挥，而不是视其为自己的障碍。由此，哈耶克批判了政府对家庭继承和强制教育公平的行为。他认为，在人成为当下种种境况（包括不平等现象）上，比起其他因素，遗产继承制度实际上是危险最小的。他同时认为，通过对教育实行强制公平，只能使一些人失去接受教育的机会。所以，哈耶克坚决反对当下人们以建构正义社会的方式纠正不平等现象，认为这种措施只是体现了对富人妒忌的心理。此外，他还极力地反对以累进税制为基础的再分配，认为这种再分配方式并没有改变社会不平等现象，因为它根本没有给那些社会最不利者获利，获利更多的是中产阶级。对此，哈耶克认为毋宁采用一种比例税制，因为他针对所有人而非某些群体或个人。当然，他也鼓励富有者对贫困者实行自愿的慈善或捐赠行为，因为这和个人自由是相容的。他对市场经济持乐观态度，认为其带来的财富增长能自然消除社会的贫富差距。

简而言之，无论是诺齐克还是哈耶克，他们在处理自由与平等关系时，在原则上坚持自由至上的优先性原则，而反对政府对个人权利或自由的干预

---

① ［英］弗里德利希·哈耶克：《自由秩序原理》（上），邓正来译，生活·读书·新知三联书店1997年版，第123页。

和强制。在此基础上,面对社会不平等现象时,他们极力反对模式化的分配,例如反对累进税制的再分配,反对遗产税,反对强制性的教育公平等。与此同时,他们认为社会或经济上的不平等是自由市场发展的必然结果,哈耶克甚至认为这种不平等与自由之间没有必然的联系,因此只有自由市场才平等对待一切人。当然,对于社会的贫困现象,他们试图鼓励那些富有者在自愿基础上做慈善或捐赠行为,但不能将这些行为纳入政府制度安排之中,而是一种个人行为、非模式化的分配。

三、对优先原则及两种方式的反思与批判

由上可知,当代西方自由主义者之所以有意识地重新思考自由与平等两者之间的关系,很大程度上是由于现实的不平等,特别是经济的不平等冲击着以自由主义价值为主导的社会稳定性。对此,他们首先重新思考和定位现代平等在价值秩序中的意义与地位。尔后,面对现实不平等,特别是经济不平等问题时,在其所形成的价值原则基础上提出相应的解决方式。这意味着,我们首先有必要深入认识他们所持的优先原则,揭示这种原则的实质到底是什么,之后,进一步认识他们所采取的两种不同方式的差别根源或反映了什么问题,只有在清楚这些问题之后,我们才有可能认识当代自由主义者在面对现代平等困境,即解决自由与平等关系问题时存在的限制。

虽然在方法上他们都采取优先原则,但在何种价值优先以及优先程度上却略有差异,而这种差异恰恰反映了当代西方自由主义内部的理论分歧。在何者优先的问题上,他们答案的差别在于对自由与平等两种价值的具体认识上。例如,德沃金倡导的平等是一种资源平等,这种平等不仅体现了政府对每个个体的平等对待,也体现了个体对自身选择的平等负责,即包含了个体的自由;而哈耶克所能接受的唯一平等是指"法律面前人人平等"。因此,德沃金由于将自由归于平等之中,自然优先强调平等的价值;而哈耶克由于限制了平等的所指,自然优先强调自由的价值。他们不仅在何种价值优先的

问题上存在差别,即使坚持同种价值的优先性,在优先程度上也存在差别。例如,罗尔斯在自由上区分了基本与非基本自由、自由与自由价值;而诺齐克是在自我所有权意义上理解自由,这种自由的意义更为广泛,即只要涉及个体的权利都是自由。因此,罗尔斯坚持基本自由的优先性,而诺齐克则强调个人自由的至上性。他们之间的这些差异,实际上反映了优先原则在处理方式上深陷诸如自由、平等等抽象概念的泥潭之中。这进一步说明了,他们并没有超出自由主义的视野重新看待各种价值的历史现实关系。

从优先原则所处理的自由和平等的对象上看,他们所强调的自由和平等仍然只停留于个人主义之上。虽然在优先原则的价值排序和程度上存在差异,但他们对自由或平等的理解或多或少继承或深受康德思想,特别是人是目的而非手段这一观念的影响。然而,他们对这一观念的继承实际上倾向于强调理性、自由主体的自律性。例如,罗尔斯原初状态中相互冷淡的动机假设;诺齐克的权利边界约束说。也就是说,他们所强调的自由或平等主体实际是脱离了一定社会关系的。正因如此,社群主义者就指出自由主义者对自由或平等的理解是建立在个人主义之上,而忽视了共同体的意义,包括共同的文化背景、共同的善及利益等对个体价值选择的影响。换言之,在社群主义者看来,自由主义者所优先处理的自由或平等,仅仅是指个体的自由或平等。这种价值的排序方法仅仅是顺应了价值多元化发展的趋势,但这有可能从根本上破坏了共同体的团结,这种方法只能使社会的贫富差异越来越大、社会的稳定性越来越差。例如,桑德尔在分析美国近年贫富差距扩大造成的影响时就指出,"除了对功利和同意的影响之外,不平等还能够腐蚀公民美德"①。

不仅如此,从优先原则作为一种处理自由与平等两种价值关系的方法看,其本身体现的是一种脱离现实社会历史语境、"非此即彼"的方法。罗尔斯、诺齐克和哈耶克坚持自由的优先性,是基于对自由本身的内在价值认

---

① [美]桑德尔:《公正:该如何做是好?》,朱慧玲译,中信出版社2012年版,第304页。

识的基础上兼顾、甚至不考虑现实不平等问题；而德沃金是在尝试阐述平等自身内在价值的基础上缓解不平等现象。这种优先独立阐述自由或平等内在价值的处理方式，反映了脱离社会历史语境下的价值预设，并以割裂两种价值内在关系的形式完成理论的自洽。但实际上，一方面自由或平等作为一种价值观是在社会历史发展中形成的，并在不同的社会历史语境中以不同形式被世人所追求。例如，平等在封建社会是以相对平等的形式被人们所认可，而在商品经济高度发展的今天，普遍平等取代了相对平等。换言之，优先原则基于独立阐述自由或平等内在价值的方式，实际上是试图通过普遍形式一劳永逸地解决各个时期自由与平等之间的矛盾。这是不可能的。另一方面自由与平等这两种价值观之间存在着密切的内在联系。从传统的等级社会到现代的民主社会，现代平等构成了自由的前提，而自由是平等的实质，两者是合一的。这种合一最初至多体现在政治权利，即形式意义的平等。然而，在现代社会发展过程中，市场经济与自由主义强调个人自由相契合，而经济上的不平等自然成为现代社会发展的结果。这意味着，现代社会不平等的解决必然与自由相关，而不是像诺齐克和哈耶克等自由主义的至上主义者那样避开平等价值不谈。

可见，当代西方自由主义者之所以采取优先原则，其目的是为了改善或适应现代民主制度和市场经济的发展，也是为资本主义社会不平等所做的一种辩护。罗尔斯和德沃金就明确说明自身的理论背景是立宪民主制，而诺齐克和哈耶克则明确地强调坚持自由的市场经济体系。但由于在何者优先及优先程度上的差别，造成了他们在面对社会或经济不平等问题上采取了两种不同的方式，即社会制度安排和个人行为选择。这两种方式的差异，实际上反映了他们对社会与个人关系的不同理解。在罗尔斯和德沃金看来，个人好的生活的实现，依赖于一个正义社会；而这个正义的社会的实现，需要借助政府的力量对社会每个个体在自由和平等上提供某种保证和限制。也就是说，他们相信个体好的生活的实现受限制于社会的客观条件，也相信一个好的政府能够提供这样的保证。因此，罗尔斯和德沃金通过理性的设计，例如无知之幕和拍卖市场，最后得出构建正义社会的原则。这就是哈耶克和诺齐克所批判的建构主义，因为它最终导向了模式化的分配，是一种强制或干涉他人合法权利的分配。与此相反，在哈耶克和诺齐克看来，只有个人才知道和选择哪种生活是符合自己的、好的生活，一个好的政府仅仅是保护个体的安全、合法所得等。因此，他们反对强制性的再分配，而坚持非模式化的分配，即相信市场具有平等分配资源的功能。但无论是模式化分配还是非模式化分配，他们所选择方式的前提是预设了每个人都会选择或计划过一个好的生活。在笔者看来，对于"好的生活"的观念不仅仅具有很强的主观色彩，同时具有历史的相对性。此外，他们在对社会与个体关系的理解上，实际上持一种对立的思维，即要么社会决定个人，要么个人决定社会。这种思维方式其实陷入了静止、片面看问题的巢穴。

马克思则跳出了社会与个人对立的思维模式，而是首先反思和批判现行社会与个人的状态，同时在把握社会历史发展规律的基础上寻求社会与个人统一的状态，即"自由人的联合体"。在马克思看来，"应当避免重新把'社会'当作抽象的东西同个体对立起来"①。这是因为个体是通过社会活动表现和获得自己的本质力量，而真正的社会是人与自然界完成的本质统一。也就是说，要将两者置于社会历史生成的视域中考察彼此之间的关系。对此，马克思认为在以资本及其生产为特征的现代，无论是社会还是个人都是处于一种异化的状态，即社会是一个以资本生产为目的的社会，个人是受资本控制的个人。在此种社会中人的自由、平等只能体现为人与人之间的分离、对立。在以生产资料私有制为基础的社会，其自由与平等的关系最多体现在政治权利意义上形式统一，而经过表面自由与平等主体交换的市场经济，最终体现的结果是自由与平等的失衡。为此，马克思认为只有通过共产主义运动，消除以生产资料私有制为基础的生产方式，才能实现真正的自由与平等。同时，在实现生产力高度发达、人的理性普遍提高，"社会化的人，联

---

① 《马克思恩格斯文集》第 1 卷，人民出版社 2009 年版，第 187 页。

合起来的生产者，将合理地调节他们和自然之间的物质变换，把它置于他们的共同控制之下，而不让它作为一种盲目的力量来统治自己；靠消耗最小的力量，在最无愧于和最适合于他们的人类本性的条件下来进行这种物质变换"①。即实现真正共同体或"自由联合体"中，自由与平等才会达到真正的统一。这种统一，就如马克思在《共产党宣言》中所指出的，"每个人的自由发展是一切人的自由发展的条件"②。即每个人的自由在社会中都同等重要，且每个人的自由的实现只有在整个社会平等自由实现的前提下才有可能。总之，当代自由主义者试图在没有消除现代社会生产方式的前提下，局限于自由主义理论视野的优先原则，在社会与个人对立中是不可能实现自由与平等矛盾的真正解决，换言之，就不可能解决现代平等观在发展中的困境。

第二节 平等的视角：柯亨对社会主义的道德辩护

现代平等观产生于以自由主义为代表的西方资本主义社会，其目的亦是为了适应现代资本主义经济的发展。某种意义上，现代平等观就是建立在资本家对工人剥削的基础之上，所以从一开始这种平等观就遭受社会主义者的反对。可以说，平等是社会主义反对资本主义的重要武器，也是体现其优势性的重要方面。但随着20世纪90年代苏联社会主义的失败，社会主义运动也随之陷入低潮。这对西方的马克思主义者带来了沉重打击，但也使那些仍然坚持马克思主义的学者，从更加广泛的视野思考社会主义。例如，市场社会主义理论就是在这种背景之下应运而生；特别是在面对现代资本主义频发

---

① 《马克思恩格斯文集》第7卷，人民出版社2009年版，第927页。
② 《马克思恩格斯文集》第2卷，人民出版社2009年版，第53页。

的经济危机和日益严重的两极分化时，以柯亨为代表的分析马克思主义者①更加坚信社会主义在平等上会更优于资本主义。总之，如果说当代西方自由主义者，包括罗尔斯、诺齐克及德沃金等之间的平等争论反映的是对西方资本主义社会的平等价值、不平等现实的重释、辩护，那么柯亨则是在反思与批判前者以及传统马克思主义的基础上，展开了对社会主义平等的论述，并对其提供了一种道德的辩护。

一、从自我所有权批判到拯救平等

正如柯亨自己对其自身思想转变的描述，他由历史唯物主义转向政治哲学研究的最初动因是缘于诺齐克对资本主义不平等的辩护，使他"开始从教条社会主义的麻木中苏醒过来"②。所以，柯亨一开始研究政治哲学，就以批判诺齐克为起点，并进而展开了对包括德沃金、罗尔斯等当代西方自由主义者的批判。而在其中，柯亨抓住了当代西方自由主义争论的核心议题，即平等问题③，一方面批判了自由至上主义者诺齐克基于自由④得出不平等的必然

---

① 在柯亨看来，"分析马克思主义者所关心的是平等的必要条件到底是什么，有生产能力和有才能的人到底对相对来说没有生产能力的人、残疾人或有特殊需要的人负有什么样的义务。"（G. A. 柯亨：《自我所有、自由和平等》，李朝晖译，东方出版社2008年版，第164页）

② ［英］G. A. 柯亨：《自我所有、自由和平等》，李朝晖译，东方出版社2008年版，第4页。

③ 当代西方自由主义对待平等问题主要体现为两种倾向，一种是为资本主义社会从一开始所导致的不平等进行辩护，这主要是那些赞同自由市场经济的学者；另一种是面对资本主义社会现实不平等，而试图通过重新阐述或重构现代平等观，以缓和、改良的形式使人们可以接受资本主义社会的不平等。正如段忠桥先生将当代西方政治哲学分为三个重要派别，即以诺齐克为代表的自由至上主义、以罗尔斯为代表的自由的平等主义以及柯亨为代表的社会主义平等主义，前两者实际上就是当代西方自由主义对现代不平等辩护的两股重要力量，而柯亨则是在社会主义的立场对这两者进行了强有力的批判。（段忠桥：《为社会主义平等主义辩护》，中国社会科学出版社2014年版，第4页）

④ 柯亨认为诺齐克思想中的自由概念是模糊的，它既受到社会主义、自由主义，也受到右翼人士赞同自由的影响；他没有区分自由和自由权，对自由和正义概念进行循环论证。他认为这种自由概念是自由意志主义者所玩弄的语言游戏。（［英］G. A. 柯亨：《自我所有、自由和平等》，李朝晖译，东方出版社2008年版，第2章第2、3节）

性观点（即为资本主义社会不平等辩护），而认为在世界资源共有制的条件下诺齐克所谓的自由与平等并不冲突；另一方面批判了自由主义的平等主义者罗尔斯试图通过差别原则为缓和或改善资本主义社会不平等所做的努力，而认为应从罗尔斯的差别原则中拯救出平等。当然，柯亨对当代自由主义平等观的批判还体现在其他方面①，本文以其对诺齐克和罗尔斯的批判为主，因为对这两者的批判本身就构成柯亨政治哲学研究的重要组成部分。

最初，柯亨对诺齐克的批判主要集中在张伯伦论证的问题上，其目的是反驳诺齐克认为社会主义是不公正的，是以某种平等原则牺牲自由的观点。对此，柯亨重点批判了"无论什么，只要它是从公正的状态中以公正的步骤产生的，它本身就是公正的"观点。因为诺齐克借以这个观点，可以得出市场自愿交易、立约产生的不平等是公正的，工人贫困也是合理的。但柯亨基于对公正状态、公正步骤的详细分析，认为两者之间的结合未必就会产生公正结果，例如健康的人和健康的环境结合在一起未必结果就是健康的。一方面因为虽然交易的步骤是自愿的，但是由于人的理性的限制，在交易之前主体对所有交易之后可能发生的不利结果并不是完全可知的。也就是说，交易的过程是公正的，但这种过程未必能得出结果的公正。例如，球迷们自愿单独付给张伯伦 25 美分，虽然出于得到某种愉悦的结果，但却忽视其他结果，即张伯伦获得了某种权力，造成了对社会制度不利的结果。另一方面在交易过程中可能还存在着许多偶然的因素，在事前不知情的情况下，获得的结果就有可能是不公正的。例如，柯亨所列举的"擀面杖"和"钻石"的例

---

① 例如柯亨在 1988、1989 年发表的《什么的平等？论福利、善和能力》《论平等主义正义的通货》，就对当代自由主义，特别是自由主义的平等主义之间关于"什么的平等"的争论展开了批判，其中包括对德沃金、罗尔斯、森的批判。而柯亨真正集中对当代自由主义的批判主要体现在其对诺齐克和罗尔斯的批判之中，其主要文章发表在后来正式出版的《自我所有、自由和平等》以及《拯救正义与平等》两部著作中。（两篇文章可分别参阅由森主编的《生活质量》（中文版）社会科学文献出版社 2008 年版和吕增奎编的《马克思与诺齐克之间》，江苏人民出版社 2008 年版）

子①。由于人们无法完全掌握市场的情况，同时市场本身又存在着各种偶然性意外，所以出于自愿或自由的市场产生的不平等结果不是必然正当的。这意味着，诺齐克对资本主义不平等的辩护是不能成立的。同时，柯亨还指出诺齐克对自由概念的界定是模糊的，在正义与自由之间进行循环论证，同时没有区分自由和自由权。他认为诺齐克实际上是在自由权的意义上表明私有财产不可侵犯，而在自由的意义上认为任何限制个人自由的东西都是不可取的。由此，柯亨认为社会主义实行某种平等原则，例如征税，以限制某种自由但可能带来其他更大的自由，这并不是不公正的。这意味着，社会主义平等原则并不像诺齐克所说的会妨碍个人自由。

当然，柯亨对诺齐克最为根本的批判是基于"自我所有权"的批判。在这一概念下，按柯亨的总结②，可以分为三种方式：其一，对"自我所有权"的考察，批判了诺齐克由自由导向广泛不平等的前提假设。根据柯亨的分析，诺齐克认为如果拒绝自我所有权就意味着同意奴隶制。对此，柯亨根据"监禁"与约瑟夫·拉兹的反驳，认为这种说法并没有区分有限量的强迫劳动与长期强迫的奴隶制劳动，前者可能出于某种义务而非奴役。同时，拒绝自我所有权也不意味着限制人的"自主权"（个人选择的数量和质量）。这是因为在柯亨看来，一个人的自主权与自我所有权在由不同才能构成的差异世界中是相互矛盾的，即自我所有越多，可能自主权就越小，例如那些一无所有只能靠出卖劳动力的无产者。此外，在柯亨看来诺齐克自我所有权前提还存在对康德"人是目的"命题的误读，即诺齐克只看到人是目的这一方面，而忽视了康德实际上还认可人也是手段的方面。其二，对诺齐克认为某种资源被私人占有并不伤害别人观点的批判。对此，柯亨通过假设 A 和 B 在不同

---

① ［英］G. A. 柯亨：《自我所有、自由和平等》，李朝晖译，东方出版社 2008 年版，第 53—55 页。
② ［英］G. A. 柯亨：《自我所有、自由和平等》，李朝晖译，东方出版社 2008 年版，第 129—134 页。

能力以及对土地不同占有情况的分析①，得出"一个人的处境并没有比这一资源如果不被私人占有时更糟糕，并不意味着他没有受到伤害"②。其三，对诺齐克论证中隐藏的前提，即外部资源原初是无主的批判。在柯亨看来，如果在原初，外部资源是集体所有或共有制，那么每个人占有某种外部资源的正义性只能来源于其他人的同意。在这种共有制下，每个人亦可以保持自我所有权，但并不必然地会导向诺齐克所论证的广泛不平等。可以说，柯亨通过对诺齐克的前后批判，使这种为自由资本主义必然存在不平等合理性的辩护不堪一击。而在其中，他也揭示了社会主义与自由不相容的荒谬，平等与自由可以在坚持公有制的社会主义相容，其自由平等比资本主义更真实。

与诺齐克不同，罗尔斯是在自由主义的平等进行主义视角为资本主义的不平等辩护，这种辩护是基于对处于社会最不利者的利益考虑。这种考虑体现在罗尔斯所提出的差别原则之中，某种意义上这种差别原则是罗尔斯所持有的独特平等观。它是在排除身份、地位以及社会环境等对个体差异影响的偶然性因素下，尊重个体禀赋差异基础上的平等。也就是说，在罗尔斯看来，一个社会的不平等可以在如下条件下合理存在或被人们所接受，即社会有才能的人发挥导致的社会财富或经济上的不平等，是有利于处于社会最不利者的利益增长。在柯亨看来，罗尔斯的这种差别原则实际上是"谴责与最贫困者利益相冲突的各种不平等"。相对诺齐克的思想，这种对资本主义不平等的辩护更为温和，更容易被社会中产阶级者所接受。但在柯亨看来，罗尔斯的这种方式在现实中仍然和诺齐克一样，认可不平等是公正的，为效用而牺牲平等，"依赖不正义来生产人类的幸福"，"这是一种掩饰了它所要解决之冲突的处理方式"③。

对此，柯亨试图在批判罗尔斯这种基于差别原则的平等主义中拯救出平

---

① [英] G.A. 柯亨：《自我所有、自由和平等》，李朝晖译，东方出版社2008年版，第93—97页。
② [英] G.A. 柯亨：《自我所有、自由和平等》，李朝晖译，东方出版社2008年版，第133页。
③ [英] G.A. 柯亨：《拯救正义与平等》，陈伟译，复旦大学出版社2014年版，第11页。

等，即"在一个分配正义占据主导地位的社会中，民众期望能够在物质方面大体上平等；分配正义不能容忍由为处境好的人提供经济激励而产生的严重不平等"①。其一，在柯亨看来，罗尔斯这种"差别原则也不能证明基于激励的不平等作为正义社会的一个特征是正当的"②。一方面，柯亨认为差别原则作为一种激励论证预设了一种非共同体的社会模式。在这种非共同体中，人与人之间的关系是一种策略关系，即将彼此看成是获益的手段。这和罗尔斯《正义论》一开始所建构的那种良序合作的社会，即具有博爱的共同体相矛盾。另一方面，柯亨将这种激励论证比作"绑匪论证"，即类似于绑匪得不到赎金就不放人，天赋较高者如果得不到较多的报酬就不愿或较少地努力工作。意味着，这些人有可能为了更高的回报，而不是真诚地奉行差别原则。换言之，激励论证无法实现"人际检验"。其二，在柯亨看来，罗尔斯的差别原则实际上是以不平等为逻辑起点的"帕累托论证"，虽然在提高社会效率上具有合理性，但柯亨认为我们同样可以从平等出发，在禀赋较高者不以追求自身利益最大化的前提下，实现帕累托效益，即促进所有人收益的改善。其三，柯亨认为由于罗尔斯的正义是局限于社会的基本结构，由此排除了个人行为选择或日常行为对社会正义的影响。特别是在市场经济条件下，每个个体实际上都试图使自身利益最大化，而这影响了人们是否广泛地遵循差别原则。这意味着，即使在一种罗尔斯所谓的正义社会基本结构中，如果缺乏社会生活风尚，其产生的不平等也可能是不公正的。当然，柯亨对罗尔斯批判还包括从建构主义的批判中拯救出正义，由于主题限制，在此不再加以论述。

通过以上柯亨对以诺齐克、罗尔斯为代表的当代自由主义关于平等问题批判的认识，我们可以看出柯亨实际上是立足于社会主义的政治立场，揭示了当代自由主义者通过对现代平等观的重新解释，在自由（效率）与平等之间，其实还是以自由优先的形式论证社会正义，并以此为资本主义不平等提

---

① ［英］G.A.柯亨：《拯救正义与平等》，陈伟译，复旦大学出版社2014年版，第2页。
② ［英］G.A.柯亨：《拯救正义与平等》，陈伟译，复旦大学出版社2014年版，第14页。

供辩护。这种辩护被柯亨一一解构。

二、平等：社会主义优于资本主义之处

柯亨通过对诺齐克、罗尔斯等当代西方自由主义为资本主义社会不平等、不公正辩护的批判，更加坚信了社会主义优越性。柯亨在批判中认识到社会主义并不像诺齐克所论证的那样是不公正的、是妨碍自由的，相反社会主义比资本主义更优越之处在于平等，并且这种平等是可以和自由相容的。同时，也使柯亨对社会主义所要实行或实现的平等观有了更加深刻的认识。他在对罗尔斯自由主义的平等主义批判中，认识到自己所要实现的社会主义平等与之有本质的区别，其"平等的尊重和关心不是由社会规划并被限制在异化的上层建筑权力即国家的范围之内"①。只有在马克思所谓国家消亡、人类解放的意义上，自由和平等才真正在日常生活经验中得以实现。可以说，柯亨在批判当代西方自由主义的同时，实际上也在建构自己关于社会主义的平等观念。当然，除了对当代西方自由主义批判在理论上的触动之外，柯亨对社会主义的辩护以及对其平等观重新阐述的动力，还源于其对传统马克思主义的认识，以及对经典马克思主义相关理论的质疑。

柯亨之所以一直坚信社会主义，与他本身成长的经历有着密切关系，但在其深入对马克思主义理论和社会现实的研究与认识中，他开始质疑传统马克思主义者对社会主义的信念或态度。柯亨意识到像他姑父诺曼那样的传统马克思主义者虽然对经典马克思主义及其社会主义充满着坚定的信仰，但是他们却一直拒斥或忽视对平等观和其他价值观的认识与阐述。柯亨从小的经历告诉他，"平等、共有与人的自我实现是马克思信仰构架中不可分割的一部分"，"所有的马克思主义者均信仰某种平等观"②。在柯亨看来，这些传

---

① [英] G. A. 柯亨：《拯救正义与平等》，陈伟译，复旦大学出版社2014年版，第1页。
② [英] G. A. 柯亨：《如果你是平等主义者，为何如此富有？》，霍政欣译，北京大学出版社2009年版，第131页。

统的马克思主义者之所以忽视对这些价值观的论述,是因为他们把更多的精力或时间集中在了价值观外围的"事实性外壳上"。他们不像空想社会主义者那样去描述未来社会主义应是如何平等之类,而更多的是去阐述一种一般的历史性阐释论点,相信诸如平等之类的价值观念会随着社会主义取代资本主义而必然实现。按柯亨的说法,他们的这种信念建立在所谓的两种不可压制的历史趋势下,即有组织的工人阶级处于社会末端不平等的地位,随着工人阶级的壮大,最终会消灭这种不平等的社会;以及相信社会生产力发展,会消除社会不平等的匮乏前提。

对此,柯亨以平等为切入点,对马克思主义关于实现平等的两大实证性论断进行了批判。其一,在柯亨看来,无产阶级正在解体的过程,在发达工业社会,工人阶级已经不能完全满足其得以存在的四个基础条件,即"社会赖以存在的生产者""受剥削""组成社会的多数"以及"极为贫穷"。既然作为实现社会主义平等的主体,即愿意并有能力进行社会革命的群体已不复存在,那么柯亨就认为有必要转换策略,即从道德角度论证社会主义比资本主义更可取。其二,在柯亨看来,生态危机挑战着人们所相信的第二个实证性论断,即物质财富的不断涌现。一方面可以确定的是如果仍然还按"西式的物质生活和西方式的服务",继续"习以为常地开采燃料和物质的方式",那么"连维持少数人所享有的生活水准也不可能"①。另一方面可以预测的是,随着生态危机,虽然总财富可能增加,但穷人与富人之间的差距会不断扩大,使得对不平等的容忍度减少。对此,柯亨认为我们不能再坚持马克思这种"唯物论乐观主义",但也不能持悲观主义。他鼓励人们要"做艰苦的理论工作和政治工作"②。

---

① [英]G.A.柯亨:《自我所有、自由和平等》,李朝晖译,东方出版社2008年版,第11页。

② 对此,在柯亨看来,"我们不得不在稀缺的条件下去寻求平等,因此,我们必须比过去更为清楚地了解,我们所要寻求的是什么,为什么我们的寻求是合理的,如何才能以制度的形式把它加以实施。这种认识应当是未来的社会主义经济学家和哲学家努力的指南。"([英]G.A.柯亨:《自我所有、自由和平等》,李朝晖译,东方出版社2008年版,第13页)

柯亨的确也是这样做的,在反思与批判当代西方自由主义关于平等问题的争论之后,提出了自己关于社会主义平等的认识;其中,最为重要的是他提出了"社会主义机会平等"。

在这个概念提出之前,柯亨以"野营旅行"为比喻,认为在这种环境中人们会倾向于选择或赞成社会主义的生活方式。在"野营旅行"的环境中会实现两种原则,即平等原则和共享原则。对于平等原则,柯亨认为唯一正义认可的原则是一种"社会主义机会平等"①。之所以是唯一正义认可的,是由于它与其他两种平等相比较更为正当。第一种是"资产阶级的机会平等",实际上就是身份、地位的平等,是针对封建社会的不平等而言的。也是笔者在第一章所指出的现代平等的第一种特征,即建立在类基础上的身份、地位平等。它"消除了因权利分配和因抱有偏见和其他有害的社会观念所引起的对机会的限制",但没有排除由社会环境所造成的机会限制。而第二种,即"左翼自由主义的机会平等"则在第一种平等形式的基础上消除了包括出生等社会环境对机会限制的影响因素。但这种平等的形式并没有消除个人禀赋差异对机会限制的影响,而第三种,即"社会主义的机会平等"。它消除了所有非选择的不利条件,"即当事人本身不能被合理地认为对其负有责任的不利条件,无论它们是反映社会不幸的不利条件还是反映自然不幸的不利条件"②。

在"社会主义机会平等"下,最后人们之间的差异只是体现为人们不同偏好的差异。这些差异就如同人们选择苹果和橘子,人们对此不会有任何非议。"这种收益和负担上的差异并不构成收益和负担的不平等。"③ 同时,在柯亨看来,"社会主义机会平等"与三种不平等形式相容,即个人选择或偏好造成的不平等、"使人悔恨的选择而产生的不平等"以及"因选择上运气的差别而产生的不平等"。后两种形式是第一种不平等形式分化出来的,在

---

① [英] G. A. 柯亨:《为什么不要社会主义?》段忠桥译,人民出版社2011年版,第24页。
② [英] G. A. 柯亨:《为什么不要社会主义?》段忠桥译,人民出版社2011年版,第27页。
③ [英] G. A. 柯亨:《为什么不要社会主义?》段忠桥译,人民出版社2011年版,第28页。

某种意义上第一种不平等形式不是不平等,而后两种形式之所以不平等是因为两者都包含了由于某种选择所造成的在总的益处上的不平等。后两种不平等形式虽然由于前提是在个人选择或偏好基础上产生的,即不是不正当的,但如果一旦流行开来,就会使社会主义让人们难以接受。所以,柯亨强调为了使社会主义可接受或可欲,必须使"社会主义机会平等"由共享原则调节。柯亨分析了两种共享原则:其一是抑制某种因"社会主义机会平等"导致的不平等,例如由于偏好选择导致了富人和穷人之间不能共享,因此富人某天由于偶然原因乘公交车就不能向天天乘公交车的穷人抱怨自己的小轿车坏了或被借走了之类的理由。其二是"共同互惠"模式。这种模式和市场原则相反,它是以彼此之间服务为目的的,而不是为了私利的贪婪或恐惧。

此外,柯亨通过分析市场社会主义,进一步加深对共享原则调节下的"社会主义机会平等"的理解。在柯亨看来,市场社会主义之所以是"社会主义的",原因在于它消除了生产资料私有制条件下的那种劳动与资本的分离状态,"不存在一个与不拥有资本的劳动者相对立的资本价值阶级,因为劳动者本身,即全部人口,拥有企业的资本。"这样,整个社会的经济不平等就会大大减小。但柯亨提醒人们,市场社会主义还是保留了"市场",与"社会主义机会平等"中的共同互惠原则不相容,与共享价值不符合。也就是说,虽然市场社会主义比资本主义更具有正当性,更平等,但仍然存在缺陷。我们是否能比市场社会主义走得更远?柯亨虽然没有给出具体的解答,但是他暗示了实现"社会主义机会平等"的可行性,即一些传统的社会主义者常常忽视斯密的那种关于市场自私动机所能提供工具主义的正当性。柯亨提醒人们人除了这种自私性外,还具有慷慨大方的一面,我们似乎也可以将这种共享、慷慨大方扩展到整个经济生活。

由上可知,柯亨所谓的社会主义优于资本主义在于平等,这种平等恰恰就是柯亨所说的"社会主义机会平等"。因为这种平等一方面超越了最初为资本主义提供合法性基础,并由古典自由主义完成论证的现代平等观,另一方面又超越了当代西方左翼自由主义在改善古典自由主义者所建构的现代平等观的基础之上所倡导的平等，例如罗尔斯的"差别原则"。

三、对柯亨为社会主义辩护的思考

通过以上的分析，我们可知，柯亨是在反思与批判当代西方自由主义对资本主义社会平等问题所做的思考和辩护的基础，通过重新认识和纠正经典马克思主义理论，从平等价值的视角，对社会主义作出了一种强有力的道德辩护。对此，本节将基于前几章对马克思关于现代平等观批判理论分析的基础，辩证地思考和分析柯亨对社会主义平等观的论述及辩护。

首先我们应当肯定柯亨的这种努力及其在理论上的创新性意义。其一，如果从柯亨思想转变的时代背景看，我们就不难理解其在道德上为社会主义辩护的积极意义。一方面柯亨的这种辩护是在苏联和东欧社会主义解体，世界社会主义运动陷入低潮以及由此所导致越来越多的人对社会主义失去信心的背景下提出的，无疑给那些仍然坚持社会主义信念的人提供了一副镇定剂，虽然是短暂的。另一方面柯亨的这种辩护还是在西方发达资本主义国家在冷战之后也纷纷陷入困境的背景下提出的。通过平等视角的辩护，也使一些社会主义者意识到社会主义优越于资本主义的地方在于平等。其二，柯亨的这种辩护是直面当代西方自由主义者的理论诘难，改变了以往传统马克思主义者单纯地从意识形态的视角与自由主义针锋相对的理论状态。也就是说，这种辩护是建立在对自由主义理论本身建构基础上的合理解构和批判。可以说，这种辩护带有启发性批判意义，是一种有利于社会主义本身在理论和实践意义上的思考。其三，就平等理论而言，虽然柯亨对马克思及其理论存在某种误解或误读，但一方面其对平等理论的阐述的确是传统马克思主义者对马克思思想解读中所忽略或不重视的方面；另一方面其提出的"社会主义机会平等"在某种意义上也的确超越了当代西方自由主义者对平等的理解，对建构社会主义平等理念具有启发意义。

在认识柯亨对社会主义平等观及其道德辩护的意义的同时，我们也有必要认清其存在的一些问题和局限性：

第一，虽然柯亨对社会主义平等及其道德辩护的起点是始于对当代西方自由主义关于平等问题争论的反思与批判，但这种反思与批判还没有真正深入到争论背后的理论与现实根源。我们知道柯亨之所以对当代西方自由主义平等问题进行批判，一方面是由于他认为诺齐克基于自我所有权为资本主义社会不平等的正当性辩护，实际上对马克思主义者的打击要大于对自由主义的平等主义者。另一方面他认为传统马克思主义忽视了与左翼自由主义关于平等理解的区别，这影响着我们对社会主义平等思想的理解。固然柯亨的这些分析和指正是合理的，但他并没有真正深入理解当代西方自由主义者之争论的"平等"，实际上是从文艺复兴开始就逐渐形成的，并由古典自由主义所证成的平等观念。这种平等观，即本文在第一章所说明的现代平等观，是建立在个人主义、理性主义和自由主义等基本价值基础之上，其特征不仅仅是柯亨在论述社会主义机会平等时所指出的第一种形式的平等。当代西方自由主义者之所以对平等展开争论，是由于这种现代平等观在以生产资料私有制为基础的资本主义生产中逐渐出现了危机，例如经济上的不平等，即他们所关注的财富分配问题。因此，当代西方自由主义者，无论是左翼还是右翼实际上分享着同种的平等理论来源，面对着同种现实危机的挑战。所以，当柯亨直接介入对当代西方自由主义"平等"议题的争论时，实际上是处于一种被动的状态，即局限在他们所讨论的平等概念之内，而没有对这种平等本身的理论根源和他们之所以争论的现实原因进行批判。其实，马克思在对现代平等观进行批判时早已指出，这种平等是建立在市民社会的利己性基础之上，是建立在政治解放的基础之上，体现的是商品、货币和资本面前的平等。当代西方自由主义者之所以产生内部平等的争论，其现实的根源在于他们所共同维护的资本主义社会生产方式的危机。这也是本书之所以选择马克思对现代平等观批判的缘由之一。

第二，柯亨对马克思和马克思主义存在某种的误解或误读。首先，柯亨认为马克思和马克思主义对资本主义剥削的批判与自由主义共享了同样的价值基础，即自我所有。在他看来，马克思批判资本家对工人剥削不公正的根据是资本家占有了本属于工人的劳动时间，即"盗窃他人的劳动时间"①。马克思在《资本论》中的确如是说，但这只是马克思批判资本家剥削本质根本原因的外在表现。在本书第二章第三节，我们通过《资本论》的分析，可以看出马克思揭示了资本家剥削本质的根源在于生产资料与劳动者的分离，即生产资料私有制。也可以说，"剥削"这一概念在《资本论》中不仅是一个规范性概念，同时还是一个事实性概念。即使马克思的确共享了"自我所有"概念，但根据马克思对现代平等观抽象主体假设的批判②，"自我所有"在马克思那里并不是抽象的概念，所谓的"自我"和"所有"都是具体、现实的③。其次，柯亨认为，"马克思主义把物质的高度富足视为解决社会问题的办法，这是与马克思主义者不愿意与某些资产阶级的根本价值观彻底决裂有联系的"④。这是柯亨对马克思和马克思主义的误解，马克思和马克思主义不仅强调物质经济的发展，同时也强调通过革命对社会阶级结构进行变革。同时，强调经济发展根本上是为了同建立在生产资料私有制经济上的资产阶级价值观相决裂。最后，柯亨认为马克思和马克思主义之所以消解了平等、分配正义问题是由于他们坚持对实现社会富足的乐观主义，认为在物质稀缺的状态下，关键的不是平等、分配问题而是阶级斗争问题。我们认为柯亨的这种认识并不全面，因为在马克思看来，之所以分配平等的问题处于次要的位置，是由于它们在根本上从属于生产问题，即是由生产的程度、方式和性质所决定的。

---

① [英] G. A. 柯亨：《自我所有、自由和平等》，李朝晖译，东方出版社 2008 年版，第 166 页。

② 见本文第三章第一节。

③ 姚顺良认为诺齐克承认抽象"自我所有"的绝对权利，而柯亨虽然否定诺齐克"自我所有"的绝对权利，但他的理解和诺齐克是一致的。而"马克思反对抽象的'自我所有'概念和理论，主张对'自我'和'所有权'作具体的历史的分析，承认以劳动所有权为历史前提和法权形式的劳动力所有权。"（姚顺良：《〈资本论〉与"自我所有权"》，见《哲学基础理论研究》（第六辑），中国社会科学出版社 2014 年版，第 109 页）

④ [英] G. A. 柯亨：《自我所有、自由和平等》，李朝晖译，东方出版社 2008 年版，第 135 页。

第三，柯亨所谓的"社会主义机会平等"与共享原则很难在现实社会生活中得以实施。柯亨实际上是脱离社会物质的生产状况谈论平等问题，陷入了与自由主义关于平等概念的争论之中。一方面，柯亨寄望于人性的慷慨大方，以实现社会主义机会平等与共享原则。在他看来资产阶级所构造的社会是建立在其有效组织和管理人性自私的一面，既然市场不可避免，那么可以通过有效组织人性慷慨大方的一面。但如何组织，柯亨并没有给出答案。虽然他强调"野营旅行"可以推广至整个社会，但他默认了参与这种旅行的人都是健康的、同质的、才能互补的主体，他忽视了现实社会具有小孩和老人、男人和女人以及健康和残疾人之间的区分。这也是马克思批判现代平等观建立于抽象主体假设的重要方面。另一方面，他将实现社会主义机会平等的社会建立在"共有制"的基础之上，而这种"共有制"和马克思的"公有制"是有差别的；前者强调集体所有的形式，后者强调生产资料公有，但都通过统一的中央或政府组织形式加以控制。两者相比较，至少在现阶段，特别是社会主义初级阶段，这种"共有制"是不可能的，它是建立在国家消亡的基础之上。马克思是在把握人类历史发展规律的基础上，强调从按劳分配到按需分配的发展，即从社会主义初级阶段到共产主义阶段的转变；而柯亨的共有制结论是一种理论的设想，他也没有给出实际的历史可能性论证。除此之外，其共享原则强调"共同互惠"是很难在市场经济，特别是生产力发展不充分的条件下得以实现的，至少在物质匮乏的当下，人们很难做到彼此以服务为目的进行平等交换。

第四，柯亨对平等问题认识与批判时所运用的方法存在某些局限性。柯亨从一开始研究马克思主义就运用分析哲学的方法，这种方法是根源于逻辑实证主义，即试图通过逻辑与语言分析、数理推理等形式对复杂的理论进行明晰、准确的判断。在对诺齐克的批判中，柯亨就充分地运用了这种方法，并在其中发现了"自我所有权"这个命题的大前提。在对马克思关于平等的两个实证性论断进行分析时，柯亨也运用了同样的方法。通过这种方法，的确能使哲学，例如柯亨对平等问题的分析，更加明晰，但是同时也使理论的批判本身脱离了社会现实历史和思想史。柯亨在批判当代自由主义平等问题时，只是停留在他们所谓各种形式的平等的争议之中，并没有认识到他们所争论的"平等"对象本身就是一定历史阶段的产物，是在个人主义、理性主义和自由主义等基本价值基础上发展起来的价值观念。这种方法和马克思的历史唯物主义方法有本质的区别，后者认为平等作为一种价值观是一定社会历史发展的产物，其主体是具体现实的人，其形式是通过一定的政治法律制度得以实现的，其表达的是在社会中占统治地位的阶级的利益。柯亨在批判诺齐克时指出，诺齐克是在玩弄自由的概念游戏，殊不知其自身也在玩弄这种概念游戏。在这种由概念、命题、逻辑推理形式的理论争论中，往往会忽视理论的现实运用，所以柯亨对如何实行和实现他所谓的"社会主义机会平等"与共享原则问题，并没有作出具体的解答。这也使得他对社会主义平等的辩护仅仅停留在了道德的层面。

第三节　超越左与右："第三条道路"的平等诉求

在吉登斯看来，"'第三条道路'指的是一种思维框架或政策制定框架，它试图适应过去二三十年来这个天翻地覆的世界。这种'第三条道路'的意义在于：它试图超越老派的社会民主主义和新自由主义"①。虽然"第三条道路"的提出有其复杂的背景因素，但从价值的角度看，其主要目的就是为了修复社会民主主义的本源思想，即"一个自由和平等的人们的社会"②。其中与社会民主主义自身发展最为紧密联系的是对平等的认识。和自由主义不同，社会民主主义一直将平等视为自身得以存在的价值基础和目标。也和马

---

① ［英］吉登斯：《第三条道路：社会民主主义的复兴》，郑戈等译，北京大学出版社2000年版，第27页。
② ［德］托马斯·迈尔：《社会民主主义的转型：走向21世纪的社会民主党》，殷叙彝译，北京大学出版社2001年版，第7页。

克思主义不同,社会民主主义平等思想资源是多元的,其中主要源于在启蒙运动中得以确立的现代平等思想。在西方社会,特别是在"第三条道路"提出之前,平等是区分左、右派最为根本的标准。在20世纪,平等问题几乎是左派针对右派最为重要的武器。例如,以凯恩斯经济理论为基础的福利制度是"二战"后社会民主主义赢得在资本主义社会占主导地位的战略和思想基础,是对现代平等的一次现实救赎,虽然最终也陷入了困境和危机。而"第三条道路"的提出,一方面是对这种旧的福利制度或平等分配政策的反思,另一方面是针对以撒切尔和里根为代表的新自由主义因倡导放任自由市场经济导致的两极分化。在这个意义上,"第三道道路"实际上是以不同于当代自由主义者和马克思主义者的方式在对其本源思想,即现代平等进行救赎。吉登斯将"第三条道路"的这种平等诉求称为"包容性平等",既是对新自由主义机会均等的延伸,也是对传统社会民主主义平等分配政策的一种改良。虽然这条道路最终也以失败告终,但作为一种对现代平等的救赎,在今天仍值得我们去反思。

一、社会民主主义的转型与平等诉求

作为一种意识形态,社会民主主义在以往的历史发展中虽然总是"审时度势"地改变着自己的理论基础和政治策略,但是对现实平等的关注和价值诉求始终是其不变的部分。① 当然,其对平等价值本身的认识也并不是始终如一的,从社会民主主义所经历的三次重要转型看,其对平等的诉求经历了从最初通过议会斗争的形式争取平等政治权利,到以实行福利制度实现分配结果的平等,再到"第三条道路"的包容性平等的过程。这种不同平等诉求变化的背后反映了社会民主主义对马克思主义的疏远和对自由主义的不断妥

---

① 正如吉登斯所言,"对平等的追求已经成为所有社会民主主义者(包括英国工党)的主要关注点。"(吉登斯:《第三条道路:社会民主主义的复兴》,郑戈等译,北京大学出版社2000年版,第11页)

协。正如吉登斯在对"第三条道路"进行诠释时所强调的,这条道路是在共产主义(社会主义)崩溃,资本主义成为不可替代或唯一选择的当下所做出的。也就是说,"第三条道路"实际上致力于重建而非推翻资本主义社会,目的是为了使由自由主义所确立的资本主义社会显得更加平等。其实,社会民主主义历史的演变过程,本身就透视了其对平等的认识实际上是放弃了马克思所确立的唯物史观基础,而且对由自由主义最初所确立的现代平等进行一种修正,这也构成社会民主主义现代化的重要组成部分。

社会民主主义第一次重要转型是源于伯恩施坦对马克思和恩格斯所确立的科学社会主义的修正,这种修正一方面否定阶级革命的方式,强调通过争取议会选举平等权利的方式获得工人的解放。在《社会主义的前提和社会主义的任务》中,伯恩施坦再次强调自己的观点,即"运动就是一切"①。而所谓的运动是指为工人争取参与议会选举的平等权利。这是对《共产党宣言》强调通过阶级斗争取得无产阶级革命胜利理论最为直观的修正。另一方面放弃了唯物史观对社会主义的科学论证,而直接将由自由主义所确立的,诸如平等,提升为社会主义运动的根本目标和理论基础。在《什么是社会主义》中,伯恩施坦强调"自由主义是社会主义的初步",特别是赞扬了在法国革命中被确立的诸如个性自由、平等的人权宣言,即被其称为"作为世界观的自由主义的观念世界"②。可以说,伯恩施坦对社会民主主义的修正,使其对平等的认识不再是基于唯物史观之基础,而是转向了对自由主义确立的现代平等的接受;其实现平等的方式也由通过阶级革命的方式转向了和平争取议会选取平等权利的方式。实际上,马克思曾在批判拉萨尔等机会主义时就批判了这种观念,认为这是抽象的、旧社会的平等观念③。

社会民主主义第二次重要转型是发生在"二战"之后,这次转型则直接公开宣称以现代平等为核心的"公正"为社会民主党或工人党的理论基础和

---

① 殷叙彝编:《伯恩施坦文选》,中国人民大学出版社2008年版,第316页。
② 殷叙彝编:《伯恩施坦文选》,中国人民大学出版社2008年版,第458页。
③ 见本书第二章第二节的第三小节。

价值目标,并通过积极推进福利制度以实现分配结果的平等。社会民主主义在第一次重要转型后,就逐渐远离马克思主义,并强调了与列宁主义的区别。这使得欧洲部分社会民主党或工人党在"一战"至"二战"期间赢得了短暂的执政,但正如迈尔所揭示的那样,实际上社会民主主义处于一种矛盾的状态,即纲领的目标与政治实践的鸿沟以及并未兑现诸如自由、平等的诺言。① 直到"二战"后,特别是1951年社会党国际在法兰克福代表大会上通过了《民主社会主义的目标与任务》,将社会民主主义改称为"民主社会主义",其目的就是要将社会主义理解为民主制在社会各方面的实现,通过诸如自由、平等等价值观改造资本主义。当然,为了克服价值目标与政治实践的鸿沟,社会民主主义积极地推行福利制度,以实现社会,特别是经济方面的平等。因此,在20世纪60、70年代,社会民主主义政党在欧美赢得了广泛的支持,人们也因此将这一时期看作是社会民主主义的"黄金时代"。比较第一次重大转型,社会民主主义这次转型的显著特征在于企图在实践上通过福利制度实现社会平等。这种平等诉求实际上是在寻求结果的平等,是对自由主义所确立的现代形式平等在实质意义上的一次努力,但由于没有根本改变以生产资料私有制为基础的资本主义生产方式,因此这种平等诉求背后所实现的并不是社会主义制度,而仅仅是通过对现代平等在实践上的一次短暂救赎来实现资本主义社会的稳定。

一方面由于盲目地推行福利制度,加重了国家财政负担,同时也由于个体对国家的过度依赖,使得社会陷入疲软和经济危机状态;另一方面由于全球化的推进,以及与之相伴随的技术发展和生态问题,从而对西方资本主义社会造成了严峻的挑战。因此,在20世纪70年代中后期到90年代,以强调市场经济放任发展的新自由主义取代了社会民主主义,成为当时西方社会的主导力量。之后,由于东欧剧变和苏联社会主义的解体,使社会民主主义更加坚定应"大刀阔斧"地对自身进行改革。这就产生了所谓的"第三条道

---

① [德]托马斯·迈尔:《社会民主主义的转型:走向21世纪的社会民主党》,殷叙彝译,北京大学出版社2001年版,第14—17页。

路"。因此,"第三条道路"就是社会民主主义的第三次重要转型。这次转型使社会民主主义在 20 世纪末赢得了广泛的支持,或按吉登斯的说法是"社会民主主义的复兴"。

在布莱尔看来,"第三条道路"实际上是社会民主主义的现代化。这种现代化使社会民主主义对平等有了重新的认识,而这种认识是建立在一个根本前提之上,即要重新认识市场经济与国家福利制度之间的关系。也就是说,社会民主主义如果要复兴,一方面就得避免新自由主义所导致的两极分化,另一方面还要避免由于传统社会民主主义所践行的福利制度带来的消极影响。对此,布莱尔在其《第三条道路:新世纪的新政治》中首先阐述了作为中左政治("第三条道路")的核心价值观念,认为:"我们的使命是促进并协调四个价值观念,即个人价值平等、机会均等、责任和社会意识。"① 简单地说,其所提倡的是平等与责任的有机结合。在他看来,一个公正的社会是建立在每个人价值(包括能力)得到平等尊重的基础之上;机会平等不是新自由主义单纯认为的不受国家控制的个人自由,而强调社会或国家有责任为个人提供这种自由,但"并不意味要在提供福利和公共服务方面实行单调的一致"②。与此同时,布莱尔也强调这种平等是权利与义务的统一,机会不是贪婪和自私的,而是兼有相应责任的。并且,无论是自由还是平等价值的真正实现都离不开社会、政府的支持与保障。布莱尔对"第三条道路"平等的认识只是作了简单概述,而真正对这种平等观念进行详细阐述的是其思想导师,即吉登斯。

二、包容性平等:源自吉登斯的诠释

吉登斯是"第三条道路"理论基础和思想框架的重要阐述者,其观点主

---

① [英]托尼·布莱尔:《第三条道路:新世纪的新政治》,见陈林、林德山主编:《第三条道路:世纪之交的西方政治变革》,当代世界出版社 2000 年版,第 7 页。
② [英]托尼·布莱尔:《第三条道路:新世纪的新政治》,见陈林、林德山主编:《第三条道路:世纪之交的西方政治变革》,当代世界出版社 2000 年版,第 8 页。

要集中体现在《第三条道路:社会民主主义的复兴》和《第三条道路及其批评》两本书中。在其中,吉登斯将"第三条道路"的平等诉求诠释为"作为包容的平等"或"包容性的平等"。① 在吉登斯看来,这种包容性的平等是基于工业化社会结构发生深刻变化的基础上提出的。在他看来,20世纪70年代以来,大多数西方发达国家的平等问题并没有随着经济日益增长而减轻,反而正在加剧;虽然在诸如性别歧视、残疾人以及同性恋等群体等不平等问题上有所进步。但一方面随着全球化的发展,发达与发展国家之间的劳动力市场的流动,使得西方发达国家在就业机会上变得更少。同时,全球化的发展也使得以往根据平等区分的极左与极右的消失。另一方面随着知识经济,特别是技术的变革,对工人技术要求更高,这无论是在就业机会还是工资水平上都进一步加重了不平等。对于包容性平等的诉求还源于对生态问题深刻的认识,它要求改变无论是传统社会民主主义,还是新自由主义在经济上都坚持的那种"线性的现代化"② 发展模式或观念。此外,吉登斯认为随着苏联社会主义的失败,那种寻求结果的绝对平等或不惜一切的平均主义的平等也是不可能。为此,"平等问题必须得到全面而认真的思考"③。

  吉登斯对包容性平等的阐述首先是建立在对传统社会民主主义和新自由主义平等观念批判的基础之上。其一,在传统社会民主主义那里,平等问题的解决虽然受到重视,但无论是对平等概念的理解,还是实现平等的方式都存在局限性。在平等概念上,传统社会民主主义往往将注意力集中在通过再分配实现经济上的平等,而忽视了平等在其他各个领域的贯彻。例如,传统社会民主主义往往忽视了家庭民主平等的问题。在实现平等的方式上,传统社会民主主义主要通过福利制度以实现财富分配的平等,但往往忽视了财富

---

① [英]安东尼·吉登斯:《第三条道路:社会民主主义的复兴》,郑戈译,北京大学出版社2000年版,第74、108页。
② [英]安东尼·吉登斯:《第三条道路:社会民主主义的复兴》,郑戈译,北京大学出版社2000年版,第11、15页。
③ [英]安东尼·吉登斯:《第三条道路及其批评》,孙相东译,中共中央党校出版社2002年版,第87页。

的创造对实现平等的意义。也就是说，传统社会民主主义采取的是一种消极的福利制度，并没有重视弱势或贫困个体潜力的发挥和能力的发展。"比如，社会工程所留下的遗产就是衰败的、罪犯云集的贫民区。"① 其二，在新自由主义那里，平等问题不受重视，甚至如撒切尔那样是对不平等的认可。这是因为在他们看来，"平等主义的政策（特别是苏俄所遵循的那些政策）创造出一个单一的社会，而且，这些政策只能借助专制力量来推行"②。同时，在吉登斯看来，新自由主义所倡导的机会均等实质实质上是建立一个精英统治的社会，但这种平等模式是站不住脚的，因为"一个彻底的精英统治的社会将造成收入上的严重不平等，并因此而威胁社会的凝聚力"③。

在这种全球化背景以及对传统社会民主主义与新自由主义平等观念认识的基础上，吉登斯认为第三条道路或"社会民主党人不但必须修正他们追求平等的方法，还必须修正他们关于平等的概念"④。吉登斯将第三条道路对实现平等的方法修正为"积极福利"或"社会投资战略"，而对平等的概念的修正则诠释为"包容性"平等。前面我们已经大致论述这种包容性平等提出的社会和理论背景，接着我们将首先阐述这种包容性平等的内涵。

对包容性平等的理解首先是建立在对"包容"（inclusion）和"排斥"（exclusion）两个概念的认识上，而这两个概念正是为了回应工业化社会阶级结构产生的不平等问题所运用的重要工具。吉登斯认为，"在其最广泛的意义上，'包容性'意味着公民资格，意味着一个社会的所有成员不仅在形式上、而且在其生活的现实中所拥有的民事权利、政治权利以及相应的义务。

---

① ［英］安东尼·吉登斯：《第三条道路：社会民主主义的复兴》，郑戈译，北京大学出版社2000年版，第17页。
② ［英］安东尼·吉登斯：《第三条道路：社会民主主义的复兴》，郑戈译，北京大学出版社2000年版，第14页。
③ ［英］安东尼·吉登斯：《第三条道路：社会民主主义的复兴》，郑戈译，北京大学出版社2000年版，第105页。
④ ［英］安东尼·吉登斯：《第三条道路及其批评》，孙相东译，中共中央党校出版社2002年版，第87页。

它还意味着机会以及在公共空间中的参与"①。这意味着，包容性平等不仅强调平等的内容与形式的统一、权利与义务的统一，而且还强调个体能在机会均等的条件下运用这些平等的权利与义务。也就是说，包容性平等所追求的是一种真正能实现个体和社会发展的平等权利与义务。而"排斥性"则意味着不平等，"这一概念所涉及的不是社会等级的划分，而是把属于某些群体的人排除在社会之外的机制"②。吉登斯认为当代社会有两种排斥性不平等，一种对社会底层的排斥，即排斥了他们获取进入主流社会的机会；另一种是社会上层的排斥，即上层精英从社会公共社会中抽身而出。前者是被迫的，而后者多是自愿的。

在对这两种排斥性概念的分析中，实际上最终引申出的是对包容性平等内涵的理解。

其一，在对社会底层排斥性不平等的分析中，实际上反映了第三条道路所诉求的包容性平等是强调个人能力与平等的关系。传统的福利制度强调的是对底层需要的一味补偿，这实际上是对底层的隔离，只能导致持久和延续性的不平等，而不是让底层获取融入主流社会机会的方式。吉登斯认为有必要打破这种社会底层的排斥，因为它会导致贫困的恶性循环。最为直接的方法就是教育和培训，这是一种"可能性"机会的投资，它意在改变传统僵化的福利供给，而是通过提高个体的能力以获取进入主流社会的机会。当然，提高个体能力需要一个外在良好的环境，因此包容平等强调使个体"进入整个劳动行列"而非"工作"，进入再超越由劳动伦理支配的社会。同时，也强调不仅为没有工作能力的人提供基本生活需要，也要为人们提供多元的生活目标。③

---

① [英]安东尼·吉登斯：《第三条道路：社会民主主义的复兴》，郑戈译，北京大学出版社2000年版，第74、107页。
② [英]安东尼·吉登斯：《第三条道路：社会民主主义的复兴》，郑戈译，北京大学出版社2000年版，第108页。
③ [英]安东尼·吉登斯：《第三条道路：社会民主主义的复兴》，郑戈译，北京大学出版社2000年版，第114页。

其二，在对社会上层排斥性不平等的分析中，实际上反映了第三条道路所诉求的包容性平等是强调个体的责任意识与平等的关系。占有足够的资源是上层人士远离公共社会生活的必要条件，他们的这种排斥"不仅是对公共空间或社会团结的威胁，而且两者之间还存在着因果性的联系"①。这种上层排斥只能使社会公共空间不断被掏空，最终导致社会不平等，特别是经济不平等持续地扩大。为此，包容性平等所强调的是提高人们的责任意识。吉登斯认为培育世界性国家（cosmopolitan nation），使成员承认自己对共同体负有责任、"培育一种负责任的商业气质"② 以及推行一种包括富人在内的更多人口的福利制度等都是解决这种上层排斥性不平等的有效途径。简单地说，这种包容性平等所推行的是一种新的社会契约关系，即平等的权利与义务或责任的捆绑。③

当然，"第三条道路"的这种包容性平等的实现还依赖于对传统福利制度方式的重新认识和改善。一方面，"接受累进税制（progressive taxation）作为经济再分配手段的核心重要性"④，但同时需要正确地应对包括如何确定"富人"、放弃高累进税、避免政府浪费税收以及确定怎样帮助穷人等问题；另一方面，改变传统福利制度只关注谁是贫困者，而不关注为什么贫困的状况，即需要从整体改变传统的消极福利制度，推行积极福利制度。其一，改变传统福利制度机械"施舍"的思维方式，推行犹如美国新民主党人的口号，即"福利应提供应急之需，而不是施舍"⑤，强调对劳动力市场的改革和就业机会的创造。其二，实现"社会投资战略"，推行"尽可能投资人力资

---

① ［英］安东尼·吉登斯：《第三条道路：社会民主主义的复兴》，郑戈译，北京大学出版社2000年版，第109页。
② ［英］安东尼·吉登斯：《第三条道路：社会民主主义的复兴》，郑戈译，北京大学出版社2000年版，第111页。
③ ［英］安东尼·吉登斯：《第三条道路及其批评》，孙相东译，中共中央党校出版社2002年版，第108页。
④ ［英］安东尼·吉登斯：《第三条道路及其批评》，孙相东译，中共中央党校出版社2002年版，第98页。
⑤ ［英］安东尼·吉登斯：《第三条道路及其批评》，孙相东译，中共中央党校出版社2002年版，第108页。

本"的原则。例如，对待老年人问题上，不能简单地将老龄等同于能力丧失，废除那种固定年龄的退休政策。这意味着要灵活地投资养老金。又如，在对待失业问题上，不是像新自由主义者那样推行取消市场管制，而是积极投资人力资源。

总而言之，吉登斯认为面对全球化和知识经济的发展，平等作为社会民主主义现代化的"第三条道路"的核心价值观念和理论基础，既不同于新自由主义所强调的单纯的机会均等，也不是传统社会民主主义所追求的绝对结果平等。用吉登斯自己对第三条道路平等诉求的概述是，"它集中关注机会均等，并强调要机会均等同样要求经济再分配。它在努力回应不平等的多变模式的同时，又注意到影响不平等的多变因素。它认为，国家包括福利国家，不仅仅要对不平等和贫困作出反应，同时还要留意到相关个人和群体的生活环境"①。

三、一种反思与批判

虽然社会民主主义所奉行的"第三条道路"随着西方主要发达国家社会民主党或工党在21世纪执政中的失势也逐渐地淡出历史舞台，甚至吉登斯2015年4月在接受意大利《共和报》采访时所指出那样，即"第三条道路"已死，但社会民主主义作为一种社会思潮并没有因此而消失，它仍然在国际社会中有着重要的影响力。在我们看来，支撑他们持续存在的一个重要因素，就是关注现实社会的平等问题。从上面对社会民主主义三次重要转型的认识与分析中，我们亦可以看出其核心内容就是对平等不断重新认识。这是因为一方面在西方社会中，社会民主主义及其政党之所以能在由自由主义所确立的现代资本主义价值体系中生存，其重要武器就在于通过关注和强调平等以赢得群众的支持；另一方面社会民主主义一次次转型和失败的原因也在

---

① ［英］安东尼·吉登斯：《第三条道路及其批评》，孙相东译，中共中央党校出版社2002年版，第124页。

于自身所倡导或践行的平等观念和方式的局限性。即使"第三条道路"失败了，但正如吉登斯在接受采访时所强调的那样，是语境变了，而社会民主主义所坚持的诸如平等的价值并没有取消。他认为2008年的经济危机再次说明右派的自由放任市场模式是行不通的，他提醒人们要关注这些平等的价值目标在技术革命深刻发生的今天要寻求不同的实践策略。这意味着，我们仍然有必要去深刻地反思与批判社会民主主义对于平等的理解，这对于正在建设具有中国特色社会主义以及将平等纳入社会主义核心价值观的我们而言，更是如此。

"第三条道路"的平等诉求在实质意义上是社会民主主义平等价值观的现代化，其根本目的是为资本主义辩护，提供一种对资本主义社会不平等的暂时性修复。这种对平等价值理解已逐渐远离马克思唯物史观的基础，而植根于由自由主义在启蒙运动中所确立的现代平等之上。社会民主主义在经过伯恩施坦修正以后，其对平等的认识已经回归到由古典自由主义所确立的平等观中，这一思想在德国社会民主主义理论家迈尔那里得到的系统阐述，他认为，"社会民主主义把自己的本源思想，即它由之产生的那一关于一个自由和平等的人们的社会的理想，理解成近代自由主义的自由运动和启蒙时期的理想在历史上彻底的继续发展"①。

实际上，马克思早已对这种由自由主义在启蒙运动确立的现代平等观进行了批判，认为这种平等观的理论前提是抽象的主体假设，是建立在市场经济和私有制基础之上的形式、虚假的法权平等。因此，"第三条道路"在阐述其平等的主体时是不明确的，在积极福利中他们强调包括富人在内的福利，但在论述上层排斥时又专指富人之间的平等以避免"胜者通赢"。同时，我们在分析"第三条道路"平等观时也看到，这种平等诉求实际上是对传统社会民主主义所强调的分配结果的平等与新自由主义所强调的机会均等两者之间的一种折中。但对于后者，"第三条道路"仍然是强调在生产资料私有

---

① ［德］托马斯·迈尔：《社会民主主义的转型：走向21世纪的社会民主党》，殷叙彝译，北京大学出版社2001年版，第8页。

制基础上的机会均等。因此,"第三条道路"的平等诉求并未脱离现代平等的语境,即谁与谁的平等,何种平等?实质的不平等。

当然,"第三条道路"所追求的包容性平等有其合理和值得借鉴的方面。一方面,这种平等是建立在新的社会契约关系基础上,即强调权利与义务的统一、平等与责任的结合,这是对现代平等只强调自由权利平等的超越。马克思在批判现代平等观的利己性基础时,内在地指出了这点,即现代平等是建立在私有财产的基础之上,每个人的自由权利的平等是为了个体利益的实现,导致人与人之间的分离而不是结合。也就是说,一个稳定、联合的共同体是实现平等的前提。① 虽然吉登斯在论述这种平等时,所强调的责任主体更多的是指社会上层人士的责任意识,但是相比新自由主义所坚持的均等主义却是一种进步。另一方面,这种平等强调的是平等与能力的结合,让社会底层人士发挥潜能,以克服延续性或持久性的不平等。也就是说,平等也是实现人能力发展的重要条件。虽然自由主义强调机会均等的目的也是为了人的能力的发展,但是这种机会均等只能导致某些天赋、出身优越的个体的能力发展。在马克思对现代平等观的批判中,我们可以发现在资本主义社会中人人平等不是实现人的真正的解放,而是成了资本家剥削工人阶级的工具,而真正的平等是实现每个个体自由全面的发展。吉登斯在论述社会底层排斥时,特别指出阿玛蒂亚·森所提出的能力平等是包容性平等的出发点。虽然这种能力更多地倾向于底层或边缘人士能力的发挥,但总体上这种平等的诉求要比新自由主义强调机会均等以及传统社会民主主义所强调的结果平等显得更为合理。

与此同时,我们也要认清和批判这种包容性平等的不足或局限性:

其一,在马克思看来,在阶级社会中,平等作为一种上层建筑所反映的是当时占统治地位的阶级利益。"第三条道路"的这种平等诉求实际上反映的是西方社会民主主义及其相关政党的利益。这种包容性平等在最初提出

---

① 见本文第三章第二节的第三小节"社会共同体:实现自由平等的前提条件"。

时，最为直接的目的就是为了使社会民主党或工党获得更多的选票。然而，在这些政党真正成为执政党的时候，这些平等的价值目标和措施并不都能如实地被执行。例如，在以布莱尔为代表的英国工党再次执政时，"第三条道路"的概念就几乎不被使用。虽然它提出的包容性平等试图在市场经济与福利制度之间实现某种平衡，但在现实中市场经济的复杂因素远远超乎人的认知，特别是在社会生产资料仍然保持私有制前提下，政府对市场经济监督和调节的有效性将大大降低。而对于福利制度从消极向积极的转变本身是好的取向，但是这种转变不是单纯政府的"一厢情愿"就能完成，它本身还依赖于社会众多个体的主观选择和努力。正如吉登斯在宣布"第三条道路"已死的同时，意识到技术变革对现代社会的影响，他也疑惑当代人，特别是政治领袖对这种变革到底了解多少。

其二，在吉登斯看来，"第三条道路"包容性平等是建立在社会主义衰落，而资本主义成为唯一选择的前提下的。他认为，"在马克思看来，社会主义的兴衰取决于它能否创造出这样一个社会的能力：与资本主义社会相比，这个社会能够生产出更多的物质财富，并且能够以更加公平的方式来分配这些财富。如果说社会主义现在衰落了，则正是由于这些主张落空了"①。这实际上是对马克思的误解，因为马克思并不认为社会主义优越于资本主义能创造出更多的社会财富。马克思所批判的是资本主义这种生产方式所造成的人的异化结果。通过马克思对现代平等的批判，我们意识到真正平等的实现离不开真正的联合体。这种真正的联合体依赖于生产力的高度发展，劳动成为人的第一需要；同时还在于将实现这种人的自由、平等的条件控制在联合体之下，使人的自由平等发展不是偶然的。② 对此，马克思认为资本主义社会是一个"虚幻的共同体"，是不可能实现人的真正平等的。另一方面，吉登斯认为，"包容性这一概念的涉及面必须超越于劳动之外。这不仅是因

---

① [英]安东尼·吉登斯：《第三条道路：社会民主主义的复兴》，郑戈译，北京大学出版社2000年版，第4页。
② 见本书第三章第二节的第三小节"社会共同体：实现自由平等的前提条件"。

为：许多人在自己一生中的某段时间不能进入劳动力行列，而且还因为：一个完全受劳动伦理支配的社会必定是缺乏生活吸引力的"①。这是对劳动的狭隘理解，实际上正如前面马克思所揭示的那样，在实现人类真正联合的时候，人的劳动并没有被消除，反而成了人的第一需要；因为这时劳动不仅仅是为了满足基本生存的需要，也是为了满足自身兴趣或发展的需要。也只有在那时，人才能因为劳动而体现出真正平等自由的发展。

---

① ［英］安东尼·吉登斯：《第三条道路：社会民主主义的复兴》，郑戈译，北京大学出版社2000年版，第114页。

第五章　对当代中国"平等"建构的启发

当代中国正在积极构建社会主义现代性，这种现代性是在反思和批判由资本主义所主导的西方现代性的基础之上形成的。相对而言，平等是这种现代性构建的主要特征和重要内容。马克思基于唯物史观，在把握人类历史发展规律的基础上，通过批判现代社会生产方式，揭示了现代平等的实质，对平等做出了一种超越性的理解。这种批判和理解对于当前中国特色社会主义核心价值观之平等观念的建构与践行具有重要的意义。

第一节　社会主义核心价值观之平等观念

现代平等观产生的最初意义在于废除封建的等级专制，使人具有平等参与政治及公共事务的权利，它也使人彼此视对方为平等的主体而发生社会关系。这是现代资本主义社会对平等的最初理解，但是在面对现代发展的不平等结果时，当代西方学者已自觉地重新思考对平等的这种最初认识。同样，对于一个也早已结束封建专制统治，实行社会主义制度的中国而言，所形成的平等问题意识是否和当代西方学者对现代平等的反思一致？如果不一致，我们当前又在什么意义上将平等纳入社会主义核心价值观的建设之中？这种作为社会主义核心价值观建设的平等又与西方社会的平等观有何异同？本章将尝试对这些问题展开思考和回答，以明晰对社会主义核心价值观之平等观念的认识。

一、平等的当代中国语境和问题意识

当前，国内学者在论述平等观时，或多或少是以当代西方学者关于正义、平等的阐述为理论背景，但笔者认为我们不能简单地以此思考当下中国的平等问题。这是因为当下西方学者讨论平等的语境与中国自身所能形成的"平等"的话语语境有所差异。现代平等观念最初产生于西方国家，在当代其之所以再次成为西方学者关注和争论的对象，主要由于在现代性发展过程中出现了诸多的困境，特别是社会经济不平等问题，挑战着西方社会和国家的稳定性。对此，正如上一章已说明的，罗尔斯通过寻求正义原则以建构良序合作社会，他相信在这种自由而平等人的理念的设计中，人们会达成某种"公共理性"以实现社会稳定。当然，他们争论的焦点是如何解决社会经济不平等的问题，即贫富差距问题。罗尔斯的"差别原则"某种意义上开启了当代西方学者对这个问题的新思考和争论。也就是说，平等在当代西方学者那里的语境是面对现代性所产生的危机，是对现代性的一种质疑或批判的状态。其直接的目的是维护以现代价值观念为指导原则和目的的民主制度。同时，也为了完善以自由竞争、实现个体利益为目标的市场经济体系。因此，在这种语境中，他们所形成的平等的问题意识主要是阿玛蒂亚·森所提出的"什么的平等？"（equality of what?）以及在经济领域中关于分配平等的问题。对于前者，形成了基本善、能力、资源以及经济收入等方面平等的争议；对于后者，主要形成了模式化分配与非模式化分配两种观点。

如果以西方这种关于平等讨论的语境和问题意识来看待中国当前的平等问题，无疑会产生一些偏差。例如，以罗尔斯公平的正义理论反思和批判当前中国自由与平等矛盾问题时，如果仅仅从社会正义制度的角度分析和解决两者的矛盾，未免会使问题简单化。因为，影响当前中国自由与平等两者关系变化的还应当涉及当前中国生产力发展水平、中国传统文化，特别是家庭本位价值观念以及传统的户籍制度等诸多复杂因素。又如，市场经济条件下，西方学者当前所形成的争论是政府是否应该通过相关的再分配政策以解决收入不平等问题，而这个问题在坚持以公有制为基础的中国可能就不是富有争议，至少不是首要的问题。简而言之，我们不能简单地将当代西方学者所讨论的平等观念，直接用以分析中国平等问题。在马克思看来，平等作为一种价值观念，往往是由特定的社会存在所决定的。那么，平等作为一种理论话语，在当代中国的语境和问题意识到底是什么？

形成现代平等话语的中国语境比西方更为复杂，这是因为现代性或现代化过程对于西方和东方国家来说，是一个不平衡的生成和发展过程。作为一个具有深厚独特传统文化的中国而言，现代性从一开始就在西方现代国家和自身传统之间不断磨合中推进。总体而言，当前中国对现代性的态度是"纠结"的和既肯定又批判的。从社会事实的角度看，当前中国正在积极推进现代化的过程，正在完成构成现代性各种要素的过程。但从理论上看，学界更多地则体现为对现代性的反思和批判，其主要内容基本上是西方国家已经发生的现代性要素，即使在马克思主义理论下所形成的现代性批判话语的对象或状况基本上，也曾经是被西方学者所描述和批判的对象。对此，有个疑问，即当前国内学者所热衷反思或批判的现代性是指西方已经发生的现代性，还是中国当下正在生成的现代性？同作为现代性，两者有其相同之处，但也有其不同因素。笔者认为，两者最主要的不同是：一方面中国是通过社会主义制度——与西方现代性所主导的资本主义制度相对立——的形式推行现代性。例如，在当下中国所推行的是社会主义市场经济；其平等观还来源于马克思及其社会主义价值观。因此，正如有学者所指出的"中国现代性是通过中国特色社会主义来建构和生成的，生成着的是社会主义现代性"[1]。另一方面中国传统文化深刻地影响着中国人的生活、思维方式，而这种文化明显不同于西方的古希腊和基督教文化传统。就平等观而言，有学者已充分考

---

[1] 吴向东：《重构现代性：当代社会主义价值观研究》（修订版），北京师范大学出版社2009年版，第4页。

察了中国古代传统中的平等观念是如何转化为中国现代的平等观。① 也就是说，平等话语的当代中国语境不是单纯地体现为西方的现代性，还应当包含平等观念在中国古代到近现代的演变、转化过程。

在不同的语境下，当代中国所存在的平等问题也与当代西方有所不同。当代西方学者所形成的平等问题意识主要是"什么的平等？"从罗尔斯、诺齐克、德沃金、哈耶克、沃尔泽等思想家关于平等的不同观点中可窥见一斑。在森看来这个问题和"为什么要平等？"一同构成了现代平等问题的实质，虽然后者服从于前者的回答。我们认为森对当代西方学者关于平等争论所作出的关于这两个问题的概述是合理的。但实际上，对"为什么要平等？"这个问题的回答是现代平等观产生的前提。关于这个问题的回答已经在古典自由主义学者，例如洛克、霍布斯、卢梭等那里得到了很好的说明。② 从现实历史发展的角度看亦是如此。现代人们首先关注的问题也是"为什么要平等？"因为对这个问题的回答直接关涉着现代社会和国家产生的合理性根据。而对于"什么的平等？"的问题，只有在现代性发展过程中出现了困境时才凸显出来。当代西方学者关于分配平等问题的争论，其实就是因为现代性发展所导致的经济不平等问题所引发的。

也就是说，在现代性发展过程中，平等观念首先所面对的是"为什么要平等？"的问题，而之后才逐渐提出"什么的平等？"的问题。从这个观点出发，我们可知对于正处在不断推进或在行为上肯定现代性的当代中国而言，其所形成的平等话语所要解决的问题首先应当是"为什么要平等？"此外，由于中国在实现现代性过程中所采取的是社会主义形式，其推行的是社会主义市场经济体系，这和当代西方学者面对市场经济发展导致的经济不平等现

---

① 高瑞泉：《平等观念史论略》，上海人民出版社2011年版。高先生在这本书已非常详细地考察了平等作为一种观念是如何从中国古代转化为现代观念的，其中分别论述了中国古代儒家、墨家、道家以及佛家的平等观，认为这种平等观念总体是以"相同性"为基础的平等。而在中国近代知识分子，例如康有为、谭嗣同、章太炎、陈独秀、孙中山、毛泽东等那里，在逐渐开启的中国现代性过程中，则有意识地批判性继承了中国古代这种平等观。

② 见本书第一章第一节。

象所产生的关于分配平等问题争论有所不同。由此,当代中国在面对同样的贫富差距问题时,在理论上对关于"什么的平等?"问题的回答就有所区别。在明确了平等观在当代中国的问题意识后,接下来笔者将依次解答这两个问题。

二、平等何以成为社会主义核心价值观

当前中国提出建设社会主义核心价值观,这是"中国特色社会主义的自我理解与自我建构"①。其中,将"平等"纳入社会主义核心价值观建设,亦是对当下平等的中国语境和问题意识的自我认识与解答。对于一个正在积极建构社会主义现代性的当代中国而言,我们首先要明白为什么将平等纳入当前中国的社会主义核心价值观建设之中?

(一) 平等的核心价值意蕴

作为一种价值观念,平等体现的是人与人之间的社会关系,它是其他价值观念的重要基础。要理解平等的价值意蕴,首先有必要弄清楚何谓价值和价值观。在传统主流价值概念理解中,一般将价值界定为主体与客体之间的某种关系。笔者认为这种界定实际上忽视了人本身存在的价值,即很难理解人自身作为目的的存在。也就是说,要理解价值,首先要明白人是怎样的一种存在,因为毕竟价值是属人的价值。在马克思看来,人是一种具有自我意识、从事社会实践活动的存在物;在本质上"它是一切社会关系的总和"。换言之,人的存在不是一种单纯的需要被满足的存在。因此,马克思认为,"平等是人在实践领域中对自身的意识,也就是人意识到别人是和自己平等的人,人把别人当作同自己平等的人来对待"②。由此,我们可知平等观实际上体现的是人与人在现实实践活动中所发生的一种相互对等的关系。而价值

---

① 吴向东:《社会主义核心价值观的若干重大问题》,载《北京师范大学学报(社会科学版)》,2015年第1期。

② 《马克思恩格斯文集》第1卷,人民出版社2009年,第264页。

观是作为对价值的根本看法和意识的总体反映，包括了个体和共同体价值观。但无论是个体价值观还是共同体价值观，它们都是在人作为一种社会存在的实践活动中产生的，反映的是人在社会关系基础上的价值。可见，作为处理人与人之间关系的平等观念，足以构成其他价值观的基础。例如，平等是实现自由的重要前提和条件。根据伯林对自由的界定，即体现为不受他人干预或强制做自己意愿的事的消极自由和能以主体的身份做自己想做的事的积极自由。不管是消极自由还是积极自由，要使它们成为可能都不仅仅是个体单纯的事，还涉及与他人的关系。然而，只有在平等关系中，这两种自由才可能实现。又如，平等是民主的核心内容。这是因为民主是针对专制而言的，其根本特征就是改变少数人特权的统治，一方面使统治通过公开、平等的方式或原则得以实现；另一方面依靠法律赋予人民的平等权利来保障其实施。当然，平等还是博爱、正义、法治等其他价值观题中应有之义。简而言之，平等观在整个价值观体系中具有基础性的地位。

作为一种价值观念，平等在现代文明和社会价值秩序的生成中具有重要的意义和地位。相对传统文明而言，现代文明体现的是一种建立在自然科学发展基础之上的工业化文明，以商品的大量生产和普遍交换为主要特征。马克思通过对现代资本主义生产方式的揭示，深刻说明了现代平等观念是如何在商品交换价值基础之上产生的。① 在这个意义上，现代平等观念的产生促使人摆脱了"对人的依赖"关系，使人与人之间不断地实现普遍交往，推动着世界历史的形成。在萨托利看来，"平等首先突出表现为一种抗议性理想，实际上是和自由一样杰出的抗议性理想"②。因为这种"抗议性理想"推动着社会政治制度从封建专制向社会民主的转变，这也使得现代国家获得能持久存在的合理性或合法性基础。因此，在现代性之初，西方民主国家就将平等和自由、博爱等价值观念写入宪法，这意味着平等已成为现代社会普遍的规范性原则，是现代社会价值秩序中不可或缺的价值观念。简言之，现代性

---

① 见本书第二章第三节。
② ［美］乔万尼·萨托利：《民主新论》，冯克利译，上海人民出版社2009年，第337页。

的发展，无论是经济、政治，还是文化方面，都离不开平等观念。这意味着当代中国正在进行的社会主义现代性建设同样离不开平等观念的规范性作用。

在社会主义核心价值观中，平等与其他价值观念有着直接的内在关系，对其他价值观的实现具有重要的意义。将平等和自由、公正与法治列为社会主义核心价值观是社会价值方面的诉求，一方面体现了社会规范对个人行为、不同个体关系的作用，目的是形成良序合作的社会，为社会中个人的发展提供和谐的社会环境；另一方面体现了国家权力对社会公共领域的治理目标，目的是有效地贯彻社会制度和计划，以实现广大人民群众的意志表达和利益诉求。其中，自由体现为个体在社会中的自由，而平等为此设定了界限，使自由不能成为侵犯他人的权利，亦使自由不成为人与人之间分离的权利。公正体现为社会规则对同等群体、个人的一致对待，意味着平等本身就蕴含在公正之中，是公正的基础。而法治体现为国家通过法律方式规范社会行为，其基本精神就是"法律面前人人平等"，且规定了人们在政治、资源、教育等方面的权利平等。可见，社会主义核心价值观离不开平等价值观，它不仅是对其他价值观的合理实现具有重要意义，同时也是国家、社会和个人稳定、正当、有尊严地运行和生活的基础。

（二）平等是社会主义的价值本质和内在要求

平等是社会主义区别于资本主义的重要标志。社会主义最初是以空想社会主义形式出现，是始于对资本主义及其主导的现代性的批判。这种批判的焦点是社会不平等，即资本家对工人的剥削。其最终目的是实现一个人人平等的社会，例如摩尔的"乌托邦"、康帕内拉的"太阳城"、傅立叶的"新工业世界"以及欧文的"新道德世界"等。马克思及其科学社会主义虽然批判他们这种空想的平等，而将社会主义的实现建立在革命的基础之上，但平等仍然是科学社会主义的重要维度。一方面它体现为通过共产主义运动废除社会不同阶级的存在，使劳动实现平等；另一方面通过废除资本主义生产资料私有制，在继承其生产力高度发展的基础上实现社会财富不断地涌现，使得平等"不仅仅在国家的领域中实行，它还应当是实际的，还应当在社会、经济领域中实行"①。在社会主义之后的演变中，包括社会民主主义、生态社会主义、女权主义社会主义以及市场社会主义等虽然都背离了科学社会主义，但在价值观上仍然突出了平等的重要意义。当然，资本主义或自由主义也强调平等，但在社会主义者看来这种平等仅仅是形式平等，平等仅仅成为实现个人利益的工具，而非实现人的目的本身。

在坚持马克思主义原则下，中国继承了科学社会主义的平等观。由马克思、恩格斯所确立的科学社会主义是建立在唯物史观和剩余价值学说的基础之上，一方面使平等不是成为空想社会主义者所描述的空想结果或理想目的，而是通过现实的革命确立社会主义制度，在发展生产力的基础上使社会从"按劳分配"向"按需分配"转变，最终实现"现实的人"的差异性平等。② 另一方面使平等不再是资本主义市民社会成员实现利己性目的的工具，而是以生产资料公有制的形式，通过自由联合的方式控制与调节人与自然之间的物质变换，使平等不是成为人与人分离的权利，而是促使每个人自由全面发展、人与人自由的联合。简而言之，平等作为科学社会主义的主要价值维度，实现了工具性与目的性的统一。中国特色社会主义继承了科学社会主义的平等观，一方面通过社会主义革命推翻了帝国主义、封建主义和官僚资本主义，最终确立了社会主义制度，使生产资料实现了公有制，消灭了剥削阶级，使平等成为最广大人民群众的权利。另一方面明确了当前中国仍处于社会主义初级阶段，只能通过改革开放，完善社会主义市场经济，使平等的范围从政治、经济、社会等领域不断地扩展。

由于当前中国处于社会主义初级阶段，在物质匮乏的条件下平等处于一种不充分的状态，因此将平等纳入核心价值观建设中，是符合社会主义发展的内在要求的。在价值观念上，人们对社会主义平等观的认识存在某些偏差，例如将平等等同于平均主义。在中国社会主义建设初期，由于狭隘地理

---

① 《马克思恩格斯文集》第9卷，人民出版社2009年版，第112页。
② 见本书第三章第三节。

解平等的内涵，将平等等同于平均主义，使人的积极能动性受到极大的限制，影响了社会生产。在马克思看来，社会主义初级阶段，实行按劳分配实际上并没有真正实现平等，例如每个个体和家庭成员存在着差异，因此"权利不平等"反而是社会主义在初级阶段发展过程中所必要的。在社会事实上，由于实行市场经济，一定程度上使得贫富差距现象存在，由此伴随着诸如教育资源、医疗卫生、性别等方面的不平等，特别是在东西地域、城乡之间表现特别明显。对此，邓小平首先对"什么是社会主义？"进行了深刻的认识，认为"贫穷不是社会主义，社会主义要消灭贫穷"[1]。由此，提出"社会主义的本质，是解放生产力，发展生产力，消灭剥削，消除两极分化，最终达到共同富裕"[2]。一方面，邓小平抓住了实现社会主义真正平等的条件，即解放生产力，发展生产力。只有在生产力高度发展的基础上，人才能从对物的依赖关系中解放出来，才能"消灭剥削"和"消除两极分化"。另一方面，邓小平也抓住了社会主义的价值本质，即"最终达到共同富裕"。因此，当前中国实行社会主义市场经济内在蕴含着社会主义平等的实现。可见，在价值观念的认识和社会事实存在的矛盾上看，我们都有必要将平等纳入社会主义核心价值观建设中，因为它从根本意义上体现和满足了社会主义的本质与内在要求。

（三）平等：中国传统文化与社会主义的契合

中国特色社会主义理论是在继承马克思主义和中国传统文化的基础上形成的。其中，这两种思想资源中的价值观念的有机结合是形成当代社会主义核心价值观建设的主要根据。平等之所以被纳入当代中国社会主义核心价值观之中，其主要原因是平等本身在中国传统文化中具有重要的意义，是构成中华文明的重要精神元素。同时，在中国开启现代性，中国近代知识分子试图使中国传统中的这一平等元素实现现代性转化。而在与西方诸种思潮的碰撞中，社会主义平等观与中国传统文化中的平等观念实现了某种契合，最终

---

[1]《邓小平文选》第3卷，人民出版社1993年版，第261页。
[2]《邓小平文选》第3卷，人民出版社1993年版，第373页。

使平等成为中国特色社会主义核心价值观建设的重要组成部分。

中国古代平等观与西方传统平等观具有相似之处，它们始终是建立在小农经济基础之上的等级平等观，即基于人的"相同性"的相对平等。① 例如，作为中国传统主流文化的儒家思想就坚信人"性"的相同性。例如，孟子强调人性皆善，所以"尧舜与人同耳"②。这种思想影响了后代儒生，王门后学泰州学派就指出"见满街都是圣人"③。此外，其他各家④也都持有基于人的某种相同性的平等观念。虽然如此，但对于整个中国古代社会而言，他们都不承认现代所谓的政治权利平等。与此相反，在儒家礼教的影响下，"三纲五常"无疑是中国传统社会中一以贯之的核心价值观念，它始终强调"尊卑亲疏"，体现出君臣、父子、夫妇之间的等级关系。这是因为在生产力低下的传统社会，人与人之间并没有形成普遍的交换关系，而是体现为"人的依赖关系"的形式。

然而，比较西方传统平等观念，中国传统文化中的平等观念还有其独特之处，并深刻影响着中国人的思维方式。其一，在经济上强调"均贫富，无贵贱"的思想，正如孔子所言："丘也闻有国有家者，不患寡而患不均，不患贫而患不安。盖均无贫，和无寡，安无倾。"⑤ 这种经济上的平均主义带动着中国封建时期历代的农民起义，最为典型的例子就是清末的太平天国运动，他们在《天朝田亩制度》中提出了按人口平均分配田地的思想，试图实现"有田同耕，有饭同吃，有衣同穿，有钱同使，无处不均匀，无处不饱暖"的理想社会。其二，在教育上提出了"有教无类"的思想，促成了中国后来的"科举制度"，开启了中国古代不同等级之间流动的可能性。对此，

---

① 见本书第一章第一节。
② 《孟子·离娄下》。
③ 《王阳明全集》，上海古籍出版社1992年版，第116页。
④ 墨家一方面强调"尚贤"，即不分门第、贫贱、亲疏等以用人；另一方面强调"兼爱"，即"天下之人皆相爱，强不执弱、众不劫寡，贵不敖贱，诈不欺愚。"（《兼爱中》）法家基于人性皆恶的基础，提出法律普遍效用，即"刑无等级"。道家从自然或道的角度出发，认为人与物无差别，庄子言"以道观之，物无贵贱""万物一齐，孰短孰长？"（《秋水》）
⑤ 《论语·季氏》。

康有为在《大同书》中认为中国古代是没有阶级的,即"孔子首扫阶级之制,讥世卿,立大夫不世爵、士无世官之义。经秦汉灭封建后,贵族扫尽,人人平等,皆为齐民"①。其三,在社会理想上提出以平等为核心的"大同"思想。《礼记·礼运》最早提出了这种思想,即"大道之行也,天下为公,选贤与能,讲信修睦……是故,谋闭而不兴,盗窃乱贼而不作,故外户而不闭,是谓大同。"在近代,中国知识分子面对救亡图存时,试图通过各种途径实现这种理想社会。因此,有学者指出:"与社会主义和共产主义最为接近的是古老的'大同'理想。"②

中国近代知识分子在学习西方的同时,则有意识地将中国传统文化中的这些平等观念与其相融合,实现某种现代性的转化。但无论是在戊戌变法还是辛亥革命中,都没有掌握实现社会平等的要义。戊戌变法的代表康有为在《大同书》中首先继承了古代基于相同性的平等观念,只是将这种相同性由人的内在性转移至外在规定,认为世人都是"天民",即"人皆为天所生"。这类似于西方的"天赋人权"以此否定古代的三纲。其次,继承了经济平均主义的思想,其所要达成的大同世界是"太平世人无私家、无私室、无私产",这与社会主义公有制经济有几分类似。最后,整本书实际上是对《礼运》大同思想的现代改写,结合《春秋公羊传》的"三世说",借用西方的进化论思想,通过去家界、去国界、去产界、去乱界以及去苦界等,最终实现"太平世"。又如,辛亥革命孙中山所坚持的"三民主义",继承了中国古代的大同思想,认为民生主义就是大同主义。三民主义的核心就是平等,"民族主义即世界人类各族平等""民权主义即人人平等""民生主义,即贫富均等"③。除此之外,还有诸如谭嗣同的《仁学》、章太炎的《〈齐物论〉

---

① 康有为:《大同书》,姜义华、张荣华编译,中国人民大学出版社 2010 年版,第 60—61 页。

② 张曙光:《价值理想与现实实践——中国社会主义的矛盾运动》,载《北京师范大学学报(社会科学版)》,2015 年第 1 期。

③ 孙中山:《欲改造新国家当实行三民主义》,见《中山丛书》第 3 集,新民书局 1927 年版,第 73—74 页。

释》、梁启超的《卢梭学案》、刘师培的《中国民约精义》等都蕴含着试图使中国传统中平等观念转化为西方现代的平等观念。正如有学者指出的,"近代以来中国社会所经历的深刻革命,某种意义上是'平等'价值的胜利"①。虽然某种意义上,这些中国近代知识分子都在理论上实现了平等观的现代转化,使相对平等转向权利平等,但无论是戊戌变法还是辛亥革命都没有在现实中使这种现代普遍的权利平等得以实现。这一方面是因为当时中国整个社会经济落后,面临着民族、政治、经济、社会等诸多方面的不平等,资产阶级的软弱性无以对抗强大的帝国主义和封建主义的剥削与压迫;另一方面则是他们都没有真正意识到实现社会平等的力量在于彻底的革命,在于联系广大人民群众而非单纯的精英或军事运动。

在新文化运动之后,特别是以平等为重要标志的社会主义思潮在中国的广泛传播,使其与中国传统文化的平等观念实现了某种契合,最终被人民群众所接受。面对改良派和革命派的受挫,中国近代知识分子开始反思为何学习西方仍然失败。最初,以陈独秀为代表的"新青年"则是在直接批判中国传统文化相对平等的基础上,取而代之宣称西方的民主和科学。他们直接用西方的平等观念批判中国传统文化中的"三纲五常"、男尊女卑观念。例如,他们当时集中讨论的"娜拉出走"问题,虽然陈独秀、胡适、鲁迅等对此有不同的解释,但都赞同和主张男女平等。五四运动之后,随着社会主义思潮的广泛传播,人们开始意识到这种思潮是建立在对资本主义及其价值观批判的基础上。这刚好附和了当时这些知识分子对借鉴西方现代思想仍旧失败而产生的反思。在唯物史观的影响下,一些知识分子开始逐渐意识到所有社会平等问题的解决依赖于经济这一基础。例如,陈独秀在论述男女平等问题时,就不再像以前那样进行一般的论述,而是将此纳入社会主义理论之中,认为妇女解放的问题在于经济问题。② 此外,通过唯物史观,包括毛泽东等

---

① 高瑞泉:《中国现代精神传统:中国的现代性观念谱系》,上海古籍出版社2005年版,第222页。

② 《陈独秀著作选》第2卷,上海人民出版社1993年版,第268—270页。

第一批中共党员认识到发动广大人民群众进行彻底革命对于实现社会平等的必要性。同时，马克思及其社会主义本身强调的生产资料公有制也与中国人所一直向往的"大同"理想，即"天下为公"相契合。中国共产党领导广大人民群众通过社会主义革命最终推翻了封建主义、帝国主义和官僚资本主义，也使得社会主义平等观逐渐融入中华文化之中。虽然在社会主义建设初期由于急于求成，将平等狭隘地等同于平均主义，但随着改革开放，在对马克思及其社会主义平等观不断深刻理解的基础上，逐渐地摆脱了这种平均主义的错误观念。因此，当前我们将平等纳入社会主义核心价值观建设之中，其重要目的之一就是重新正确理解社会主义平等内涵，避免将其等同于平均主义。

简而言之，将平等纳入当前中国的社会主义核心价值观建设之中，一方面是为了应对全球化、世界历史逐渐形成过程中所带来的多元价值的冲突，坚持用以超越资本主义的社会主义形式建构现代平等观念，以形成合理的现代文明和社会价值秩序；另一方面是为了克服现代性发展中已经产生和将来可能出现的各种困境，在继承中国传统文化合理因素的基础上，建设中国特色的社会主义，以实现平等、和谐的社会。

三、平等作为社会主义核心价值观的内涵

由上文可知，平等观的当代中国语境主要是指当前中国正处于构建社会主义现代性之中。具体而言，这种语境体现为两个重要方面：一是中国实行的是社会主义制度，这种制度是马克思主义理论在不断的历史实践中与中国具体国情相结合的产物；二是中国正处于努力构建现代性时期，意味着整个社会生产力并没有充分涌现，即处于社会主义初级阶段。这决定了作为社会主义核心价值观的平等，一方面在现实中具有不充分性，即没有完全实现真正的平等，在社会现实中不免存在诸多不平等问题。这意味着这种平等观也需要在某些方面分享现当代西方社会的平等观，例如在市场经济中强调机会

平等。另一方面具有理想的指导性，这种理想的指导性是建立在生产资料公有制基础上，其最终目的是实现每个人自由全面的发展。在此基础上，我们认为作为社会主义核心价值观的平等在内涵上应有以下基本特征：

其一，强调共享与发展的统一。我们认为作为社会主义核心价值观的平等所强调的"共享"，是指让广大人民群众共享社会发展的成果，最终实现"共同富裕"。之所以强调"共享"，一是由以生产资料公有制为基础的社会主义经济制度决定的。这种经济制度实现了劳动者与生产资料的结合，即避免了劳动成果为少数占有生产资料的人所垄断。二是由于我们实行人民民主专政，人民是国家的主人。这意味着，作为社会主义核心价值观的平等的主体亦是广大人民群众。这种主体的广泛性意味着共享的必要性和可能性。这种"共享"的特征，使平等作为社会主义核心价值观区别于西方社会平等观，实现了劳动成果为劳动者所享有。这是因为，在马克思看来，生产资料私有制是现代平等观产生的物质基础，这种平等在流通领域显示了不同主体之间的平等交换，但在生产领域真正显示了这种平等的虚假性，即资本家要求对劳动力的平等剥削。当然，这种"共享"不是平均分配劳动成果，而是建立在尊重现实劳动者劳动能力及其发挥程度差异的基础上，在现阶段我们特别强调共享良好的社会资源、社会环境以及社会条件等。然而，保证平等共享实现的一个重要前提，即发展。作为社会主义核心价值观的平等，强调经济发展对平等实现的意义。这种意义主要体现为发展为平等提供了物质基础，扩大了"共享"的广泛性。在马克思看来，只有在社会生产力不断涌现的条件下，劳动才成为人的第一需要，这时真正的平等，即"按需分配"才成为可能。也就是说，在物质匮乏的条件下，平等是不充分的。这也是为何我们当前要继续坚持改革开放，努力推进社会主义市场经济发展的重要原因。因为只有通过发展，才可能为平等提供更为广泛的共享对象，包括物质生活资料、生产资料以及精神文化资源等。

其二，强调能力与责任的统一。我们认为作为社会主义核心价值观的平等应当强调社会中每个人能力的发展与实现。这里所谓的"能力"是指人们能够发挥自身的物质或精神的力量,充分利用外在的资源以实现特定的目的。这区别于阿玛蒂亚·森的"可行能力"的概念。后者所谓的"能力"是在狭义意义上特指"反映了人们能够选择过某种类型的生活的自由"①,强调的是满足自身需要的某些基本能力的集合,而不包括发明、创造等非基本能力。社会主义核心价值观的平等之所以强调每个人能力的发展与实现,一方面是由于社会主义不是单纯地将人视为工具,更为重要的是将人视为目的,即社会主义发展的最终目的在于实现每个人自由全面的发展;另一方面是由于当前我们处于社会主义初级阶段,是以"劳动"这同一尺度为标准进行分配,在马克思看来这必然导致不同能力差异下分配结果的不平等,因此这就需要我们在"按劳分配"的原则下充分调动每个人的积极性,促进每个人能力的发展。当然,由于个人禀赋和家庭环境的不同,各种能力的发展存在差异,这也必然导致社会发展存在各种的差异与不平等。为此,作为社会主义核心价值观的平等,也需要强调责任。所谓"责任",一方面是指个体需要对自己自愿选择而导致的结果负责,例如对自己特殊嗜好的满足需要付出特殊的代价,同时个体还需对所属的共同体负责,例如缴纳相应的个人所得税;另一方面是指政府需要对社会个体非自愿或自主选择造成的不平等结果进行有责任的补偿。这意味着作为社会主义核心价值观的平等在现有的阶段具有马克思所谓"权利的不平等"的特征,在现实中就需要坚持和完善公平的税收与分配政策。只有在强调责任的情况下,个体能力的发挥才不至于损害他人的利益,反而会增加他人和共同体的利益。

其三,强调机会与结果的统一。由本书第一章可知,现代平等观的机会平等是针对封建专制而言的,强调身份、地位的平等。这种机会平等实际上是消除了因个人出生的偶然性而造成的不平等。但这种机会平等并没有消除因社会环境,例如生活的不同家庭、地区等所造成的不平等。由此,当代西方社会学者,特别是以罗尔斯为代表的"左翼的自由主义者"进一步扩大了

---

① [印] 阿玛蒂亚·森:《论经济不平等/不平等之再考察》,王利文、于占杰译,社会科学文献出版社2006年版,第258页。

机会平等,即"社会的所有职务和地位向所有人开放"。然而,这种机会平等也没有消除因个人禀赋差异而造成的机会不平等,因为社会主义核心价值观的平等所强调的机会平等应当包含消除这种禀赋差异而造成的不平等。这也是柯亨所谓的"社会主义机会平等"①,但与柯亨不同的是这种机会平等只能建立在社会主义公有制而非"共有制"的基础上。在中国社会发展的现阶段,为了实现这种机会平等,应当坚持重视教育权利的平等。由于人的现实的差异性,这种机会平等即使减小了先天禀赋造成的不平等,但仍然存在由人的后天能力发展差异引起的不平等。因此,相对西方现当代平等观而言,社会主义核心价值观的平等还强调一种"结果平等"。这种结果平等不是指使劳动成果平均分配,一方面更加强调的是前面第一点提到的"共享",坚持按劳分配的原则;另一方面强调的是前面所提到的尽量消除不同自然禀赋、社会环境和后天能力差异造成的不平等,这反映和符合社会主义发展的根本目的,即实现人的自由全面的发展。

当然,作为社会主义核心价值观的平等内涵的这些特征在现实中是通过具体的政治、经济和社会等诸多活动或制度体现出来的。但由于历史的局限,平等在这些领域的完全实现是随着社会生产力的发展而逐渐成为可能。

在政治领域,这种平等体现为最广大人民群众具有平等参与政治事务的权利,享有宪法和法律规定的各项权利与义务。这种政治权利平等实现的广泛性不是源于某种社会契约的假设,而是由现实的社会生产方式所决定。现代西方平等强调人们享有平等的政治权利,对这种权利的论证往往依赖于某种普遍性的先验性假设,例如自然权利。但事实上,政治权利平等的广泛性或在现实中被实现的程度往往取决于社会的生产方式。在以生产资料私有制为基础的社会中,政治权利的平等最终往往体现为少数真正占有生产资料阶级的平等。而社会主义平等核心价值观所要实现的政治权利平等是建立在生产资料公有制的基础上,所实现的是每个人都具有平等参与政治事务的权

---

① 见本书第四章第二节

利。这种权利的实现在当前的中国集中体现为民主集中制。同时，这些政治权利已被写入宪法和相关法律，是以国家的强制力为其实现的重要保障。总之，作为社会主义平等核心价值观所要实现的政治权利平等和西方国家所强调的政治权利平等之间的区别，重点不在于它们的具体内容，而在于其被实现的真实性和有效性。

在经济领域，这种平等体现为起点、过程和结果平等的统一；且随着社会生产力的发展实现了"按劳分配"向"按需分配"的转化。在现代平等的发展过程中，出现了实质与形式、自由与平等之间的矛盾。导致这两种矛盾最为重要的原因和表现是现代平等在经济上体现为不平等。这也是马克思主义或社会主义批判资本主义的重要原因。因此，社会主义平等最为重要的特征就是强调经济领域的平等。其一，这种平等的实现是以坚持生产资料公有制为基础，使劳动者与生产资料获得了统一。在生产过程中，坚持起点、过程与结果的平等统一。所谓起点平等，就是使劳动者拥有同等的权利对生产资料的占有，它尊重和保证了劳动者能力的充分发挥和获得平等的机会。而过程平等，则是在社会主义制度的规范中体现出来。社会主义也实行市场经济，但不是让市场自行发展，而是通过制定公平的社会制度，包括法律、经济、政治等，以保证自由个体在市场经济下平等生产、平等交换。结果平等则是保证劳动者在起点与过程平等之后的所得获得平等保证，但不是指收入的绝对平等。其二，这种经济结果的平等是伴随着社会生产力的发展，从"劳动分配"向"按需分配"的转化。在社会主义初级阶段，由于生产力的低下，只能实行权利的不平等，即按劳分配。这也是当前中国所在经济领域所实行的平等分配政策。但随着生产力不断地涌现，劳动就成为人的第一需要，那时经济的平等分配就是按需分配。人与人之间的关系才实现了真正意义上的差异性平等。

在社会领域，这种平等体现为人与人之间身份的平等，享有平等利用社会公共资源以实现自身发展的权利。"社会平等"是一个比较模糊、富有争议的概念，在广义上社会平等即包括政治、经济等领域的平等，而狭义上是指与政治、经济等领域相对的平等。在此，我们是在狭义上使用社会平等，它既指人与人在社会交往中处于平等的地位，即消除了特权，也指作为社会存在的个人应平等拥有利用社会资源以实现自身发展的权利，例如平等拥有医疗、卫生、教育、性别等方面的平等。社会平等的实现，一方面依赖于社会生产力发展的程度，因为它直接决定了社会公共资源的多少。由此，我们就可以理解为何当前中国在包括医疗、卫生、教育等方面的平等程度要比西欧一些发达国家要低。另一方面还取决于经济制度。当代西方国家实行福利政策并不能从根本上解决社会平等问题，它只是国家或某个政党为了维持社会稳定的暂时性方法。而在以生产资料公有制为主体的中国，实行分配政策是实现其制度的主要表现。从长远的角度看，平等作为社会主义核心价值观将致力于实现最广大人民群众具有持久性的社会平等。

第二节　平等：社会主义法治建设的价值追求

现代平等最为显著的特征是通过法律得以确认和实现。平等不仅作为一种权利被纳入现代法律之中，而且平等本身作为一种原则也贯穿在现代法律的制定与执行之中。但以资本主义生产方式为物质基础，以工具理性为理论基础的现代法律平等，却陷入了形式与实质的矛盾，其规范有效性在当代受到了理性多元主义的挑战。对此，当代西方学者，例如罗尔斯、哈贝马斯以及德沃金等以不同的方式通过对法律正义的论证，强调法律规则的有效性，即"法律的合法性"。但无论是罗尔斯的"公共理性"，还是哈贝马斯的"交往理性"，都没有从根本上触动导致现代法律陷入困境的物质基础，即社会生产资料私有制。那么，在以马克思唯物史观为理论基础，以社会生产资料公有制为现实基础的社会主义法治建设中，我们应当如何理解法治与平等的关系？又应当如何将作为核心价值观的平等融入到社会主义法治建设之中？

一、平等与法治的关系

当前，我国将法治和平等都纳入社会主义核心价值观建设之中，但实际上这两者本身就存在着紧密的内在关系。两者作为现代性概念，最初都源于西方，是现代西方民主社会和国家的重要元素。正如我们在第一章已分析的那样，现代平等的一个主要特征就是通过法的形式得以确认和实现，而平等本身也借由法律在形式上成为具有普遍性的社会价值观念。但在马克思看来，其一，被现代资产阶级奉为"天赋人权"的平等权利是建立在市民社会的利己性基础之上，其体现的是人与人之间彼此分离而作为原子式个人之间的平等；其二，现代平等是源于商品经济的普遍交往，在以生产资料私有制为特征的现代资本主义生产方式基础上，"法律面前人人平等"实际上体现的是商品、货币和资本面前人人平等；其三，由于现代资本主义社会是建立在政治解放之上，其规范现代社会的法律更多是体现为形式上平等，而在实质上，特别是经济上却显示出了极大的不平等。

透过马克思对现代平等观的批判我们可知：其一，平等是与特权相对应的概念，它表征的是作为人的类所具有的共同性。也只有在这个意义上，平等才具有相同性的含义，即对人普遍有效。这种普遍有效性在现代法律中，一方面在内容上指享有基本的平等人权；另一方面在形式上是指"法律面前人人平等"。其二，在以生产资料私有制为特征的资本主义社会中，这些包括人权平等和"法律面前人人平等"，在现实社会的具体实现过程中只能是以不彻底、虚假的形式存在。其三，平等具有形式和实质平等之分。这是因为作为类存在的人，不是抽象存在的，而是"现实的人"。"现实的人"是拥有各种具体差异的人。因此，在内容上平等不应止于基本人权的平等，还应延伸到人在具体社会生活中的各项权利。在形式上，"法律面前人人平等"也应当是清晰的，而非模糊、虚假的方式对现实差异的人普遍有效。也就是说，真正的平等应当力求形式与实质的统一。其四，平等不能等同于平均主义或绝对平等。这既是因为作为平等的主体是存在各种差异的"现实的人",还因为作为平等的客体是受到自然、社会各种客观因素的限制。换言之,在具体的人和对象上,平等往往又是相对意义上的平等。

而法治(rule of law)作为一个概念在西方古希腊时期就存在了,亚里士多德在《政治学》中就指出,"法治应包含两重意义:已成立的法律获得普遍的服从,而大家所服从的法律又应该本身是制定得良好的法律"①。虽然他指出了法治的重要前提,即良法和普遍服从,但这种法治实际代表的是少数奴隶主的诉求,而真正具有民主意义上的法治是出现在现代社会。19世纪的宪法学大师戴雪在对英国宪法进行分析时,对"法治"概念进行了较为明确的概述,指出了其三个主要指意②,即法律的至上性,受法律治理;法律面前人人平等;英国宪法是保障人权的结果而非来源。同时,也只有在现代社会,法治作为一种治国策略才被广泛接受和执行。但现实中,每个国家,甚至每个人对"法治"概念都有着不同理解,所以在《牛津法律大辞典》中法治被认定为"不能随便就定义的概念"。虽然如此,我们还是可以从几个概念的区分中大致把握它。一、"法治"是与"人治"相对的,它强调法律的权威性,而非个人的权威性。二、"法治"是与"法制"相区别的,前者包含后者。一个健全的法治社会需要完善的法律制度。三、"法治"不能简单地理解为"法"与"治"的结合。也就是说,法治不能单纯地被看作是一个管理工具,不能像法律实证或工具主义一样理解法律的作用,即将法治看成是否有利于政府的目的。这也意味着法治需要考虑一国的经济、政治、文化等制度因素。

通过对平等与法治概念的分析,我们可以发现无论是平等,还是法治,在价值观念的发展过程中是彼此促进的;在自身内都体现或内含着对方的因

---

① [古希腊]亚里士多德:《政治学》,吴寿彭译,商务印刷馆1965年版,2013年第14次印刷,第202页。
② [英]艾博·文·戴雪:《英宪精义》,雷宾南译,中国法制出版社2001年版,第244—245页。

素。平等是"法治"题中应有之义,从"人治"到"法治"的转变过程本身就蕴含着平等的意谓。而平等作为一种核心价值观念的实现有赖于"法治"的运行。可见,在现代社会,两者之间的关系是内在关系。一方面现代平等是借助法的形式从相对价值观转变为具有普遍意义的价值观念;另一方面现代法和法治观念产生的一个重要理论基础在于平等现象。

法治对平等的意义主要体现在三个方面:第一,从"人治"到"法治"的转变,推动着平等成为具有普遍规范的社会价值观念。在古代,无论是西方还是东方都是实行人治,虽然存在法律,但这种法律是少数奴隶主、封建主的意志体现,例如中国古代的"刑不上大夫"。君王或皇帝的命令是绝对的,社会或国家是根据个体或少数上层人士的权威、智慧得以统治。在这种状态下,社会存在着人与人之间的普遍不平等。而当法治取代人治时,国家对社会的统治是依据大多数人的意志,虽然在现代资本主义社会中最终体现的是资产阶级的意志。但为了实现这种意志,法成为国家连接市民社会的中介,使平等成为社会价值观,以满足普遍交往和竞争的市场经济发展的需要。第二,法治使平等从观念转化为制度。平等本身只是一种价值观念,但是通过法治,使其以文字的形式被写入法律之中,即成为制度的具体内容。特别是在现代社会,平等作为人的基本权利被写入宪法之中,这无论是在资本主义还是社会主义国家的法律之中都是如此。也就是说,法治使平等不再单纯地停留于口号,而成为规范现实社会的重要原则。第三,法治使平等的实现具有可靠的保障。这是因为法治的施行以国家强制力为后盾。同时,法律为相关平等进行量化、设定具体标准,这使平等规范不是少数人的主观任意。但我们同时还要注意,在法治推动平等实现的同时,也维护了各种不平等,特别是在阶级社会。正如 E. 博登海默所言,"法律对于平等也起着一种相同的双重作用。在历史上,法律在增进人与人之间的平等和群体与群体之间的平等方面起到过显著的作用;与此同时,它也维护并认可了许多不平等现象"①。

平等对法治的意义也主要体现在三个方面：第一，平等是法治运行的重要原则。在前面，英国宪法家戴雪已告诉我们"法律面前人人平等"是法治的三大指意之一。法治具有两个重要前提，即良法和民众对法律的普遍服从。而平等是判断一个法律是否是良法的重要标准，无论在形式上的判断还是内容上的判断。进一步说，如果一部法律不对大众平等有效，那么就不会形成民众对法律的普遍服从。第二，平等构成法治内容的价值基础。有学者认为"就现代社会来说，法治的价值基础和取向应当至少包括：（1）法律必须体现人民主权原则，是人民根本利益和共同意志的反映，并且是以维护和促进全体人民的共同利益为目标的；（2）法律必须承认、尊重和保护公民的普遍权利与自由；（3）法律面前一律平等；（4）法律承认利益的多元化，对一切正当利益施以无差别的保护"②。这四条内容无不体现着平等构成法治内容的价值要求。第三，平等是法治的重要目标。法治的最终目标归根结底是为了满足人的发展的需要。但法治的对象终究是整个社会，一个作为由各种有差别的人共同构成的社会，因此其目标就是为了维护和促进全体人民的共同利益。

二、社会主义法治建设中的平等运用

既然法治与平等之间存在着密切的内在关系，那么我们在进行社会主义法治建设时，就有必要将作为社会主义核心价值观的平等更好地融入其中。这本身既符合社会主义本质的要求，也是为了满足社会主义市场发展的需求。但从马克思对现代平等观的批判中，我们可以看出资本主义法治中所体现和实现的平等是与社会主义法治所要体现和实现的平等有本质的区别。这

---

① ［美］E. 博登海默：《法理学：法律哲学与法律方法》，邓正来译，中国政法大学出版社1998年版，第285页。

② 张文显：《法哲学范畴研究》，中国政法大学出版社2001年版，第156页。

就要求我们首先要区分两者之间的差异，进而合理地将平等融入社会主义法治建设之中。

实际上，我国在社会主义现代化建设过程中，特别是在改革开放之后，在结合自身传统文化和国情的基础上积极借鉴和吸收西方发达国家法治建设经验，目前已进入全面建设社会主义法治阶段。按张文显教授的看法，中国的社会主义法治理念主要是针对封建主义人治、"左"的政治思想以及资本主义法治理念。① 其实，比较这三者，社会主义法治对平等原则的运用与价值诉求是有明显差异的。我国社会主义法治最初或最为直接的目的就是要结束中国几千年的封建专制、人治，以实现人的地位和身份的平等。而与"左"的政治思想区分的是，对于平等的诉求或实现而言不再是主观臆断，以及将平等绝对化。而与西方资本主义法治的区别，主要有两个重要方面：一方面是前者的理论基础是唯物史观，后者是在理性主义，特别是在工具理性的基础上建构起来的；另一方面，前者的现实基础是建立在生产资料公有制的基础上，而后者是建立在生产资料私有制的基础之上。

通过对这些差异的认识，我们可知，平等不仅应成为社会主义法治建设的重要原则，也应是社会主义法治建设的价值追求。但作为社会主义核心价值观的平等又区别于现代平等观。这种区别在本章第一节和上文已做了详细的论述，在此不再赘述。这种平等在社会主义法治建设中至少应有以下三层体现或运用：

第一，坚持社会主义法治建设的政治基础，即人民民主，通过党的领导和依法治国，真正实现法律平等的最大化。人民民主本质上是人民当家做主，一方面意味着法治的目的是保障广大人民群众享有平等权利，使社会主义法律反映广大人民群众的意志，以实现广大人民群众的共同利益；另一方面也意味着人民是推动法治的主体，即广大人民群众有平等的义务服从宪法和法律，这也是社会主义法治实现的重要保障。但是如何反映、调动广大人

---

① 张文显：《社会主义法治理念导言》，载《法学家》，2006 年第 5 期，第 7 页。

民群众的意志和积极性？除了要坚持人民代表大会制度，同时需要具有一个与广大人民群众利益一致，具有先进性的政党领导，即中国共产党。但同时我们要注意，党的领导只能依据宪法和法律而执行，甚至，党员群众要比广大人民群众更应绝对地服从宪法和法律。只有这样才能实现法律之外无特权，才能实现真正的法律平等。当然，最为核心的就是要将这种平等的法治理念付诸依法治国之中，使国家的治理依据法律，而不是少数人的主观任意。只有这样，才能体现法治的平等精神，使法律平等最大化。

第二，坚持社会主义法治建设的经济基础，即生产资料公有制，通过发展经济和在内容上强调立法平等，以实现形式与实质平等的统一。社会主义法治反对法律实证主义或工具主义的观点，法律的有效性也不是仅仅依赖于外在的强制，还要依赖于法律本身的合法性，即是否被人民群众自愿接受。而平等就是法律合法性的重要因素。这种平等不仅强调法律适用的平等，而且还强调"立法平等"①。在我们看来，所谓立法平等强调的是立法的"内容"平等。这种内容平等不仅仅包括已被规定的各种人权、政治、经济、文化等方面的平等，还应指在立法过程中要对这些政治、经济以及文化等方面上的权利、义务进行按合理的分类或标准进行规定。因为平等的主体在现实中始终是有区别的，例如老少、男女、残疾与健康等。这正是马克思认为在社会主义初级阶段应是权利不平等的深层含义。当然，所谓实质平等还指在我国以生产资料公有制为基础的社会主义法治中，强调通过分配或再分配方式实现经济上或结果上的平等，这是针对资本主义法治中偏重强调法权形式

---

① "立法平等"在国内是一个富有争议的学术观点。一种观点认为，"立法平等"是不成立的，主要原因是法律具有阶级性；另一种观点则认为应当接受"立法平等"，这是因为阶级意义上的不平等反映的是事实不平等，不应当成为立法不平等的缘由，因为在法律意义上不存在"敌人"这样的主体。实际上，这两种不同观点的背后，反映的是对平等本身理解的差异。根据前面的归纳，我们知道平等不等同于相同或绝对相等，如果在这个意义上理解法律平等只能指法律适用的平等。然而，平等本身更应指差异性平等，这是因为平等的主体是"现实的人"，在这个意义上立法平等实际上是指法律规定的内容要"公平"（区别于相同），即在权利、义务的分配上要形成一种合理的比例关系。也就是说，学术界关于"立法平等"的争论实际上反映的是"法律形式平等说"与"法律内容平等说"的差异。关于"立法平等"的问题，我们将在本节最后一部分展开详细论述。

的平等（机会平等）而言的。因此，除了在内容上实现立法平等，促进我国经济发展也是保障法律实质平等的重要前提。

第三，建设社会主义法治文化，使作为社会主义核心价值观的平等贯穿到行政、执法、司法以及守法之中。法治不仅仅是依赖于法治理念或理论的建构，关键还在于将这种理念运用于现实的国家、社会治理之中。因此，学术界普遍认为社会主义法治建设的核心是"依法治国"。而依法治国具体体现在执政党、国家机关、社会组织以及个体公民在行政、执法、司法以及守法等现实生活的具体环节之中。这就需要或形成社会主义法治文化，以确保依法治国，社会主义法治建设常态化。在我们看来，当前社会主义法治文化最为核心的内容实际上就是社会主义核心价值观。其中，应当要将平等的观念贯穿到行政、执法、司法以及守法之中。也就是说，在行政、执法以及司法中要做到不偏不倚，尊重身份平等、基本人权，不徇私舞弊、依法办事。换言之，在行政、执法与司法中要充分发挥法律平等的适用原则，尽显法治平等精神。同时，对于守法，则要求全体公民，特别是党员，国家机关工作人员要起带头作用，平等地遵守法律、服从国家宪法和法律的具体要求。

三、"法律面前人人平等"辨析

如果说法律平等是实现社会公平正义的前提，那么"法律面前人人平等"则是法律平等的集中体现。无论是在资本主义法治建设中，还是社会主义法治建设中，都强调这一平等观念在其中所起的重要作用。但直到今天，我国学术界对这一平等原则或观念还存在着不同理解和争论，人们对此亦存在困惑或误解。这是因为，一方面这种平等原则最初产生于现代西方社会，人们狭隘地将其理解为带有资产阶级性质的法治概念；另一方面人们容易将这种平等观念与中国传统文化中关于"王子犯法与庶民同罪"等观念相混淆。为此，我们有必要理清这个观念，以全面推进社会主义法治建设。

中华人民共和国成立之后，我国正式颁布的第一部宪法（1954年）明确规定"中华人民共和国公民在法律上一律平等。"其中,"一律"强调的是公民在法律上享有平等的身份或地位,这是针对封建专制和特权而言,也是针对中国多民族的现实状况。但实际上,在改革开放之前,中国公民在现实生活中对这一平等原则的法律意义并没有真正的认识。在以阶级斗争为纲的时期,人们更多的是指责这个观念带有资产阶级性质。以至于,在1975年和1978年的两次宪法修订中都将这一原则或观念取消。改革开放之后,1982年的宪法将这一原则重新写入宪法,并改为"中华人民共和国公民在法律面前人人平等。"但实际上,学术界对这一原则或观点的理解还是存在着争议。大致有三种观点:一种观点认为这一原则强调的是法律适用的平等;第二种观点认为这一原则不仅强调法律适用的平等,还应涵盖立法的平等;第三种观点认为"这种原则不适合现代法治建设,更不适合于法律实践"①。对于第三种观点,我们认为这种原则就是现代法律本身内在的因素,是现代民主国家的伴生物。也就是说,这种原则无所谓"不适合"或"适合"的问题。因此,对于这一原则在学术界主要的争论焦点是前面两种观点,即"法律面前人人平等"是否应当包括立法平等,还是只止于法律适用的平等。

对此,我们首先需要清楚什么是"立法平等"。从表面上看,立法平等似乎意味着每个人都应当和有权利参与立法工作,但这是不现实的。不仅因为碍于人员数量和质量的问题,还因为法律本身所反映是统治阶级的意志。由于主、客观因素的限制,这种权利的实现更多的是通过代表的形式达成。同时,立法平等还有另一层内涵,即立法者或代表在立法时需要对立法的内容(包括立法所涉及的法律行为人、权利、义务等)进行合理的分配。② 这

---

① 柏桦:《"法律面前人人平等"给中国发展带来的困惑》,载《学术界》,2003年第3期。
② 正如E. 博登海默所指出的,法律平等首先意指法律以确定方式对待相同的人,但这"本身并未包含防止人们采用专断的或不合理的类分标准的措施。"例如,立法机关可以规定左撇子都不具有担任公职的权利,但这本身意味着法律的有效性是值得质疑的。因此,其认为法律平等还应当包括立法时合理的分类,即"相同的人和相同情形必须得到相同或至少是相似的待遇,只要这些人和这些情形按照普通的正义标准在事实上是相同的或相似的"。这与罗尔斯对法律实证主义的批判,试图通过正义两原则实现法律的正义性的做法有类似之处。([美] E. 博登海默:《法理学:法律哲学与法律方法》,邓正来译,中国政法大学出版社1998年版,第285—287页)

些内容包含两种情况，一是对每个人都效力的权利或义务，例如人的基本权利（人权），这是绝对的平等；二是根据"现实的人"的差别性（例如老少、男女）分配相应的权利、义务等，这是相对的平等。可见，"立法平等"包括形式上和内容上立法平等。有学者之所以反对立法平等，其最为重要的论据是，认为法律具有阶级性，因此立法不能在"人民"与"敌人"之间平等享有。

这种观点实际上是对上面"立法平等"第一层面内涵的否定。从马克思的观点看，法律的确体现的是统治阶级的意志，即对被统治阶级的不平等。因此，在这个层面上，资本主义强调"法律面前人人平等"所意指的立法平等实际上是虚假的，即是少数资产阶级享有的立法权力的平等。然而，由于我们国家所建立的是社会主义制度，人民是国家的主人。因此，在我国社会主义法治建设中，所强调的"立法平等"也应当是在广大人民群众的意义上而言，即坚持人民代表大会制度。但是，我们不能就此根据法律的阶级性否定"立法平等"的第二层内涵，即不能否定立法者或代表在立法过程中对立法内容进行平等或合理的规定，在这个过程中，法律所体现的是"公民"的平等权利和义务。同时，在这个层面上的"立法平等"也不会与法律的阶级性相冲突，反而是体现了法律的阶级性。正因为对"人民"和"敌人"进行了区分，宪法对那些"敌人"，实行剥夺政治权利终身的规定。这体现了立法者或代表在立法过程中平等（公平）立法的原则。

由上可知，我们所强调"法律面前人人平等"应当包含以下三层含义：其一，法律适用上的平等，即要求国家的相关机构（例如司法机关、审查机关）要严格遵循法律，在司法或执法过程中要以法律为客观标准平等适用于全体公民。其二，在"法律面前人人平等"之立法领域的立法主体层面上，我们强调在人民之内的"立法平等"。其三，在"法律面前人人平等"之立法领域的立法内容层面上，我们一方面强调公民平等享有基本的权利；另一方面强调立法者或代表在对其他权利和义务进行立法时，要确立合理的分类标准，对它们进行平等的分配。

对"法律面前人人平等"原则的这种辨明实际上是得益于马克思对现代平等观批判的分析。马克思通过对现代法权平等的批判，强调法律体现的是统治阶级的意志。因此，在社会主义法治建设中我们要坚持人民民主，在"立法平等"中我们要坚持人民代表大会制度。马克思对现代平等观抽象主体和自由平等的狭隘性的批判，强调法律平等的主体是"现实的人"，平等是绝对平等与相对平等的辩证统一。因此，在社会主义法治建设中我们要坚持基本人权的平等，在"立法平等"中我们要注意法律权利和义务在相对意义上的平等。这种法律意义上的相对平等在我国现行法律制度的建设中往往被忽视。例如，在我国现行各种对罚款法律条文的规定中，往往对同一种罚款行为给予相同数额罚款的规定。这忽视了相同数额的罚金对富人与穷人之间所产生的法律效果的差异。

第三节　社会主义市场经济下的自由平等

现代平等观强调自由的平等，是建立在现代交换价值的基础之上，是为了满足现代商品经济，特别是市场经济的发展。正如马克思所揭示的，"如果说经济形式，交换，在所有方面确立了主体之间的平等，那么内容，即促使人们去进行交换的个人和物质材料，则确立了自由"[①]。同时，在马克思看来，真正自由平等的实现是建立在生产力高度发展的基础之上。但是，在以生产资料私有制为特征的现代资本主义社会发展中，自由体现为人与人之间的分离，这种分离在经济形式上体现为个体之间在收入和财富上的极大不平等，即贫富差异。为了克服这种自由与平等的冲突，当代西方自由主义者，如罗尔斯，试图通过建立正义社会制度，强调差别原则使得社会经济不平等建立在可接受或容忍的状态。又如，西方社会民主主义及其政党在不断改善

---

① 《马克思恩格斯全集》第30卷，人民出版社1995年版，第199页。

和推行社会福利制度基础上试图调和这种矛盾。对此，我国在深刻反思和批判社会主义建设初期所坚持的计划经济的基础上，通过改革开放，确立了社会主义市场经济。这种转变实际上反映了当代中国在价值观念，特别是自由平等上的重构。在市场经济的推行下，虽然中国过去四十几年在经济上取得巨大的发展，但与此同时也存在不平等问题。对此，我们应当如何理解和看待社会主义市场经济发展中的自由平等问题？

一、改革开放中自由与平等的演进

改革开放以来，中国的社会结构发生了巨大变化，支撑这种变化最为关键的价值基础是自由与平等。这是因为在过去四十几年，中国在推进现代化的过程中，所发生的最为根本，也是最为显著的变化是实行了市场经济，而市场经济最为核心的两个价值元素，即自由和平等。由于社会意识反映着社会存在，我们亦可以根据这两个重要价值观及其关系去认识和反思过去中国四十几年所发生的社会变迁。

当代中国四十几年的变化始于且得益于改革开放，其所带来的最为直接的意义就是实现了人们思想上的解放。这种思想的解放不仅是个体意义上的思想解放，更为重要的是整个社会或国家层面上的思想解放。在这个意义上，我们认为中国过去四十几年之所以会发生如此大的变化，实际上是突破了对"什么是社会主义"和"怎样建设社会主义"这两个问题的重新认识和回答。① 对于这两个问题的认识和回答，邓小平是根据对社会主义本质的界定，即"解放生产力，发展生产力，消灭剥削，消除两极分化，最终达到共同富裕"② 而展开的。通过对社会主义本质界定的认识，我们可以看出在对

---

① 邓小平在回顾改革开放之前我国社会主义建设中所出现的各种危机和挫折时概括道，"总起来看，这主要就是不完全懂社会主义。因此，我们提出的课题是：什么是社会主义和怎样建设社会主义。"〔《邓小平年谱（1975—1997）》（下），中央文献出版社2004年版，第1158页〕

② 《邓小平文选》第3卷，人民出版社1993年版，第373页。

"什么是社会主义"这个问题的回答中,邓小平不仅强调社会主义的物质,即生产力发展的层面,同时也强调其价值的层面,即自由平等。这是对社会主义完整的认识。对于"怎样建设社会主义"的回答,邓小平认为关键要实行市场经济。而市场经济所带来的最大变化就是要改变传统关于自由平等观念的认识。可见,过去四十几年中国社会的变化是在器物与观念层面上的双重变奏。

改革开放前,新中国的成立使中国人获得新的自由平等。这种自由平等体现为,在政治上人民成为国家的主人,享有选举和被选举等权利;在经济上实行生产资料公有制,废除了地主对土地的私人占有。因此,在根本意义上这种自由平等不同于由资产主义所确立的现代自由平等。但在改革开放之前,一方面由于机械地看待社会主义公有制而单纯地推行计划经济,在以"大公社"为生产组织形式下,个体的自由受到极大的限制。虽然摆脱了人依附于人的不自由,但却陷入了人依赖于组织的不自由。在哈耶克看来,这种计划经济使得个体在消费和职业选择方面是与中央计划不相容的,"在一个经济生活受到彻底管制的国家中,甚至形式上承认个人权利或少数人的平等权利都会失去任何意义……"[①] 另一方面由于对实现共产主义操之过急,以及对马克思主义平等观的错误理解,即将社会主义平等理解为平均主义或绝对结果的平等,结果陷入了社会秩序的混乱。这种平等实际上体现的是整个社会的贫困,在价值观念上抑制了人的积极性和自由发展。可见,在改革开放之前,社会主义虽然赋予了自由平等不同于现代西方自由平等的内涵,但这种内涵在计划经济体制下实际上体现出两者的狭义、不彻底性,同时也反映了两者之间的相互抑制。

改革开放后,个体自由实现了扩展。随着社会主义市场经济的推行,个体逐渐地脱离计划体制,一方面在市场竞争原则的推动下,个体自觉或不自觉地调动自身的积极性,使能力获得自由的发挥;另一方面国家政策倡导

---

① [英]哈耶克:《通往奴役之路》,王明毅、冯兴元译,中国社会科学出版社1997年版,第86页。

"一部分人先富起来",以承认个体合法收益的形式,刺激着自由空间的扩展。这种自由扩展最为明显的例子就是创业。根据经济学界相关描述,在改革开放之后,中国创业大致经历了三次浪潮①,即20世纪80年代"个体户"式的创业潮、90年代末的各种"网络精英"式创业潮以及当下正进行的"大众创业"潮。从三次浪潮中,我们看到个体的自由不仅在数量上增大,而且在空间上也不断地扩展。与此同时,在市场经济的推动下,中国也自觉和主动地加入世界贸易组织,在世界自由贸易与经济全球化的浪潮中,也逐渐地认识、吸收西方现代自由平等的价值观念。当然,在政治制度方面,特别是随着社会主义法治建设的推进,中国公民的法律和个体权利意识也在不断地提高。总之,从自由的角度看,改革开放之后,中国人无论是在观念,还是内容上,对自由的认识和享有都达到前所未有的程度。在这种自由扩展的条件下,激发了人们对生活的创造,追求生活形式的多样化、内容的个性化。

改革开放后,平等也在实质性意义上取得了进步。这种实质性意义首先体现在人们的观念上,即逐渐放弃了对原先平均主义或绝对平等的追求,更加突出在个体自由基础上的平等诉求。其中,最为明显的例子就是对他人合法收入所得的平等尊重。其次,人们获得广泛的机会平等,这是为了满足市场经济平等竞争原则的需要,也是为了将蛋糕做大之后实现更大程度上的分配平等。同时,这种机会平等集中体现为对个体才能,包括脑力和体力劳动的尊重。再次,由于市场经济是建立在平等交换的基础之上,这使得人们在市场经济活动中普遍获得了身份或地位的平等,改变了传统那种由于先天身份享有优先机会的社会结构性不平等,实现了一种契约上权利与义务的实质性平等。最后,随着改革开放的推进,中国在积极适应全球化发展的过程中,也在不断地完善平等的法律制度。其中,最为典型的例子是,不仅在宪法上保证了人权的平等,同时也通过努力发展经济、文化等以保障这种人权

---

① 浙商杂志:《2015:中国迎来改革开放后第三次创业大潮》,http://www.360doc.com/content/15/0311/14/20625606_454300357.shtml(访问时间:2016年2月)。

平等在实质性意义上的实现。总之，从平等的角度看，改革开放之后，中国人无论是在观念，还是内容上，对平等的认识和享有都取得了前所未有的进步。

由上可知，改革开放之后，在社会主义市场经济的推行下，一方面在价值观念上，人们改变对之前自由平等的认识，特别是抛弃了那种平均主义的平等观念。在面对西方现代自由平等影响的同时，我们也开始认真反思马克思对现代自由平等的认识与批判。另一方面，在事实层面上，人们也的确比之前获得更为广泛和实质意义上的自由平等。这些自由平等的获得具体体现在经济、政治以及文化等各个领域。但是，在现实生活中，我们仍然可以直观到这其中存在着许多问题，最为明显的就是贫富差距问题。

二、社会主义市场经济发展中的不平等问题

市场经济作为现代社会最为根本和基础的生产形式，是与资产阶级的产生、发展密切相关的，以至于在改革开放之前，人们认为市场经济是属于资本主义性质的。但实际上正如邓小平解释的，市场经济的性质本身并不是由社会制度所直接决定的，它天生既不姓"资"也不姓"社"，社会主义也可以发展市场经济。但不管是资本主义市场经济还是社会主义市场经济，效率与公平都是两者在发展中的关键问题。而效率与公平实际上就是自由与平等两种价值观在市场经济中的直接体现。在推行社会主义市场经济过程中，我们国家所坚持的原则是"效率优先，兼顾公平"。这意味着在改革开放之后，我们在价值观上更倾向于强调自由的优先地位。这种自由优先原则使中国在过去30年发生了快速发展，但也必然导致或隐藏着社会诸多的不平等问题。在此，我们从起点和结果两个维度考察当前中国社会主义市场经济发展中存在的不平等问题。

其一,身份不平等①现象仍然存在。在马克思看来,现代平等首先是一种身份的平等,它体现在商品交换过程中双方主体地位的平等。身份之所以在市场中是平等的,很大程度上是由于每个人都是劳动的主体,都具有独立的人格,是各自商品的所有者。可以说,身份平等是市场经济发展的前提。虽然新中国成立使中国人从封建主义、帝国主义和官僚资本主义中脱离出来而获得了平等的身份,这种平等的公民身份在中国所颁布的宪法中已经得到了明确规定。在改革开放之后,市场经济使公民的身份建立在契约基础之上。这使得身份在社会结构意义上获得实质的平等。但由于传统文化、公民素质以及经济发展水平等因素的制约,在现实社会中仍然存在着身份等级或不平等现象。其中,最为显著的例子,就是由于户籍制度所造成的身份不平等。一方面在社会主义市场经济发展过程中,赋予了广大农民巨大的自由权利进入城市务工,虽然近年中央政府重视改善农民工的问题,但不可否认的事实是:在这种户籍制度下,农民工在市场经济活动中实际上不享有同城市居民同等的权利,例如卫生、医疗、子女教育等平等权利。

这种身份不平等在市场经济活动中所导致的结果是机会不平等,即狭义上的起点不平等。按西方自由主义者的理解,现代平等在现实生活中最为基本的形式就是机会平等,即所谓的"地位和职务向所有人开放"。在罗尔斯看来②,这种公平的机会平等之所以重要,不仅是因为它影响到市场经济的效率,同时它还保证了一种纯粹的程序正义,即有利于社会正义的形成。在中国现有的身份不平等的户籍制度下,机会平等在市场经济中存在着极大的局限性。以就业为例,我们可以看到在现有人才市场中,其实很多就业岗位并未向所有人开放,不仅存在性别、年龄的限制,而且还存在地区、受教育

---

① 在这里我们需要区分身份不平等和身份差异两个概念。由于自然和社会分工使然,社会中会出现由于不同的性别、种族、出生以及职业等各种因素所形成的各种差异性角色,这些差异实际上是身份差异。在此基础上,由于人为的,主要是通过社会制度,将差异的身份分为不同的等级,造成不同身份的差别对待,这就是身份不平等或身份等级。

② [美]约翰·罗尔斯:《正义论》,何怀宏、何包钢、廖申白译,中国社会科学出版社1988年版,2012年第11次印刷,第84—90页。

学校等条件的区别对待。又以本身是为了提高机会平等的教育为例,虽然相关法律规定公民享有平等的教育权利,但实际上不仅城市和农村的教育资源存在不平等,而且农民工进城务工时,其子女在城市中也未必能同等地享受城市孩子所具有的良好教育资源。可见,当前我国社会主义市场经济中存在的起点不平等主要是因户籍制度所导致的身份和机会不平等。在这种起点不平等的前提下,加之不同个体在天赋或能力上差异,以及由于出生环境的影响,直接导致了市场经济发展所带来的结果不平等。

其二,这种结果不平等明显地体现为贫富差距。这种贫富差距的产生一方面来自市场经济本身的缺陷。在马克思看来,在处于物的依赖阶段,"每个人以物的形式占有社会权力"①。即权力依附于物的力量,例如货币或资本。在市场经济活动中的人是以实现自身利益为目标,是为了满足自身某种需要而进行交换。另一方面中国在社会主义市场经济下出现的贫富差距也有其独特的原因。其中有两个重要原因:一是中国的市场经济起步于落后的生产力,深受原有的城乡二元格局的影响,当时,"中国不仅城市的工业化程度不高,而且存在着世界上最大规模的落后的农村经济和农村文化"②。二是从劳动力的角度看。在数量上,中国农村的劳动力远远要超过城市,出现了大量过剩劳动力;在质量上,在中国农村的受教育水平要远远低于城市,造成了大规模的农村劳动力与城市劳动力相比在平等市场竞争的原则下明显处于不利的地位。

从以上两个方面的分析可知,中国社会主义市场经济中自由与平等的矛盾既体现在起点上,也发生在结果上。在起点上,尽管无论是城市还是农村的劳动力都有极大的自由,但由于受户籍制度的影响,两者在市场经济活动中的身份和机会往往又是不平等的。在结果上,虽然社会主义市场经济使中国广大人民群众在改革开放之后,在生活水平、收入和财富上都普遍提高了,但仍然存在个体之间、不同地区和行业之间较大的贫富差距现象。那

---

① 《马克思恩格斯全集》第30卷,人民出版社1995年版,第107页。
② 朱光磊:《中国的贫富差距与政府控制》,上海三联书店2002年版,第157页。

么，我们应当如何看待和解决这种矛盾呢？

三、人的自由发展与社会可持续发展

实际上，中国社会主义市场经济是属于世界市场经济的一部分，其内在自由与平等的张力不仅受上述因素影响，同时还受到包括全球化、技术创新以及生态问题的影响。这些因素也是新近的西方发达国家在解决市场经济关于自由与平等冲突时所关注的。在20世纪末21世纪初的西方社会民主主义现代化的"第三条道路"，试图通过平衡自由市场与社会福利制度之间的关系，强调一种"包容性平等"以解决两者的矛盾。虽然吉登斯在2015年时宣布这条道路已死，但他还是坚信要在市场经济中实现自由与平等的平衡，至于如何平衡并没有给出确定的答案。无论是自由主义还是社会民主主义，他们之所以都未能真正解决两者之间的冲突，很大程度上是没有真正改变这两种价值得以确立的现实基础，即生产资料私有制。根据马克思对现代平等观的批判，我们可知，建立在这种生产资料私有制基础之上的自由与平等只能导致人与人之间的分离。而真正自由平等的实现是离不开真正的联合体，即实现了对人类与自然之间物质变换的控制。也就是说，自由与平等作为市场经济的两种基本价值，它们不仅仅是工具性或利己性的，同时应当还是目的性。进一步说，社会主义市场经济不能单纯地被视为实现人的利益的工具，同时应当还要被看作是实现人的目的性的体现。在这个意义上我们认为，要从人的发展的角度看待和解决社会主义市场经济的矛盾。

从人的自由发展的角度看待社会主义市场经济发展的方向。从事现实生产活动的人是人类历史发展的起点，亦始终是人类生产活动的主体。因此，市场经济活动归根结底是人的活动，它的发展状况直接决定或影响着人的发展。正如马克思所说，"他们是什么样的，这同他们的生产是一致的——既

和他们生产什么一致，又和他们怎样生产一致"①。但这反过来意味着我们可以从人的发展状况或程度看市场经济的发展趋势或方向。也就是说，人是否能自由地发展，以及自由发展的程度反映着市场经济的发展状况。根据前面对社会主义市场经济发展中不平等问题的分析，我们认为有必要继续创造良好的社会环境，使人的能力得到自由发挥，扩展人的自由创造的空间。这就要求取消限制人的能力自由发挥的户籍制度，改变人才市场对性别、地域等限制人自由发展的因素。同时，也需要继续解放人的思想，改变固守传统的保守观念，激发自由创造和积极进取的精神。所以，可以说继续提高人的自由、推进人的自由发展是推动社会主义市场经济发展的基本趋势或方向。

从实现每个人自由发展的角度看待社会主义市场经济的最终目标。在马克思看来，共产主义将是这样的联合体，即"在那里，每个人的自由发展是一切人的自由发展的条件"②。也就是说，社会主义市场经济发展不仅仅应当反映人的自由发展，还应当体现每个人的自由发展。因为只有在这种人人能平等自由发展的共同体中，人才能真正地解放。这也是我们前面已指出的社会主义市场经济与资本主义市场经济不同的地方，即后者所强调或实现的自由平等最终导致人与人的分离。对此，在社会主义市场经济建设过程中我们仍然不仅需要在观念上，而且需要在现实中坚持邓小平提出的关于"最终实现共同富裕"的目标。对此，我们要注意，在强调"让一部分人先富起来"的同时，要认真思考如何"带动后富"的问题。这就需要不断完善我国的分配制度，合理分配农村与城市、贫穷与发达地区之间的各种资源。所以，可以说实现每个人的自由发展是推动社会主义市场经济发展的最终目的所在。

从人的自由发展的角度透析社会主义市场经济发展的方式，人的自由发展虽然依赖于生产力的高度发展，但这种自由发展真正的实现还离不开一个可持续发展的社会。我们往往只看到生产力发展对人的自由平等实现的必要性，但忽视了整个社会对人自由发展的重要意义。也就是说，真正联合体或

---

① 《马克思恩格斯文集》第1卷，人民出版社2009年版，第520页。
② 《马克思恩格斯文集》第2卷，人民出版社2009年版，第53页。

共同体不仅仅是一个生产力不断充分涌现的社会，同时也是一个人与自然、人与人以及人与自身之间关系和谐发展的社会。市场经济不仅需要人与人自由平等的交换，实际上构成其交往的对象或材料，大部分是来源于人对自然关系处理的结果。因此，市场经济的发展有可能是建立在损害人与自然协调发展的基础上。事实上，人类今天出现的生态问题很大程度上就是错误的发展市场经济导致的结果。在这个意义上，我们认为社会主义市场经济的发展需要建立在可持续发展观念上。因为从长远来看，每个人真正自由全面发展的呈现只能植根于一个可持续发展的社会。所以，社会主义市场经济发展的方式不该是"线性"的，而应当是综合各种因素之上的可持续发展。

　　因此，我们需要从人的自由发展与社会可持续发展的视角看待和解决社会主义市场经济中出现的问题。在马克思看来，人类历史发展的三个阶段是："人的依赖关系""以物依赖关系为基础的人的独立性"以及"自由个性"。这三个阶段所反映的恰恰是人的自由平等的发展状况，即从不自由不平等，到虚假自由与形式平等，最后到自由平等的融合。也就是说，人的发展状况实际上是与其所处的社会发展状况相一致的。可见，发展社会主义市场经济的目的不仅是使人摆脱对人的依赖，更重要的是使人逐渐摆脱对物的依赖。当然，上述的分析还得益于对马克思批判现代批判观的认识，一方面自由平等的实现依赖于一个真正联合体的实现，这种联合体实现了对人类与自然之间物质交换的控制，而不是建立在生产资料私有制生产方式上，体现为人与人分裂的现代自由平等；另一方面，每个人自由全面的发展依赖于社会生产力的高度发展。

结　语

通过考察和分析，我们可以看到马克思对现代平等观的批判并不只是简单地停留于唯物史观总体原则的批判上，在这种总体原则批判之下实际上蕴含着对现代平等观具体的认识与解构。唯物史观总体原则批判揭示了：由资产阶级主导和"谋划"的现代平等观，是建立在生产资料私有制基础之上，体现的是在现代社会中占统治地位的资产阶级的利益要求，其实质是一种不彻底、虚假与形式的平等观。在这种唯物史观总体原则批判之中实际还蕴含了马克思对现代平等观的具体认识与解构：从"现实的人"、实践的角度批判了现代普遍平等的抽象主体假设；从阶级、革命的观点解构了现代法权平等的理性主义基础；从共同体、分工的视角揭示了现代平等观的狭隘性。在此基础上，我们认识到马克思对现代性的批判不仅是彻底的，同时也是完整的，即包含着对资本剥削本质起到掩盖作用的价值的批判。当然，我们也认识到马克思对现代平等观的批判，并不意味着他直接否定了平等观。这是因为，一方面，他肯定了现代平等观对人类社会发展的积极意义，即它使人摆脱了封建专制的统治，逐渐走出了"人的依赖关系"阶段。另一方面，他在把握人类历史发展规律的基础上，对新的社会形态或人类的生存形式提出了新的价值观。就平等观而言，马克思试图实现从共产主义初级阶段的"权利不平等"到高级阶段满足不同需要的真正平等，实现形式平等与实质平等的统一，实现每个人自由全面的发展。

我们亦意识到马克思对现代平等观的批判及其超越具有当代意义。一方面,通过对当代西方社会,包括自由主义内部关于自由与平等的争论、以柯亨为代表的分析马克思主义对社会主义平等的辩护以及社会民主主义现代化的平等诉求的反思,我们可以看到他们的理论要么是通过价值优先排序对现实社会不平等的辩护、要么是停留于分析哲学与道德视角对社会主义的辩护、要么是满足社会民主政党选举口号的需要,而没有真正重新审视和超越现代平等观的内在价值与局限性。另一方面,对当前中国平等建构而言,马克思的这种批判启发我们要把握平等观的中国语境和问题意识,不能盲目照搬当代西方学者关于平等的理解。在构建社会主义现代性图景中,我们首先要回答的问题是"为什么要平等",即要明白为什么当前中国要将平等纳入社会主义核心价值观建设,这种平等和西方现代平等观有何不同。同时,马克思的这种批判也启发我们在全面推进社会主义法治建设中要明晰"法律面前人人平等"的观念,要逐步实现"立法平等"(立法内容的平等)。最后,这种批判也提醒我们,在面对当前社会主义市场经济发展中存在的诸多不平等问题时,应当从人的自由发展与社会可持续发展的视角把握市场经济发展的基本方向和趋势,使社会主义平等能够得以真正实现。

当然,我们以马克思对现代平等观批判的视角为着眼点,绝不意味着就能一劳永逸地理解或解决平等这一复杂问题。这是因为马克思的思想语境是特定的,也不可能将其之后的所有变化囊括其中。例如,技术问题,虽然马克思也意识到技术的重要性,但实际上他并没有对此展开具体的思考与论述。然而,作为物质匮乏和依赖物的关系的时代,技术创新正深刻地改变着人类的生存方式、思维方式以及价值观念。这必然对平等的现实和观念产生影响。这意味着我们需要继续在不同环境、特定时代和条件下去思考平等问题。但可以确定的是,平等的最终意义不在于实现每个人绝对的等同,而是要实现每个人自由全面的发展。

附录一："理念—制度—目的"：一种解释社会价值观的尝试

在现实生活中，每个个体都持有多种不同的价值观，由这些个体所组成的社会也具有某些特定的价值观。如果一个社会没有某种被社会成员共同认可的价值观，那么我们就很难想象人类现有的生活状况，也许就像霍布斯所描述的，那将是"一切人反对一切人的战争"状态。虽然个体价值观和社会价值观之间有些密切的联系，但在以往的研究中我们往往忽视了两者之间的差异，特别是对后者的研究总是被淹没在关于"人的价值观"的研究之中。如果价值观表示的是人对某种价值的根本看法、观念，那么作为一个不具有意识功能或属性的社会，我们应当如何理解其价值观？也许我们可以简单地回答，社会是由单个个体结合的产物，自然社会价值观也是单个个体价值观的集合体。但事实并非如此。因为如果是那样，人类社会就无所谓什么价值冲突、个体焦虑了。实际上，社会价值观的形成有其独特的过程和性质。

在探索社会价值观形成之前，我们首先有必要清楚何谓价值观和社会价值观。我们知道，对价值观的理解和价值密切相关，然而，学界对价值的界定却是众说纷纭。在笔者看来，我们不仅应从主客体关系的角度，还应当从人存在的角度看待价值，因为毕竟人除了与外在客体之间存在需要的关系之外，其本身也是作为一种目的的存在，有其存在的意义。那么，对价值观的理解也应当如此，即价值观不仅和人的需要密切相关，还与具有自我意识的人本身的存在密切相关。也就是说，人的价值观反映的不仅是对主客体之间所体现的某种价值的看法，而且还反映了人作为一种存在的生成过程。例如，平等观，它不仅反映了人出于交往、交流的需要，将其他人视为平等的对象，也反映了人意识到自身作为一个类的存在，一种具有人格、尊严的存在。当然，人的需要和存在都是体现在实践之中，价值观就是在人的实践活动中产生的。由此，我们才可以说价值观不仅仅"是反映某类客观事物对于人和人类的意义或价值"，而且"是一定社会群体中的人们所共同具有的对于区分好与坏、正确与错误，符合与违背人们愿望的观念"①。

那么，要理解社会价值观，首先就要理解社会的需要和社会的存在。虽然我们无法确定个人与社会两者在时间上的先后关系，但必定社会终究是人构成的社会，而人也必定是作为社会存在的人。无论是社会的人，还是人的社会都必定有其需要和存在形式。这两者的关系正如马克思所说的，"正像社会本身生产作为人的人一样，社会也是由人生产的"②。因此，我们"首先应当避免重新把'社会'当作抽象的东西同个体对立起来"③。也就是说，我们可以将社会当作一个拟人格的主体。那么，社会需要就体现为社会生活中人的需要。当然，一方面这里的人不是指单个个体，而是指社会大多数人，可能是一个群体或一个民族或整个人类；另一方面这里的需要不是指任意的需要，而是指符合社会大多数人的需要，可能是基本生存的需要或发展和享受的需要。只有在社会大多数人都具有某种同等需要的时候，社会价值观才可能产生。此外，社会的存在本身也是社会价值观产生的前提条件。而社会存在是"社会物质生活条件的总和"，其中最为重要是生产方式。因此，采用不同的社会生产方式，往往其社会价值观也是不同的，即使具有同种价值观，其具体内涵也是存在差异的。当然，由于"全部社会生活在本质上是实践的"④。社会的需要和存在也是在实践中不断变化，其价值观也是在不断

---

① 袁贵仁：《价值观的理论与实践：价值观若干问题的思考》，北京师范大学出版社2006年版，第130页。
② 《马克思恩格斯文集》第1卷，人民出版社2009年版，第187页。
③ 《马克思恩格斯文集》第1卷，人民出版社2009年版，第188页。
④ 《马克思恩格斯文集》第1卷，人民出版社2009年版，第501页。

地改变，这样我们就不难理解为何有主导和非主导社会价值观。因此，所谓社会价值观一方面反映的是客观事物（包括人）对于人类社会发展的意义或价值；另一方面在时间上反映同一社会的进步与否，在空间上反映不同社会的好与坏。除此之外，它还反映出某一社会大多数人共同的需要和生活状态。

当然，由于社会并不是单个个体简单的集合体，它本身有其复杂的组织和运行机制，导致其价值观的形成也是非常的复杂。总体上，社会价值观的形成可以分为自上而下和自下而上两种方式。所谓自上而下，是指在社会中占主导地位的统治阶级，出于自身利益的需要，将某种价值观转化为社会价值观；而自下而上的方式，是指某种价值观在人们的日常生活中已被普遍地接受和认同，尔后通过特殊的方式转化为社会价值观。但无论何种方式，要使某种价值观转化为社会价值观，在笔者看来至少要经过三个阶段，即理念、制度和目的。但要注意，这三个阶段并不能通过具体时间加以机械地划分，有可能三个阶段是同时进行、彼此推进的。

在理念阶段，就是某种价值观转化为社会价值观的酝酿阶段，突出强调和证明了这种价值观可以转化为社会价值观的合理根据，包括社会需要和社会存在的根据。在这个阶段，这种价值观逐渐被人们所认识，并随着社会实践活动的展开和深入，其对人们已经或将要产生影响。在封建社会，平等并不是一种真正的社会价值观，而只是局限于同等级阶层的平等要求。而当封建社会的存在形式，即专制等级制逐渐被打破的过程中，人们也开始逐渐认识到平等观对每个社会个体的重要意义和影响。由此，人们就开始大量地阐述和证明这种平等转化为社会价值观的必要和可能。从现代社会历史发展的角度看，文艺复兴、宗教改革到启蒙运动就是证明平等应当成为社会价值观的酝酿阶段。在此阶段，这种价值观实际上就是所谓的社会"价值共识"，其有效性是局限于依靠具有共同价值需要社会成员的范围之内，其存在往往是依赖于这些社会成员内在需要的信念支撑。

在制度阶段，就是这种价值观已经成为社会价值观的阶段，突出强调的是这种价值观不再是停留于理念阶段的抽象观念,而是以各种形式体现在各种具体的法律、规章之中,并被社会大多数成员所认可。在此阶段,这种社会价值观已通过制度的形式,成为社会的规范。当然,这里的"制度"是广义上的,强调以规则、准则为核心的经济、政治、文化等体系,也包括在一定历史阶段的法令、习俗等。它是借助强有力的社会组织或国家的力量,使其成为社会某种较为稳定的社会价值原则、规范和理想。例如,平等观在经过启蒙运动之后,通过法国大革命,被写入《人权宣言》不仅规定"人生来就是而且始终是自由的,在权利方面一律平等",同时强调"法律对于所有的人,无论是实行保护或是惩罚都是一样的"。可见,此时这种价值观已不是单纯的依赖于社会成员的内在需要的信念支撑,它已具有某种外在力量的约束性。此外,在此阶段,这种价值观通过各种制度得以显现,体现的是各种具体的价值观规定,而不是理念的抽象。在此阶段,这种价值观的具体规定是否能得到真正的实现,是否真正反映了社会大多数成员的需要,往往与在该社会中占统治地位的阶级的性质密切相关,而这关系又通过这种价值观所要或所能实现的目的呈现出来。

在目的阶段,就是这种价值观不仅被社会大多数成员所认同,而且还被普遍实行或实施的阶段,突出强调的是这种价值观已经成为这个社会的主要标志,已成为这个社会文化的重要组成部分。在这个阶段,社会个体的行为自觉或不自觉地受这种价值观的影响。对于在社会中占统治地位的阶级成员而言,这种价值观已达到他们统治这个社会的目的。通过这种价值观所达到的目的,亦可以反映出这个社会的存在形式。例如,现代平等观突出强调的是自由平等,体现为个体自由的平等,目的是保护个体私有财产,结果在现实中却体现为有产者和无产者的对立。那么,其所反映的社会是一个建立在利己性基础之上的市民社会,反映的是以生产资料私有制为基础的社会。当然,作为一种社会价值观,其最终的目的是适应,以致推动社会的发展。如果这种社会价值观不适应,甚至阻碍社会的发展,那么只能说这种价值观并没有真正体现社会大多数人的需要,也不能成为真正的社会价值观。

采用这三个阶段的目的是将个体价值观和社会价值观区分开来，以便更好地理解和说明某种社会价值观的形成。当然，这三个阶段并不必然要全部完成，也不必然是按先后的顺序进行。但是，作为一种完整或核心的社会价值观必然包含这三个阶段。同时，在成为一种完整或核心价值观的过程中，它必然与其他社会价值观有着密切的联系，甚至是在多种基本社会价值观的基础上形成的。这也是本书在论述现代平等观所要说明的。在平等观转化为现代社会平等观的过程中，它本身作为一种观念，在成为社会文化重要组成部分过程中，是建立在个人主义、理性主义和自由主义等基本价值观的基础之上。特别是在平等观转化为社会价值观的理念和制度阶段，这些基本价值观对其作用都是显而易见的。

美国学者伊恩·莫里斯在其新作《人类的演变：采集、农夫与大工业时代》（*Foragers, Farmers, and Fossil Fuels: How Human Values Evolve*）中，认为人类价值观的演变与社会组织形式的变化密切相关，而每种社会组织形式又由人类从周遭世界获取能量的方式决定的。因此，他将至今人类社会价值观体系的演变分为三个阶段，即"觅食价值观""农业价值观"和"化石燃料价值观"。他以"平等"和"暴力"两种价值观为例，认为在人类社会第一阶段突出平等、容忍暴力；第二阶段重视等级、不容忍暴力；第三阶段看重多数类型的平等、非常不能容忍暴力。[①] 莫里斯通过人类组织形式及其获取能量方式的变化大致了论述了人类价值观，特别是平等观的社会历史演变，这本身具有重要的意义。但是，根据前面我们对社会价值观的分析，人类社会价值观的形成并不是单纯地由社会组织形式和获取能量的方式所直接决定的。其中，还需要考虑社会多数人的需要，社会存在中所包括的地理环境、种族因素以及人与人之间的社会关系等。总之，社会价值观作为一种观念，它不仅是由复杂的社会存在所决定的，而且其本身也有其独特的历史和形成方式。

---

① [美] 伊恩·莫里斯：《人类的演变：采集者、农夫与大工业时代》，马睿译，中信出版社2016年版。

附录二：重释现代平等的三种路径

——以罗尔斯、阿玛蒂亚·森和沃尔泽为例

现代伊始，"上帝面前人人平等"的观念逐渐被"人人生而平等"的观念所取代。这种观念是建立在人自身作为一个"类"而非外在权威的基础之上，其合理性很大程度上依赖于人作为道德人的普遍性。但这种以"类"为主体的平等观念其实是模糊的，因为它始终要遭遇现实中人与人之间各种自然或社会差异性的挑战。虽然这种"人人生而平等"的观念在现代社会以道德或法律形式成为社会的普遍规范，但与此同时它恰恰是以默认的方式赞许了人与人之间自然禀赋和社会处境的差异性。因此，随着这些差异性充分发挥导致现实不平等的产生和扩大，现代平等观所自诩的"普遍性"就受到了质疑。其自身就陷入"谁之平等""什么的平等"，即平等的主体与客体解释的两难之中。这也是现代平等观在发展过程所面临的困境之一。

面对这些，在当代西方学者试图对社会不平等或平等所作的争论性辩护中，约翰·罗尔斯在确定社会基本完善公平分配过程中，实际上侧重于从平等主体的角度，即试图在限制人的理性和道德人格之基础上，以自由和平等人的理念为前提，通过对处于社会"最不利者"的利益考量，提出了差别原则。而阿玛蒂亚·森则敏锐地揭示了现代平等问题的实质，即"为什么要平等"和"什么的平等"并认为后者，即平等客体的解决，才是回答问题的关键，进而提出"基本能力"平等的观念。但是，是否又如迈克尔·沃尔泽在兼顾主体和客体差异基础上提出的复合性平等？对此，本书将基于马克思的

视角,在理清这些争论的基础上,提出一些尝试性思考。

一、罗尔斯关于人的理念与差别原则

平等是罗尔斯正义理论的主要原则,其对正义社会的论证是建立在平等人观念的基础上,而最终目的也是体现或达成某种平等原则的正义社会。在罗尔斯看来,一个正义的社会并不像功利主义者所追求的那样,以可能牺牲任意个体利益为代价,来满足整体效用最大化的社会,而是一个考虑社会所有成员利益,充满公平合作的良序社会。为了达成这种社会,罗尔斯在承认现实多元主义状况下,试图超越直觉主义论证,对社会的多元善采取词典式序列或优先的处理方式,通过系统地理性设计或思想实验寻求一种可行的方案。为此,在继承传统社会契约方法的基础上,罗尔斯认为这样的社会是由自由和平等人所达成协议的基础上形成的,而这种协议的结果就是得出一个公平合作的条款。所以,笔者认为在罗尔斯那里关键的问题是如何界定自由和平等人的理念,因为该问题一旦解决了,公平合作的条款自然就是"水到渠成"的事。正如罗尔斯所言,"原初状态应该被理解为一种代表设置"①。当然,罗尔斯通过这番精心设计的最终目的,并不是仅仅为了对现代社会所强调的道德平等及其基础上的自由、机会平等辩护,而毋宁说是为了附加某些条件使这些现代平等更容易被当代人接受。而这个最终结果或附加条件就是"差别原则"。因此,可以说"差别原则"就是罗尔斯所特有的平等观念,是其对现代平等观辩护或"救赎"的一种方式。

由上亦知,罗尔斯关于人的理念的设计与其差别原则之间其实存在着紧密的联系。实际上,这种内在的联系,罗尔斯在阐述平等观念时就谈道,"接受代表了一个正义观念的原则也就是接受了一个关于人的理想(an ideal

---

① [美] 约翰·罗尔斯:《作为公平的正义》,姚大志译,中国社会科学出版社 2011 年版,第 27 页。

of the person）；我们在按照这些原则行事的同时也就实现了这一理想"①。因此，我们要清楚罗尔斯的平等观，首先就有必要理解其在正义论论证过程中所具有的人的理念或理想，即关于平等的主体设计是如何。对此，在笔者看来，罗尔斯是在批判继承现代理性主义及其道德哲学关于人的理念基础上，通过对现代人理性至上观念、道德人、道德人格、最不利者以及代际人等方面的限制性设计，形成了自身完整的人的理念，并在此基础为其推出差别原则的平等观念作了充分准备。

其一，罗尔斯继承了现代理性主义的价值观念，但又对现代那种人的理性至上的观念进行了适当的限制。罗尔斯强调，"我始终假定处在原初状态中的人们有理性"②。因为有理性，人们的目标是过上好的生活，能够做出自己合理生活的计划；因为有理性，人们为了实现自己的合理生活计划，愿意协定和接受公平合作条款；因为有理性，人们在为了实现自己合理生活计划时，会选择更多而不是更少的善。可见，罗尔斯继承了现代理性主义人的观念。这种观念一方面体现为人可以通过自己的理性掌握自己的命运，可以自主地选择和安排自己的生活，而不受上帝的命运约束，不受外在权威的摆布；另一方面体现为相信人自身有能力通过控制或改变外在的事物，为我所有，即充分发挥理性的工具性。同时，这种理性主义人的观念还体现为个体主义的利己性。也恰恰因为现代人的这种理性至上观念的发挥，不同主体由于自然和社会等客观因素的差异性，最终出现了现实中实质性的不平等。这符合现代以商品生产为目的的市场竞争逻辑。对此，罗尔斯为了改变这种实质性不平等，在设计正义原则之前必定要对人的这种理性至上性进行适当的限制。这种限制是通过"无知之幕"得以实现的。一方面，个体的人在无知之幕下对自身的社会地位、别人的处境以及动机都不清楚；另一方面，在进

---

① ［美］约翰·罗尔斯：《罗尔斯论文全集》（上册），陈肖生等译，吉林出版集团2013年版，第287—288页。
② ［美］约翰·罗尔斯：《正义论》（修订版），何怀宏等译，中国社会科学出版社2009年版，第110页。

行善的选择时，人们的理性更倾向具有公共理性的性质，愿意通过合作实现集体利益的方式以实现个体的利益。这样人的理性既在知识信息方面，也在利己性方面得以适当的限制。虽然这种限制使人趋向于同一，但也由此获得了起点的平等。在罗尔斯正义原则中体现为人们之间平等的基本自由。这就涉及平等的主体的范围问题，它使原来基本自由平等的主体从某一个阶级扩展到了整个社会。

其二，罗尔斯不仅对这种现代理性人进行了限制，并且还进一步阐述了这些人的道德基础，即拥有正义感（sense of justice）和拥有善观念（conception of the good）的两种能力。这两种道德能力实际上构成了罗尔斯正义社会成员的最低限制，有学者称之为"门坎论"（threshold theory）。[①] 但是其真正的用意不仅仅是使平等的主体尽可能涵盖所有社会成员，还在于确立了罗尔斯平等的基础。我们知道，现代平等最初或最为基本的平等观念，就是道德意义上的平等，其它所有平等的形式都是以此为前提。这种道德平等体现为身份、尊严的平等，在现代理性主义话语的解释中是以人作为理性动物这种形式被默认。对此，金里卡认为在当代各种正义或平等理论"争论的焦点是，究竟哪一种具体的平等才吻合更抽象的平等待人的理念"[②]。也就是说，以道德人为前提的平等观念其实是抽象的，但罗尔斯却对这种道德基础进行了如上两种具体能力的规定。前者是理解、应用和践行正义原则的能力，后者是拥有、修正和合理追求善的能力。罗尔斯辩解到这两种能力不是从形而上学，而是在历史传统意义上加以解释的。其目的是说明这两种最低的能力在现实的民主社会中是可能的。这就使得道德意义上的抽象概念变成了政治社会中的规范概念。在前一种道德能力意义上，公民被视为平等的，而在后一种能力意义上，公民被视为是自由的。这样在自由和平等人的理念上，"不仅使其能够终身从事互利互惠的社会合作，而且也能够使他们为了自己

[①] 周保松：《自由人的平等政治》（增订版），生活·读书·新知三联书店2013年版，第66页。

[②] [加] 威尔·金里卡：《当代政治哲学》，刘莘译，上海译文出版社2011年版，第4页。

的缘故而履行其公平条款"①。

其三,当然,一个社会是否正义,在罗尔斯看来最后还要取决于处于该社会中"最不利者"(least advantaged)的利益变化。因此,处于社会中"最不利者"也同样构成罗尔斯关于人的理念的设定,它直接表明了所谓的差别原则。罗尔斯是通过引入基本善的期望(获得多少)来界定社会最不利者。例如,他认为在"所有公民之平等的基本权利、自由和公平机会都得到了保证的社会里,最不利者是指拥有最低期望的收入阶层"②。也就是说,一个社会收入和财富不平等能被接受和容忍的程度是按照最不利者的最大利益来安排。这里似乎有个疑问,即既然每个人都是具有同等道德能力和地位的人,为什么还要以最不利者的利益为衡量标准?这是因为,在罗尔斯看来,道德人在社会处境和自然天赋差异上所得或造成的不平等分配在道德上同样是任意、不应得的。当然,为了不至于走向极端的平均主义或遏制人的自然天赋,罗尔斯将自然天赋视为一种集体财产。这样,在保障了社会效益,又提高了社会最不利者的利益。除此之外,为了保证差别原则的持久有效性,罗尔斯还考虑了"代际人",因为当下社会最不利者的受惠水平直接关涉到现在世代的人多大程度上尊重下一代人的利益。

虽然罗尔斯在论证整个正义社会构成中所考虑的因素远远要复杂于以上笔者所做的分析,但有一点是确定的,即它整个作为公平的正义社会设计的基石就在于形成一套对人的理念的认识。这种认识包括对单个人的理性、道德,社会最不利者以及不同代人群的利益考虑。可以说,其正义论就是一种关于人自身以及人与人关系理想状态的道德论证,在此基础上形成了明显不同于现代平等观的差别原则。当然,也由于这种侧重于对平等的主体的考虑,给人留下许多可争论的空间。

---

① [美]约翰·罗尔斯:《作为公平的正义》,姚大志译,中国社会科学出版社2011年版,第28页。

② [美]约翰·罗尔斯:《作为公平的正义》,姚大志译,中国社会科学出版社2011年版,第75页。

二、阿玛蒂亚·森的视角：追问"什么的平等"

曾与罗尔斯共事的阿玛蒂亚·森，虽然很感谢罗尔斯正义理论对他的影响，但在另一方面也指出了罗尔斯平等观念存在的问题。在他看来，罗尔斯虽然在"无知之幕"下对人的理念进行了系列的设计，排除了社会和自然的任意性因素在分配中产生的不平等，但其差别原则仍然忽视了人的自然天赋的差异性在实现"自由"（合理生活计划）的程度。例如，在差别原则的指导下，虽然处于社会最不利者的利益获得最大的实现，但是对于那些身体有障碍的人即使和那些正常的人在运用相同的善去实现同样的生活目标时，前者仍然是处于不利的地位。对于罗尔斯的这种忽视，金里卡也精辟地指出："罗尔斯本人既为自然的不平等留下太大的影响空间，又为我们的选择留下太小的影响空间"[①]。"罗尔斯的方案仍然默认了任意因素对人们命运的极大影响。"[②] 也就是说，罗尔斯在过分关注平等的主体时，对于"什么的平等"的分析却有所保留。正如他在解释基本善的时候，主要是指"自由和机会""收入和财富"以及"自尊的基础"等。相应地，在界定社会"最不利者"时往往也侧重于这些社会基本善的解释，从而忽视了自然性质的善对最不利者的影响。

对此，森转变了对平等探寻的思路。在他看来，平等问题实际上涉及两个核心问题，即"为什么要平等"和"什么的平等"。他意识到，在当代所有关于平等的争论中，学者都会提出某种东西平等的观念，例如德沃金关于资源的平等、内格尔关于经济平等以及罗尔斯关于基本善的平等，等等。同时，他也深刻地指出其实那些反对平等主义者的理论中，往往也指向或包含着某种其他东西的平等，例如诺齐克虽然反对平等主义者，但实际上他倾向于维护自由的平等。所以，在此基础上，森认为平等问题解决的关键其实在

---

① ［加］威尔·金里卡：《当代政治哲学》，刘莘译，上海译文出版社2011年版，第76页。
② ［加］威尔·金里卡：《当代政治哲学》，刘莘译，上海译文出版社2011年版，第77页。

于"什么的平等"的回答。与此同时，他认为只要"什么的平等"这个问题解决了，前面那个"为什么要平等？"的问题自然就解决了。因为，后者的回答只要根据前者得出结论的基础上加以分析即可。所以，森对平等的认识从一开始就和罗尔斯的侧重点不同，虽然他也赞赏罗尔斯以"基本善"代替了功利主义对"效用"的分析，但是森认为有必要进一步追问这些"基本善"和人对其实现的程度。正如其所指出的那样，"罗尔斯把基本善看作是优势的具体体现，而不把它看作是人与善之间的一种关系"[①]。也就是说，森更加关注这些基本善与不同个体利益之间的关系。

这是因为，在森看来人与人之间在现实中总是存在着差异，即"人际相异性"，而"'什么要平等'这一问题的实质重要性与普遍的人际相异性的事实相关"[②]。这种差异性不仅体现在人与人之间外部特征（诸如拥有的财富、所处的自然和社会环境等）的差异，而且也体现在个体的内部特征（主要指生理特征，包括性别、年龄、健康等）的差异。森认为现代平等观所提倡的"人人生而平等"忽视了这种人际相异性。这意味着罗尔斯以道德人为前提的平等观念恰恰也忽视了这种人际相异性，特别是在生理特征方面的差异。然而，"正是由于这种人际相异性使得在某一领域坚持平等主义就必然拒斥另一领域的平等主义"[③]。换言之，因为人际相异性使得平等在客体上是多元的，而不是某种基本善的平等分配。对此，森提出了"评价域"，即选取相关的"核心变量"。例如，收入域、财富域以及个体福利域等。不同评价域的选择对平等和不平等的评估是至关重要的。同时，这种多元的评价域，深层地反映了"对价值目标的多样性——在不同的价值目标领域内对个体利益

---

① [印] 阿玛蒂亚·森：《什么样的平等？》，闲云译，载《世界哲学》，2002年第2期，第62页。
② [印] 阿玛蒂亚·森：《论经济不平等/不平等之再考察》，王利文、于占杰译，社会科学文献出版社2006年版，第218页。
③ [印] 阿玛蒂亚·森：《论经济不平等/不平等之再考察》，王利文、于占杰译，社会科学文献出版社2006年版，第227页。

的看法也会不一样"①。因此，在各种不同评价域内的不平等也会各不相同，这是由于前面我们提到的原因，即不同个体与这些不同特征善之间联系的差异性。

森通过强调人际相异性，以及这种相异性对实现基本善的影响，提出解决"什么的平等"的关键在于考察不同个体或群体的可行能力，即基本能力平等。所谓"能力就是生活内容向量的集合，反映了人们能够选择过某种类型的生活的自由"②。而生活内容既包括基本生存需要的要素（善）的获得，也包括更为复杂的成就需要的要素（善）的获得。这样，通过生活内容中由获得这些要素（善）构成的域其实反映出的就是一种"能力集"，即"个体从若干个可能的生活状态中可做出选择的自由"③。比较传统单纯的基于"基本善"、资源以及收入等分析方法，这种能力的分析方法能更全面地评估平等或不平等。由此，从更广泛和长远的利益比较看，森提倡从能力角度去看待个人利益和衡量平等。因为这种方法反对静止看待达成生活目标或自由的要素（资源、基本善、收入等），而是将这些要素和人的需求与实际实现程度相结合起来。笔者认为在这个意义上，森强调基本能力的平等观念，并不是真正要使不同个体的能力实现平等，这实际上也是不可能，而毋宁说他是更加强调实现平等的可行性。和罗尔斯的"基本善"相比，森认为自己所强调的"能力即代表自由，而基本善只是提供了获致自由的手段，而手段与实际自由之间的联系却因人而异"④。例如，以评价人的贫困问题为例，通过能力看待贫困问题，反映的不仅仅是单纯的收入不平等，而且能反映出收入之外其他基本善的缺失，包括受教育程度、个人健康等。

---

① ［印］阿玛蒂亚·森：《论经济不平等/不平等之再考察》，王利文、于占杰译，社会科学文献出版社2006年版，第244页。

② ［印］阿玛蒂亚·森：《论经济不平等/不平等之再考察》，王利文、于占杰译，社会科学文献出版社2006年版，第258页。

③ ［印］阿玛蒂亚·森：《论经济不平等/不平等之再考察》，王利文、于占杰译，社会科学文献出版社2006年版，第258页。

④ ［印］阿玛蒂亚·森：《论经济不平等/不平等之再考察》，王利文、于占杰译，社会科学文献出版社2006年版，第297页。

当然，罗尔斯对森的批判进行了回应①，一方面他回应自己所说明的基本善其实有考虑人的基本能力，"这些基本能力就是公民作为自由平等的人根据他们的两种道德能力所拥有的能力"②。这两种能力符合森基于人际相异性基础上所强调的基本能力的要求；另一方面，他认为基本善的运用是灵活的，个体公民的生理特征的善（例如健康、智力）是在立法阶段将根据期望加以明确规定。对此，森对罗尔斯的回应是不以为然的，认为他始终没有回答基本善在不同个体能力身上实现的程度问题。无论如何，通过两者对平等的认识和争论，其实恰恰反映了当代学者论证平等问题的两种不同的思路，一种是偏向于解释平等的主体，进而得出这些平等主体在某种物上的平等，另一种是偏向于分析平等的客体，进而得出平等主体在某种意义上的平等。除此之外，还有第三种观点，这种观点试图在兼顾考虑平等的不同主体和客体之间关系的基础上提出的复合平等观。

三、复合平等是否可取

迈克尔·沃尔泽十分关注分配的公平问题，在他看来"人类社会是一个分配社会"③。在分析和理解人类社会关于物品分配的观点和历史形式中，他提出了自己的平等观念，即复合平等观。在他看来，以往学者对分配正义的理解大致可以表述为这样一种形式的社会过程，即"人们向（别的）人们分配物品"④。对此，他认为这种对分配的看法是对现实状况的一种过于简单的

---

① 在《作为公平的正义》的第51节，罗尔斯回应了森对其基本善与基本能力之间的关系问题。另参见罗尔斯的《政治自由主义》第五讲第三节。
② [美] 约翰·罗尔斯：《作为公平的正义》，姚大志译，中国社会科学出版社2011年版，第203页。
③ [美] 迈克尔·沃尔泽：《正义诸领域：为多元主义与平等一辩》，褚松燕译，译林出版社2002年版，第1页。
④ [美] 迈克尔·沃尔泽：《正义诸领域：为多元主义与平等一辩》，褚松燕译，译林出版社2002年版，第5页。

理解，也容易导致"对人的本质和道德的能动作用做出夸大的武断结论"①。由此，他提出自己的看法，即"人们构思和创造出物品，然后在他们自己当中进行分配"②。也就是说，在他看来人对物品的创造要先于分配。同时，这种分配并不是被控制在某个特定主体的手中被随心所欲地处置。应该看到物品及其对人的意义在分配这种社会关系中起着决定性的中介作用，"分配是依据人们所共享的关于善是什么和它们的用途何在的观念摹制出来的"③。在这里，我们可以隐约地看到马克思思想的痕迹，即"生产决定分配""社会存在决定社会观念"。④ 根据这种分析，他认为分配应是自主的，"每一种社会善或每一组物品都构成一个分配领域，在其中只有某些特定标准和安排是合适的"⑤。也就是说，对社会诸善的平等分配并不依据某种绝对性的善，例如资源、基本善以及能力等进行评估，而是多元的。这大致就是沃尔泽"复合平等观"所要表述的内涵，它综合考虑了平等的主体和客体关系，即物品及其意义。

当然，其提出"复合平等"的真正目的在于分散具有支配性的诸善，以防止绝对统治，实现分配诸领域的自主。与复合平等相对的是"简单平等"。

---

① [美]迈克尔·沃尔泽：《正义诸领域：为多元主义与平等一辩》，褚松燕译，译林出版社2002年版，第5页。
② [美]迈克尔·沃尔泽：《正义诸领域：为多元主义与平等一辩》，褚松燕译，译林出版社2002年版，第5页。
③ [美]迈克尔·沃尔泽：《正义诸领域：为多元主义与平等一辩》，褚松燕译，译林出版社2002年版，第6页。
④ 但他似乎过分强调了分配在人类历史中的作用。在他看来，"分配是所有社会冲突产生的根源。马克思关于生产过程的着重强调不应当隐蔽我们对这一简单真理的认识：为控制生产方式而斗争是为了分配而斗争。"（第12页）他之所以有这样的观点，这是因为他认为马克思的所持有的分配类型是"主张某些新群体垄断的新的善应当替代当前占据支配地位的善"，所以，他得出对马克思分配观的理解，即"马克思的模式是一个不断进行分配斗争的计划。"（第15页）这其实是对马克思观点的误解。在马克思看来分配始终只是生产的一个部分，生产决定了分配。之所以强调生产，也并不意味着要"控制生产方式"，而是要改变那种以生产资料私有制为形式的生产方式。（[美]迈克尔·沃尔泽：《正义诸领域：为多元主义与平等一辩》，褚松燕译，译林出版社2002年版）
⑤ [美]迈克尔·沃尔泽：《正义诸领域：为多元主义与平等一辩》，褚松燕译，译林出版社2002年版，第10页。

这种平等，在沃尔泽看来所要表达是："垄断是不公正的"①。因为简单平等所要实现的是重新分配某种支配性的善，使它能被人们平等或至少在更广泛意义上分享。但是，一旦打破了这种善的支配或垄断地位，其他善也会加入，从而又会出现新的不平等。例如，沃尔泽以教育为例。一旦人们用同样的金钱为孩子买得教育，在教育被证明是好的投资下，很多人就会投资教育，结果金钱不再是支配性的善，而那些生来的天才的那种技巧就成为支配性。这样教育就被那些所谓的"天才群体"垄断。之后在学校外面的善，诸如职务、头衔以及特权等也要受那种具有支配性地位的天才性技巧支配。与此同时，这种简单平等最终会让国家权力不断介入以打破某种善的垄断，"但那时，国家的权力自身将成为竞相争夺的中心目标。"② 最终结果是使得政治权力成为支配性的善。这种善在沃尔泽看来是最危险的善。据此，罗尔斯的差别原则和森的基本能力平等都显然是这种简单平等。而只有复合平等才能使这种控制成为不可能，因为"复合平等意味着任何处于某个领域或掌握某种善的公民，可以被剥夺在其他领域的地位或其他的善"③。

虽然没有一种绝对的分配标准能与多样化的社会善或物品相称，但在沃尔泽看来，"自由交换、应得以及需要"这三个标准具有重要力量并经常被运用于论证分配正义之中。这三个标准也就构成了复合平等的三个主要原则。沃尔泽分别对此三者进行了分析，认为这三个原则都不是绝对的标准，虽然在分配领域中具有重要的影响，但始终是有限制的。例如，自由交换在市场中的运用是多元的，反映了各种物品及其意义，但是作为交换的中介，即金钱就可能成为支配性的，成为自由交换的限制；应得在诸如爱、影响力以及艺术作品等东西的分配中也受到极大的限制；而需要对诸如政治权力、

---

① ［美］迈克尔·沃尔泽：《正义诸领域：为多元主义与平等一辩》，褚松燕译，译林出版社2002年版，第14页。

② ［美］迈克尔·沃尔泽：《正义诸领域：为多元主义与平等一辩》，褚松燕译，译林出版社2002年版，第17页。

③ ［美］迈克尔·沃尔泽：《正义诸领域：为多元主义与平等一辩》，褚松燕译，译林出版社2002年版，第23页。

荣誉以及书籍等各种具体物品中也不起作用。但是，我们要清楚沃尔泽对这三个原则或标准的描述，目的也是表明没有任何一种标准或原则能满足多样性物品或善的分配。为此，只有通过考察整个社会领域，努力划分出不同的分配领域，才意味着开始追寻人人平等的伟大事业。所以，其整本书除了第一章是对复合平等的必要解释外，其他各章就围绕着成员资格、安全与福利、货币与商品、公职、工作、自由时间以及教育等诸善的分配领域展开了讨论。

但对于复合平等，我们要意识到这种平等实质是多元主义对普遍主义的否定，是社群主义所持的特殊主义正义思想的典型。沃尔泽一开始就强调自己所要做的并不是抽象的哲学问题，而是现实中诸善的具体和日常分配。他认为自己的方法不是走出"洞穴"对日常生活做一般形态的描述，而是就站在"洞穴"之中做出具体描述。表面上，他的确是批判现实某种的绝对不平等，但通过根据不同物品及其多样社会意义所确立的多元分配，实际上模糊了平等与不平等的界限，某种意义上是对整个社会不平等的退让和妥协，将整个社会的不平等分散到各个领域。也因此，他的这种复合平等观遭到很多人的批判，被认为是一种相对主义。同时，在笔者看来，这种复合平等在具体实践中被执行也是很困难的。一方面因为社会善或物品本身不仅是多样的，同时在数量上也是难以明确的，这对于试图清楚地确立每种社会善分配领域都是一项庞大的工程。另一方面因为无论是在个人利益还是物品本身来看，人与人之间、物品与物品之间存在着必然联系，即不是能被明确地加以区分的。这对于试图寻找到每个领域分配的标准也是困难的。此外，他对罗尔斯所谓简单平等的指责，其实是对罗尔斯正义理论的误解，因为罗尔斯是在整个社会结构中探寻整体社会的正义，它并不涉及包括学校、家庭以及特殊群体等具体领域的分配正义问题。

四、小结

通过对以上当代西方三位重要学者对现代平等困境的某种辩护或拯救，

可以看出他们对平等认识的差异首先缘于他们思维方式不同。其实，森后来在论述自己的正义观念时，就指出了当代西方学者对正义或平等阐述的两种不同方法。一种方式是"先验主义方法"，是对传统契约论方法的继承和批判，以罗尔斯的正义论为代表。这种方法寻求最终完美的正义社会，论证过程不是着眼于现实的社会存在，不是对判定哪个社会更公正标准的研究，而是致力于对正义本质的研究。在论证之前，借助于假设某种契约之下的理想社会，然后推出这些达成协议的方法和条件。另一种方式是"现实比较法"，例如马克思、边沁、穆勒等就运用这种方法。该方法关注社会各种现实，对现实各种可能进行比较。正如英国学者伦纳德·霍布豪斯的归纳，对待平等有两种方式：其一是以人类共性为出发点，而以差别为衍生；其二是以差别为出发点，而将平等视为一种必要的调整或平衡。①

根据这两种方法，罗尔斯对平等的论述是依照"先验主义方法"，而森自身和沃尔泽则根据比较现实的方法。从马克思的视角看，其实这两种方法都存在问题。前者脱离了现实，试图通过理性形而上追寻一劳永逸的解决方法，但在现实客观条件限制下它始终无法被实现。后者虽然看到了现实的差异性，但始终受制于狭隘阶级立场的考虑，至多是对现实不平等的局部改变。实际上，通过当代西方学者对平等认识的两种思维方式，我们亦可窥见平等问题本身的困难。这是因为，一方面对某种平等的诉求，往往是根源于现实中不平等事实的存在；但另一方面对这种平等诉求的可能论证，往往又要抽去现实各种自然差异的事实。但是不管哪种思维方法，在对平等的论证过程中，总是要面对两点，即平等的主体和客体。

对此，我们认为，马克思的平等观是基于"现实的人"的差异性平等。首先，在对平等主体的认识上，马克思是基于"现实的人"，即从事生活和生产实践活动的人，他们在自然和社会方面都存在着差异。这和费尔巴哈将人看成是"许多自然人的普遍性"具有本质的区别。同时，这点和罗尔斯对

---

① [英]伦纳德·霍布豪斯：《社会正义要素》，孔兆政译，吉林人民出版社2006年版。第73页。

人的认识有明显的差异。这意味着当用同一种标准去衡量或实现平等时，其在实质上是不平等的。因此，马克思认为"按劳分配"的原则并没有超出"资产阶级权利的狭隘眼界"，在生产力并不发达的现代社会只能实行"权利不平等"。这种原则比起罗尔斯的差别原则至少在平等主体上体现得更为广泛和更大的平等。

其次，在对平等客体认识上，马克思始终认为它受制于社会生产力状态。在社会主义初期阶段，由于生产力的低下，分配只能体现为"按劳分配"；而在共产主义高级阶段，则体现为"按需分配"。对于"按需分配"，并不是沃尔泽所理解的那样"我们要分配共同体的财富以满足其成员的需要"①。马克思所强调的"需要"远远要大于财富，而体现为发展个性的需要，并且劳动已成为人的第一需要。因此，沃尔泽在理解马克思这种"按需分配"的观点时指出，这种"需要"不再包含其他物品，诸如政治权力、荣誉和名声等时，实际上是对马克思观点的误解。

最后，马克思无论在"按劳分配"还是"按需分配"中，都始终强调"各尽所能"。它不仅仅表达的是每个人的分配取决于自身的努力，同时也意味着整个社会的存在取决于每个个体的努力。森所提出的基本能力平等观，一方面其对"能力"的理解主要是指对运用基本善以实现自由的能力；另一方面其所强调的能力平等的主体始终是个体，并没有从整个社会效率提高的角度思考个体与社会的关系。简而言之，当代西方学者通过探寻平等的主体和客体所得出的结论，始终是基于现代道德平等基础上对某种具体平等的诉求，其目的不是要实现真正的平等，而仅仅是为现代西方民主政治制度以及与之相悖的社会不平等事实提供某种辩护和辩解。

---

① ［美］迈克尔·沃尔泽：《正义诸领域：为多元主义与平等一辩》，褚松燕译，译林出版社2002年版，第30页。

参考文献

马克思:《资本论》第1、3卷,人民出版社2004年版。

《马克思恩格斯全集》第16、18卷,人民出版社1964年版。

《马克思恩格斯全集》第1、30卷,人民出版社1995年版。

《马克思恩格斯全集》第3卷,人民出版社2002年版。

《马克思恩格斯全集》第4卷,人民出版社1958年版。

《马克思恩格斯文集》第1、2、3、7、9卷,人民出版社2009年版。

《列宁选集》第3卷,人民出版社2012年版。

《邓小平年谱(1975—1997)》(下),中央文献出版社2004年版。

《邓小平文选》第3卷,人民出版社1993年版。

[奥地利]卡尔·波普尔:《开放社会及其敌人》第1卷,陆衡等译,中国社会科学出版社1999年版。

[德]斐迪南·滕尼斯:《共同体与社会》,林荣远译,北京大学出版社2010年版。

[德]尤尔根·哈贝马斯:《后民族结构》,曹卫东译,上海人民出版社2002年版。

[德]尤尔根·哈贝马斯:《现代性的哲学话语》,曹卫东译,译林出版社2011年版。

[德]黑格尔:《法哲学原理》,范扬、张企泰译,商务印书馆1961年版。

［德］康德：《道德形而上学原理》，苗力田译，上海人民出版社2012年版。

［德］康德：《道德形上学探本》，唐钺译，商务印书馆2012年版。

［德］康德：《历史理性批判文集》，何兆武译，商务印书馆1991年版。

［德］康德：《实用人类学》，邓晓芒译，上海人民出版社2005年版。

［德］马克斯·韦伯：《新教伦理与资本主义精神》，康乐、简惠美译，广西师范大学出版社2010年版。

［德］马克斯·韦伯：《学术与政治》，冯克利译，生活·读书·新知三联书店2013年版。

［德］托马斯·迈尔：《社会民主主义的转型：走向21世纪的社会民主党》，殷叙彝译，北京大学出版社2001年版。

［法］爱弥尔·涂尔干：《职业伦理与公民道德》，渠东、付德根译，上海人民出版社2006年版。

［法］伏尔泰：《哲学辞典》，王燕生译，商务印书馆1991年版。

［法］卢梭：《论人类不平等的起源和基础》，李常山译，商务印书馆1982年版。

［法］皮埃尔·勒鲁：《论平等》，王允道译，商务印书馆1988年版。

［法］蒲鲁东：《贫困的哲学》，余叔通、王雪华译，商务印书馆1998年版。

［法］蒲鲁东：《什么是所有权》，孙署冰译，商务印书馆1963年版。

［法］托克维尔：《论美国的民主》，见《托克维尔文集》第2卷，董果良译，商务印书馆2013年版。

［古罗马］奥古斯丁：《上帝之城》，庄陶、陈维振译，复旦大学出版社2011年版。

［古罗马］马可·奥勒留：《沉思录》，何怀宏译，生活·读书·新知三联书店2013年版。

［古罗马］西塞罗：《国家篇 法律篇》，沈叔平、苏力译，商务印书馆

2002年版。

［古希腊］亚里士多德：《尼各马可伦理学》，廖申白译，商务印书馆2012年版。

［古希腊］亚里士多德：《政治学》，吴寿彭译，商务印书馆1965年版。

［加］威尔·金里卡：《当代政治哲学》，刘莘译，上海译文出版社2011年版。

［捷］丹尼尔·沙拉汉：《个人主义的谱系》，储智勇译，吉林出版集团有限责任公司2009年版。

［美］E.博登海默：《法理学：法律哲学与法律方法》，邓正来译，中国政法大学出版社1998年版。

［美］阿拉斯戴尔·麦金太尔：《追寻美德》，宋继杰译，译林出版社2011年版。

［美］彼得·德鲁克：《经济人的末日》，洪世民、赵志国译，上海译文出版社2015年版。

［美］丹尼尔·贝尔：《资本主义文化矛盾》，严蓓雯译，江苏人民出版社2012年版。

［德］列奥·施特劳斯：《自然权利与历史》，彭刚译，生活·读书·新知三联书店2006年版。

［美］罗伯特·诺齐克：《无政府、国家和乌托邦》，姚大志译，中国社会科学出版社2008年版。

［美］罗纳德·德沃金：《至上的美德：平等的理论与实践》，冯克利译，江苏人民出版社2012年版。

［美］麦金太尔：《追寻美德：道德理论研究》，宋继杰译，译林出版社2011年版。

［美］乔治·霍兰·萨拜因：《政治学说史》，邓正来译，上海人民出版社2010年版。

［美］萨托利：《民主新论》，冯克利译，上海人民出版社2009年版。

［美］桑德尔：《公正：该如何做是好?》，朱慧玲译，中信出版社2012年版。

［美］亚历克斯·卡里尼克斯：《平等》，徐朝友译，江苏人民出版社2003年版。

［美］约翰·罗尔斯：《正义论》（修订版），何怀宏等译，中国社会科学出版社2009年版。

［美］约翰·罗尔斯：《政治自由主义》，万俊人译，译林出版社2000年版。

［瑞士］雅各布·布克哈特：《意大利文艺复兴时代的文化》，何新译，商务印书馆1979年版。

［匈］阿格尼丝·赫勒：《现代性理论》，李瑞华译，商务印书馆2005年版。

［印］阿玛蒂亚·森：《论经济不平等/不平等之再考察》，王利文、于占杰译，社会科学文献出版社2006年版。

［英］G.A.柯亨：《如果你是平等主义者，为何如此富有?》，霍政欣译，北京大学出版社2009年版。

［英］G.A.柯亨：《拯救正义与平等》，陈伟译，复旦大学出版社2014年版。

［英］G.A.柯亨：《自我所有、自由和平等》，李朝晖译，东方出版社2008年版。

［英］G.A.柯亨：《为什么不要社会主义?》，段忠桥译，人民出版社2011年版。

［英］安东尼·吉登斯：《第三条道路及其批评》，孙相东译，中共中央党校出版社2002年版。

［英］戴维·麦克莱伦：《马克思传》第4版，王珍译，中国人民大学出版社2008年版。

［英］弗里德利希·哈耶克：《自由秩序原理》（上），邓正来译，生活

·读书·新知三联书店1997年版。

[英]哈耶克:《通往奴役之路》,王明毅、冯兴元译,中国社会科学出版社1997年版。

[英]霍布斯:《利维坦》,黎思复、黎廷弼译,商务印书馆1985年版。

[英]吉登斯:《第三条道路:社会民主主义的复兴》,郑戈等译,北京大学出版社2000年版。

[英]柯林武德:《自然的观念》,吴国盛译,北京大学出版社2006年版。

[英]洛克:《政府论》(下),叶启芳、瞿菊农译,商务印书馆1964年版。

[英]史蒂文·卢克斯:《个人主义》,阎克文译,江苏人民出版社2001年版。

[英]艾博·文·戴雪:《英宪精义》,雷宾南译,中国法制出版社2001年版。

殷叙彝编:《伯恩施坦文选》,人民大学出版社2008年版。

《陈独秀著作选》第2卷,上海人民出版社1993年版。

《费希特著作选集》第4卷,商务印书馆2000年版。

《王阳明全集》,上海古籍出版社1992年版。

陈林、林德山主编:《第三条道路:世纪之交的西方政治变革》,当代世界出版社2000年版。

段忠桥:《为社会主义平等主义辩护》,中国社会科学出版社2014年版。

高瑞泉:《平等观念史论略》,上海人民出版社2011年版。

高瑞泉:《中国现代精神传统:中国的现代性观念谱系》,上海古籍出版社2005年版。

康有为:《大同书》,姜义华、张荣华编译,中国人民大学出版社2010年版。

李秋零主编:《康德全集:1781年之后的论文》第8卷,中国人民大学出版社2010年版。

吕增奎编：《马克思与诺齐克之间》，江苏人民出版社2008年版。

吴向东：《重构现代性：当代社会主义价值观研究》（修订版），北京师范大学出版社2009年版。

张文显：《法哲学范畴研究》，中国政法大学出版社2001年版。

朱光磊：《中国的贫富差距与政府控制》，上海三联书店2002年版。

后 记

"平等"是一个非常复杂的问题,但对于现代社会而言又是一个非常重要的问题。本人之所以一直关注,并以此作为本书的研究主题,一方面是有感于现实生活中存在着诸多的不平等现象,亦促使人去思考平等是否可能,即何以平等;另一方面是有感于现实生活中人们对平等的误解,总以为平等就是相同,意味着对个性的抑制,亦促使人去思考平等理应如何,即以何平等。出于自己的兴趣和困惑,结合自己的研究方向,试图寻找某些可能的解答。相信,这是一个不断艰辛探索的过程,也是自己不断成长的过程。

本书内容主要是在博士论文的基础上形成的。在写作博士论文过程中,非常感谢我的指导老师吴向东教授,感谢他的谆谆教诲和严格要求。吴老师是一位非常严谨的学者,从头到尾认真阅读了我当时的开题报告和博士论文,并在上面做了许多详细的批注和修改。这对于论文后续的完善无疑具有重大的帮助。在毕业之后,吴老师也时常不忘提醒我要不断反思、结合最新社会现实变化,深入论文的修改。同时,他也时常询问、关心我的生活和工作状况,教导我要脚踏实地,做人和写作一样要有条理、不邋遢;做好本职工作,积极向上;锻炼好身体,热爱生活、关注社会。与此同时,吴老师也一直鼓励和关心本书的出版,再三提醒我要严格、认真地修改和完善书稿。

此外,非常感谢平易近人的兰久富老师,感谢他一直以来对我的鼓励,感谢他多次让我受益良多的交流。也非常感谢张曙光、胡敏中、鲁克俭、周凡、徐克飞、罗松涛、郑伟等老师对论文的写作提出的许多客观、有益的修改意见。写作博士论文是一场自我修炼的过程。在此期间感谢我的同门师兄师弟师姐师妹们,在每次师门读书会、学术讨论会和平时生活中,都给我提供了很多帮助和宝贵意见。还要感谢我的同窗好友,我们彼此互相帮助、勉励前行。其中,要特别感谢席格博士、亓校盛博士、夏永红博士,在同他们畅谈人生、学术中,令我不断地提升自己,并寻找写作的灵感。

工作之后,虽然大量的时间被教学、生活琐事所占据,但还是时常要求自己不断修改和完善此论文。附录二的内容就是毕业之后继续研究的成果。在此期间要感谢我的诸多挚友,是他们为我的平凡、枯燥的生活增添了很多色彩。也非常感谢我的工作单位福建师范大学马克思主义学院的各位领导、老师的帮助、关心和鼓励。

同时,本书之所以能有幸入选《马克思诞辰200周年纪念文库》,要感谢相关的评审专家和工作人员;感谢中央编译出版社对本书提供的全额资助;感谢责任编辑对本书的修改提出的宝贵建议,也为本书顺利出版付出了艰辛劳动。

最后,要特别感谢我的家人,他们义无反顾、默默无闻地在背后支持、帮助和鼓励我。特别是我的母亲,她自己的身体不太好,但还一直担心我的健康。思已至此,深感万分惭愧!唯有更加努力,欲尽余生,做有用之人,以报诸位、社会、国家之恩情!

由于个人水平有限,又加之诸多主客观因素限制,我深知著作中存在许多不足或缺陷,诚请诸位师友能不吝指教,以待不断修改和完善。

谢谢!

李逢铃

2018年6月11日于榕城